第五屆中華國際佛學會議中文論文集

觀世音菩薩
與現代社會

Bodhisattva Avalokiteśvara (Guanyin)
and Modern Society

著/釋聖嚴等

編/黃繹勳、William Magee

目　次

總 序

佛教的目的，著重於人生境界的提昇及人間疾苦的紓解，不是為了滿足人們對於知識的探求。但是，佛教思想，源遠流長，佛教文化，極其豐富。除了成立於印度的三藏聖典，尚有漢藏等多種語文的佛教文獻，只要以現代的治學方法，加以研究考察，均會有所發現。

中國佛教，自魏晉迄隋唐，發展出大小乘的十宗之說，宋元以後，日漸式微，至於晚進，則僅遺下幾乎僵化了的佛教軀殼，少有佛教生命的精神內涵。我自己便是出生在如此環境中的一個僧侶。我在少年時代，只知有佛經可以讀誦，不知佛經還可以講解，更不知如何來依據佛經的教誡而信受奉行。年事稍長，雖知佛經可以講解，卻發現三藏聖典浩如湮海，不知從何著手。最不幸的是遭逢到中國現代史上政治的大動亂及社會的大變遷，我既未能受完六年的小學教育，也未能受好僧侶的基礎教育。二十五歲之後，接觸到了譯自日文的現代佛教著作；三十歲起，自修日文，看懂了日文原文的佛教著作，使我的視野，漸漸從古老的中國佛教圈內，擴大到了現代世界佛教的領域。結果使我理解到，若要復興中國佛教，必須先去認識世界佛教，若非引進新知，很難挽回中國佛教衰亡的命運。因此，我在台灣南部的山中，禁足

及掩關，度過了六年的自修生活之後，便以三十九歲的中年之
身，毅然東遊日本，留學於東京的立正大學，先後依止華嚴學者
坂本幸男博士(Sakamoto Yukio)、印度學者金倉圓照博士
(Kanakura Ensho)、中國佛教史學者野村耀昌博士(Nomura
Yosho)，以六年的時間，完成了文學碩士及文學博士學位。

　　我在日本學成之後，首先想到的，是日本自明治二十一年至
昭和四十二年(1888–1967)的七十九年之間，培育出研究佛教學的
文學博士，共記二百七十一位，平均每年培養出三至四位；在我
們中國，自我獲得博士學位的一九七五年起，每年能夠培養幾人
呢？以什麼環境來培養呢？事實上當時中國大陸的中共政權，正
在大鬧「文化大革命」，不會歡迎我這樣的人回去。台灣的佛教
界，也沒有人做我的後援。所以一九七五年底我就到了美國，暫
時放下學問的研究，一邊學英文，一邊指導禪修的方法，在紐約
創立了禪中心(Chan Meditation Center)。到了一九七八年，應台北
中國文化學院之聘，擔任哲學研究所教授及中華學術院佛學研究
所所長，發行《華岡佛學學報》年刊，這個因緣，又將我拉回到
教育及學術的崗位上。一九八五年，我在台北創立了現在的中華
佛學研究所，出版《中華佛學學報》年刊。至此，我總算能為中
國佛教的教育及學術，做一些事了。

　　傳統的佛教學者，不論是梵語系、巴利語系、漢語系、西藏
語系，沒有一位是為了學術而研究的，他們都是藉研究的方法達
成實踐的目的。可是近世的印度學、佛教學、漢學，目的不在佛
教的信與行，而在於學術的真與明，故在傳統的佛教徒們，初初
接觸到現代佛教學的論點之時，頗有難以適應的現象。但是，現

代學術的求真求明，乃是無可懷疑的，縱然學者們提出的觀點，未必皆能成為永久的定論，但經過精密審查的結論，必定有其相當程度的可靠性。若能認真地認識學者們的新觀點，通過新觀點的試鍊，仍能落實到對於佛法的信仰與實踐，佛教才具有更大的耐力和潛力。我是基於如此的信念，籌備且召開了中華國際佛學會議(Chung-Hwa International Conference on Buddhism)。

我在第一屆會議的「緣起」之中曾說：「我們目前是迫不及待的引進國際的佛教學術成果，也希望讓國際佛教學術界知道我們正向這個方向努力，讓他們來提供經驗和訊息，同時也讓中國國內的佛教內外人士，很快的認同佛教學術研究的重要和必要。」會後檢討，我們固然為此投注了大量的人力與物力，然豐富的收穫，已是有目共睹的事實，這該是對本所相關人員的最大鼓勵；故在會議閉幕之日，與會學者全體一致期望，今後能夠每兩年至三年召開一次，本所自當努力以赴。

會議的名稱「中華國際佛學會議」，固然與主辦單位中華佛學研究所有關，更是站在中國佛教的立場，放眼於世界佛教，把世界佛教的成果引回中國，把中國佛教的傳統美德，為現代社會貢獻最大的力量。至於如何把佛教的傳統與現代社會，恰到好處的銜接配合而相得益彰，那便是邀集專家學者們來討論的課題了。

每次會議中，來自海內外的學者所發表的中、英、日論文，質量具優，這些寶貴的研究成果，主辦單位均於會後委請專業出版公司，分編為中、英兩冊論文集，以此作為一份獻禮，分享關心這項會議、關心佛學研究的諸方賢達。

　　最後僅此向所有使得會議成功，促成論文集順利出版的各方大德、協辦單位致謝，感謝他們的全心付出。

聖嚴

1998 年 10 月 2 日修定於台北農禪寺
1990 年 4 月 14 日原序於紐約

會議緣起

　　法鼓山為一國際佛教教育園區；本所之「國際佛學會議」是一常設定期舉行的會議。所訂的主題都是關係到佛教與現代社會的各種領域。

　　第一屆會議主題是「佛教倫理與現代社會」；第二屆會議主題是「傳統戒律與現代世界」；第三屆的會議主題是「人間淨土與現代社會」；第四屆主題是「佛教與二十一世紀」。

　　由於法鼓山也是一處觀音道場，所以第五屆會議主題訂為「觀音菩薩與現代社會」，分成五個子題，即：觀音信仰之形成與演變；觀音修行法門與儀軌；觀音圖像與藝術文學之研究；觀音信仰與人文社會關懷及觀音菩薩與民間信仰。

　　第五屆中華國際佛學會議之舉行也是慶祝法鼓山落成甫畢的活動項目之一。此次會議的意義更為殊勝，不但為法鼓山的落成做了見證，也成為法鼓山世界佛教教育園區極為珍貴歷史的一部份。

李志夫
中華佛學研究所所長
2006 年 3 月

編者序

　　第五屆中華國際佛學會議由法鼓山中華佛學研究所主辦，於2006 年 3 月 4–6 日舉行，此次會議主題為：「觀世音菩薩與現代社會」，本會議論文集共收錄法鼓山創辦人聖嚴法師的開幕致辭〈觀世音菩薩與現代社會〉、于君方教授的專題演講〈觀音菩薩與中國文化〉和與會學者專家之十一篇中文專文。

　　此十一篇專文中，與會議子題「觀音思想、信仰之形成與演變」相關的論文為三友健容教授〈法華一乘思想與觀音菩薩〉和李利安教授〈古代印度觀音信仰的起源〉；與「觀音修行法門與儀軌」相關的為龔雋教授〈天臺宗的觀音論—以天臺對《觀音菩薩普門品》的詮釋為中心〉；與「觀音信仰與人文社會關懷」相關的為陳英善教授〈從天台、華嚴論觀音大悲普門之時代意義〉和胡健財教授〈《楞嚴經》「觀音法門」及其現代意義之闡發〉。

　　另外，與「觀音圖像與藝術文學之研究」會議子題相關的為金明求教授〈觀音顯化與變形—觀音在古典小說中的藝術形象〉；最後，與「觀音菩薩與區域、民間信仰」相關的為林光明教授〈房山千句大悲咒擬聲詞初探〉、楊富學教授〈回鶻觀音信仰考〉、姜生教授〈禳瘟儀式與觀音信仰—以禳痘疹為中心的觀音和泗州大聖信仰〉、沈衛榮教授〈漢、藏文版《聖觀自在大悲

心惣持功能依經錄》之比較研究〉和藍吉富教授〈寺院巡禮與觀音信仰—當代日本佛教考察報告之一〉。

此次第五屆中華國際佛學會議邀集不同學科之專家，從各種多元子題來探討「觀世音菩薩與現代社會」之議題，本會議中文論文集之出版是希望能為將來現代佛學的學術領域，開展「觀世音菩薩」各種廣闊和深刻的新研究方向。

黃繹勳

中華佛學研究所助理研究員

2007 年 2 月

觀世音菩薩與現代社會

聖嚴法師

法鼓山創辦人

　　諸位貴賓、諸位來自世界各地的佛教學者：

　　這是我們中華佛學研究所召開的第五屆中華國際佛學會議，我們的永久主題是「從傳統到現代」，也就是說，研究傳統佛教的學術問題，是為了使得傳統的佛教智慧及佛教的文化遺產，能對現代社會的世界人類，作出正面和積極的貢獻，以俾促進現代人心的安寧、現代社會的和樂及現代世界的和平，並為我們全球的未來，普遍實現人間淨土的願景。

　　現在我想要說明一下，為什麼這一次的國際佛學會議的主題選為「觀世音菩薩與現代社會」，這有幾個原因。

　　第一、我個人從小就是實踐觀音法門，就是修行觀音法門的，我也用觀音法門來指導人修行，而且我已經二度編寫了有關於觀音法門的書，第一次是一本小冊子，書名就是《觀世音菩薩》，第二次是《聖嚴法師教觀音法門》，由梁寒衣小姐把它編輯成書的，現在已收錄在我的法鼓全集之中。

　　第二、我們的法鼓山從開始就是得到觀音菩薩的感應，而讓我們找到了法鼓山這塊山坡地，而原來在這塊山坡地上，就有一座觀音廟，而這座觀音廟的觀音菩薩就把我們找來了，也就是我們找地，觀音菩薩找人，結果現在就成了我們法鼓山這個世界佛教教育園區，因此我們法鼓山的開山就是觀音菩薩，是觀音道場。現在我們山上已經有了二尊觀音菩薩，一尊是開山觀音，在法鼓山大殿正後方的山頭上，另外一尊在接待大廳，名為「祈願觀音」，還有一尊現在正在鑄造之中，名為「來迎觀音」，這三尊都是銅鑄像，體積都很大。

　　但是，法鼓山的這三尊觀音菩薩的名字，在經典中是沒有記

載的，而在經典中有記載的，如在《摩訶止觀》中有 15 種的觀音菩薩名字，在《千光眼觀自在菩薩祕密法經》則有 25 種觀音菩薩的名字，而普通的經典中僅列出 33 種觀音的名字，在圖像、繪畫之中，大概也有 33 尊觀音菩薩的名字，可是到了中國、韓國以及日本之後，觀音菩薩的形像和名字，又出現得更多了，其中有不少是自創的名字，例如：法鼓山的開山觀音、祈願觀音以及來迎觀音，在經典中是看不到的，但這沒關係。觀音菩薩是眾生希望他是什麼，他就是什麼。而在這一次的論文之中，也有學者提到這樣的問題。

所以，在我們山上的大雄寶殿供奉的是三尊佛像，雖是釋迦、彌陀、藥師三方佛，而本山的主尊是觀音菩薩。

另外一項，就是第三個原因，去年在法鼓山落成大典的時候，就是依據我們這個道場是以觀音菩薩為主尊，因此我們推動了一項世界性的運動，就是「大悲心起」，希望把觀世音菩薩的精神和慈悲的影響力，能夠推廣到全世界去，不論是不是信仰佛教，但是「大悲心」人人都會接收的。因此，我們在去年 1021 也就是 10 月 21 日舉行落成開山大典的時候，來自全世界各宗教的高層領袖們，包括西方的三大一神教，以及東方的印度教，都非常認同「大悲心起」這個主題，因為，慈悲正是人人所需要的，也正是我們現在人類所缺少的，所以我們要努力地來把這個運動推廣出去，這是我們這次採取這樣主題的原因。

觀世音菩薩在二千多年以來，在大乘佛教流行的各地域各民族之中，受到普遍的信仰，從印度到達中國的西北，然後到了中國的內地以及沿海，處處都有觀音菩薩的信仰和他的遺跡傳聞，

由中國而傳到了韓國、日本、越南,以及台灣和東南亞的華人社會,甚至於在斯里蘭卡也有觀音菩薩的信仰的遺跡。所以觀音信仰,在佛經記載的諸佛菩薩之中,是流傳最普遍而最持久的一尊大菩薩。

再從諸部大乘佛典之中看觀音菩薩,可以說,幾乎每一部大乘經典,如:華嚴部、法華部、般若部以及經集部,不管是屬於中觀系的、瑜伽唯識系的,或者是如來藏系的各大乘經典裡,觀音菩薩出現的場面是最多,而討論觀世音菩薩事跡的、觀音菩薩請法及說法的記載,應該也可能是所有菩薩之中份量最多的一位。因此,從學術思想的立場,從信仰實踐的立場,從藝術、雕塑、繪畫的角度,乃至於民間習俗的角度來看觀世音菩薩,他也是流傳最廣且時間最久的一位大乘菩薩。

最有趣的是,觀音菩薩在〈普門品〉以及《楞嚴經》裡面說到,他有三十三或三十二種化身,或者他有無量化身,因此在顯教和密教中,觀世音菩薩的地位都極重要,在密教的聖典之中,觀世音菩薩的法門以及觀世音菩薩的自在威力,可以說超過了釋迦牟尼佛的地位。此讓 Jeffrey Hopkins 教授介紹比較好。而在傳說中觀音菩薩的感應事蹟相當多,我想這些都要請教我們今天的主題演說人于君方教授,她有一本論文書名是《觀音》,是由哥倫比亞大學出版的,將由我們法鼓文化出版中文本了。

至於民間信仰,因為觀世音菩薩是見到什麼型態的眾生,他就顯現什麼型態的菩薩身,而來適應、救濟、接引那些型態的眾生,所以在民間信仰裡,沒有人反對觀世音菩薩的,雖然他們根本不知道佛法僧三寶是什麼,但是他們不會不知道觀世音菩薩,

甚至於台灣有些民間的神廟，把觀音菩薩認定是吃葷的，在他們的祭典時也會賽豬公，賽豬公的意思就是把豬養得很肥很肥，在觀音菩薩的誕辰或是紀念日的時候，把屠體放在廟裡拿出來比賽。如此，我們總覺得這樣的觀念與行為，太誤解且扭曲觀音菩薩的信仰了，但是對民間信仰來講，他們把觀音視為民間信仰的保護神來看待。

因此，也有人把閩南以及台灣，原來是漁民信仰的中心「媽祖」，說她是觀音菩薩的化身，這究竟好不好，我們不討論它，但是觀音菩薩的信仰是深入於漢民族的民心之中的。因此在漢民族之中，有這樣的二句成語：「家家彌陀、戶戶觀音」，也就是每一人家都是供奉阿彌陀佛，每一家也都供奉觀音菩薩。

我們再講，觀音菩薩他究竟是哪裡來的？在民間的小說裡有一部《觀音得道》，也不斷地被編成電影故事來傳播，說觀音菩薩是妙莊王的三公主出家得道，妙莊王究竟是在哪個地區哪個國家，是什麼時代？並沒有人知道。但在古老的印度，觀音菩薩是有一個古道場的，那便是印度南方的海邊一個名為普陀洛伽的地方，是出於《華嚴經》，提到善財童子所參訪的一位大善知識觀音菩薩。在中國的浙江省定海縣的海上也有一座普陀山，這是西元第九世紀有一位日本僧慧鍔（860–873 年來華）將一尊請自五台山的觀音像留在該島，那座小島即名為普陀山，也成了觀音菩薩在中國的道場。

至於在其他的經典裡，我們看到彌陀淨土的經典裡面，說觀世音菩薩是在西方極樂世界，是阿彌陀佛的兩大脇侍之一。還有一部《觀音授記經》，說觀音菩薩是阿彌陀佛的極樂世界的一生

補處菩薩，當阿彌陀佛涅槃之後成佛，那時的國土名稱是「一切珍寶所成就」，佛號是「遍出一切光明山功德如來」。

另外，我們也看到一部經典《一切功德莊嚴經》裡說，觀音菩薩也是釋迦牟尼佛的兩大脇侍之一，也就是說，他並不只是阿彌陀佛的脇侍；在《清淨觀世音普賢陀羅尼經》中也說，普賢菩薩是釋迦佛左脇侍，觀音菩薩是右脇侍。這些都不是我專門研的範圍，我個人只是練習修行觀世音菩薩的法門。在目前，我所介紹的觀音菩薩的法門，在我的著作裡面，共介紹了七種法門。所謂七種法門，其中有淺有深，那便是《延命十句觀音經》、〈白衣大士神咒〉、〈六字大明咒〉、〈大悲咒〉、〈普門品〉、《心經》和《楞嚴經》的耳根圓通，這其中除了《延命十句觀音經》之外，大家都很熟悉的，而我現在正在勸勉大家，要念誦《延命十句觀音經》，非常簡單，只有十句，這是我從日本看到的，日本白隱禪師（1685–1768），曾寫過一本《延命十句觀音經》的靈驗記。近代的原田祖岳也有一種講話，現在我向大家介紹，念一下：「觀世音，南無佛，與佛有因，與佛有緣，佛法相緣，常樂我淨，朝念觀世音，暮念觀世音，念念從心起，念念不離心。」（《大正藏》卷 49，頁 345）

最後，我要感謝這一次諸位學者們發表的論文，一共有 25 篇，其中除了四篇不是討論觀音的主題，此外，包括于君方教授的主題演說，一共有 21 篇探討以觀音菩薩為主題的論文。至於這一次發表論文的諸位學者們，一共是來自於七個國家地區，其中美國最多的，共有八篇；日本是其次，有五篇；中國大陸和台灣台灣，各有四篇；此外，澳洲有二篇，韓國和德國也各有一篇，

而以語文發表的場次來分，以英語發表的一共有十四篇，以中文發表的有十一篇，這是我們這次大會值得讚嘆的事。

　　我相信在召開第五屆中華國際佛學會議之後，能夠對我們這個世界的人類社會一定會有很大的幫助。在此祝福大家平安健康，也祝福我們這個世界所有的人都能夠發起像觀世音菩薩那樣的大悲心來，祝福會議圓滿成功，祝福大家健康愉快。

（2006 年 3 月 4 日）

觀音菩薩與中國文化

于君方

美國哥倫比亞大學

宗教系教授

　　「觀音」或「觀世音」是梵語 Avalokiteśvara 的中文譯名，大悲觀音菩薩在信仰佛教的社會裏被廣泛信奉，因此，我們可以聽到中文有一句普遍流傳的說法：「家家彌陀，戶戶觀音。」日文、韓文和越南文中，由於受到中國的影響，也皆有此菩薩的名稱（「觀音」之日文發音為 Kannon、「觀世音」之日文發音為 Kanzeon、「觀世音」之韓文發音為 Kwanse'um 和「觀音」之越南文發音為 Quan-am）。觀音信仰並不只局限於東亞，而是遍及亞洲，在柬埔寨和爪哇，觀音被稱為「世自在」；在緬甸，觀音被稱為「世主」；斯里蘭卡，觀音被稱為「神主」；在西藏，觀音被稱為「善視」。觀音在各地區以不同的名稱出現，而且南亞、東南亞和東亞的佛教文化都信奉此菩薩。

　　觀音在美國與歐洲也廣為人知，其主要原因是由於女性主義之興起與佛教宗教師移民到西方之結合所致。佛教雖然早在 19 世紀時已被傳到美國，但是從二次世界大戰開始，由於亞洲政局的動盪，才加速了佛教向西方推展的步調。中國於 1949 年成為共產國家時，許多中國僧人逃到香港、台灣、新加坡和美國。同樣地，中國於 1959 年佔領西藏時，大部分西藏僧人逃到印度，另外有一些僧人逃到美國。越戰於 1975 年結束後，有些越南和東南亞其他國家的移民來到美國，美國的人們因此開始接觸認識到各種不同形態的佛教，以及觀音不同的名號和特徵。觀音信仰現存於佛教各種傳統中，此外，美國女性主義的學者—尤其是研究西方父權社會未興起的基督宗教或非西方的女性神祇的學者—特別對此信仰傳統有興趣，研究非西方女性神祇的學者，最常將觀音與度母、卡莉和杜迦女神一起相提並論。現代研究將觀

音視為女性神祇而加以研究是我們可了解和接受的，因為這是大部分東亞人們所見到的觀音的樣貌，而我首次經由我外婆而認識到的觀音也是如此。

　　我生長於中國，二次世界大戰時，隨著家人從北方南遷到內地，最後到了西邊的省分，如同當時許多家庭一樣，於顛沛窮困中，小孩必須與父母或祖父母擠在同一張床上，而我總是與外婆睡同一張床。我外婆是一位虔誠的佛教徒，她每天總是全家第一個起床的人，梳洗之後，她就會對著一尊懷抱著一個嬰孩的瓷塑觀音像焚香、誦唸大悲咒和她個人的願文。有時，她還會對著觀音傾訴自己的煩憂，對我外婆而言，觀音是大慈大悲的化身，她視觀音為救度者和心腹知己。雖然我外婆沒受過正規的教育，但是她熟知許多觀音的傳奇故事，而且每天都告訴我們（或者是嚇唬我們）一些跟神仙、女神仙、鬼怪和地獄有關的故事。我五歲時，第一次聽到妙善公主的故事，就是我外婆說的；八歲時，她開始告訴我一些觀音的感應故事。

　　接下來的這件事發生於大戰後，黎明前揚子江畔的武漢。我們一家人為了確定有船位可以返回家鄉，已經在武漢等待了三個月。終於，當我們有機會可以上船，全家人都站在江邊時，我外婆卻堅決不肯讓我們登船，因為她說她看到觀音站在江心，一直揮著右手叫我外婆離開，我外婆認為這是觀音在告訴她說那艘船不安全。而我的母親是受五四運動影響的人，唸過大學又是一位歷史老師，她剛開始很猶豫要不要聽我外婆的話，但是因為我外婆非常的堅決，最後，我的母親只好讓步了。結果，那艘船在離港不久後，就撞上了撤退日軍先前所埋設的水雷而沉沒了。如果

當時我們登上了那艘船，在船難中，我們小孩當時年紀都還很小（我的弟弟五歲，妹妹才兩歲），我們有多少存活的機會呢？這個問題至今仍讓我深思不已。

接下來與我外婆相處的日子裡，一直到我上大學，而她也差不多在那時去世，我從外婆那兒聽聞了所有她所知道與觀音有關的知識。我外婆非常喜歡一而再地訴說妙善公主的故事和觀音的感應故事。我從來不曾問過她為什麼如此崇信觀音，因為對我而言，這像是件天經地義的事，我所知的每個人也似乎都是這樣。因此，我對觀音的認識就跟大部分的中國人一樣，所以，當我後來在哥倫比亞大學上課，唸書讀到 Avalokiteśvara，得知此菩薩不是女性，而且佛教經典中也沒有妙善公主的故事的時候，我的驚訝是不難理解的。事實上，經典中有關這位菩薩的故事並不是很多，很多現在展示於博物館中（亦即大部分西方人首次所能看到觀音的機會），17–18 世紀之間所塑造的白瓷觀音都是女性。但是，在印度、西藏、斯里蘭卡或東南亞，觀音卻都不是以女性菩薩的形態被信奉的，中國早期觀音也不是以女性菩薩的形態被信奉的，如我們從敦煌的 10 世紀的繪畫中可見到的，觀音圖像中的觀音很清楚是帶有髭的。

觀音的形象從男性轉變為女性似乎是中國所特有的現象，對我而言，Avalokiteśvara 如何和為何轉變成中國眾所周知之「觀音」是我個人的興趣，也是一種智性的探求。儘管觀音很有名，但是當初當我試圖在中文或其他語言的領域中，找尋對此菩薩有較全面的研究時，卻遍尋不著，大部分學者都是分別從經典、教義或藝術史的角度探討此菩薩。從我開始研究印度佛教如何成為

中國的一個宗教的過程時，Avalokiteśvara 形象的轉變就是我的研究專題。我花了 15 年的時間作研究，最後於 2001 年時，將我的研究出版成書，由於我自己對觀音在中國發展的研究興趣，我非常高興知道此次學術會議是以觀音信仰和現代社會為主題。

今天我的演講，將與大家分享我的研究的主要發現、提出研究觀音新的方法和對未來觀音研究之方向作一些建議。

傳統的中國佛教和觀音研究大都偏重於經典和義理的闡明，因此，在討論觀音信仰時，《法華經》、《心經》、《千手千眼觀世音菩薩廣大圓滿無礙大悲心陀羅尼經》和《楞嚴經》就佔有重要地位，這四部經典在過去，於佛教徒與非佛教徒中都備受尊重，《法華經》中教導人們以誦唸觀音名號，來獲得現世與宗教上的利益。《心經》以易於唸誦的簡短文句，蘊含大乘佛教思想中最高的空性內容。《千手千眼觀世音菩薩廣大圓滿無礙大悲心陀羅尼經》是四明知禮（960–1028）所作〈大悲懺法〉的所依經，此〈大悲懺法〉是宋代以後最普遍之佛教懺儀之一，此懺法中亦包含了佛教信眾每天所誦唸之〈大悲咒〉。最後，《楞嚴經》則描述了觀音所修行之禪修方法。

但是，運用上述方法與原則，選擇某專一經典來研究觀音信仰，並不是最有效的方法。一部經典之所以入藏，並不只是因為其義理的內容；反過來說，入藏的經典亦並非就一定是一部廣受歡迎且其受歡迎的程度是歷時不衰的經典。姑且不論經典內容的重要性，當有些經典被佛教菁英份子認為是最具權威時，如果我們因此就認為那些經典就普遍地被佛教信眾所閱讀或奉行的話，這是一種過於天真的想法。我們必須同時考慮在碑銘、藝術

史、儀軌和文學資料中，這些經典被實際運用的情況。一部經典之所以可維持長期的權威性與名聲，必須倚賴其他的方式，如感應故事、儀軌和藝術等等。著名僧人對經典著疏，勸修諷誦此經或依其方法修行亦有益於弘揚此經典之名聲。換言之，除了研究經典之內容與解脫之意含，我們必須同時注意到此經典於初期與流傳時的歷史與社會背景。

　　許多佛教經典的內容都與觀音有關，根據日本學者後藤大用所述，觀音出現於 80 部以上的佛教經典中，但這並不是完整的清單，因為光是在密教經典中，與觀音有關的就有 88 部，於《大正藏》第 20 冊就佔了 509 頁。觀音的角色於漢譯經典中差異很大，從釋迦牟尼佛身邊脅侍的小角色到宣揚普世救度法門的主尊都可能。因此，此菩薩的面貌於經典中，就如藝術與其他方式中一樣，呈現出多種意義與多種層面的形態。總括來說，此菩薩有四種角色，依其重要性遞增，列之如下為：第一，背景人物；第二，阿彌陀佛之補處菩薩，亦即未來佛；第三，受釋迦牟尼佛之命，弘揚普世救度的法門，眾生可誦念其名號或咒語而得救，而且有時以過去佛之身分出現；第四，單獨以救世者之形態出現。

　　雖然在中國，觀音的第二、第三和第四種角色都可以被找到（第一種角色很顯然不太引起人注意），但是，觀音的第四種角色才是最顯著的，觀音在不同經典所擔負的角色反映出此菩薩在印度逐漸受重視的情況。另一方面，這亦顯示出此菩薩信仰不同的傳統，此菩薩至少出現於三種不同的佛教信仰傳統：於《法華經》中，為隨處祈求隨處現的大悲救世者；於淨土經典中，為阿彌陀佛主要之脅侍菩薩；於《華嚴經》中，居於普陀山道場。這三種

信仰傳統各有各的發展，在密教經典中，觀音則通常是居於普陀山。

　　任何參訪過台灣、香港或中國大陸的寺院的人，都可以在大殿旁結緣品的桌子或櫃子上看到海報、小冊子和書籍，這些都是信眾發心助印的瀏覽品或結緣品，這是一種累積功德的方法。在這些善書中，主要有兩類，一種是經典類，如《心經》、《金剛經》、《法華經》中的〈普門品〉、《華嚴經》中的〈行願品〉和《阿彌陀經》都是普受歡迎的經典。另外還有一種疑經，其一為《高王觀世音經》，後來被稱為《延命十句觀音經》，此外還有《白衣大士神咒》。這些經的作者不明，兩者都說是夢中受觀音菩薩教誦所得。《高王觀世音經》首見於道宣在 664 年所編成的《大唐內典錄》，《白衣大士神咒》則可追溯至 11 世紀，兩者都強調誦唸此經與此經所含咒語的重要，清楚反映《法華經》和《千手千眼觀世音菩薩廣大圓滿無礙大悲心陀羅尼經》的思想。

　　我相信這些中土所造經典有助於觀音信仰在中國的弘揚與散播，如同譯經、感應故事、觀音造像、朝山和觀音儀軌等等一樣有其不同之功用。過去幾十年來，學者已重新思維漢譯經典與中土所造經典之差異，並已開始修改看待疑偽經典的態度。牧田諦亮於 1970 年開始就一直提醒我們需要正視中土所造經典的正面價值，他不僅不將中土所造經典視為偽造而摒棄，卻視其為了解中國佛教當時情況之可貴文獻。近年來，學者如 Michel Strickmann、Antonio Forte、Robert Buswell、Kyoko Tokuno、Matthew Kapstein、Li-ying Kuo 和 Stephen Teiser 等都接納了他的觀點，他們在其他領域中處理與中土所造經典相似的問題，也視

中土所造經典為具創造性的作品，中土所造經典試圖整合佛教內容，使佛教內容順應於本土文化環境中。

　　中土所造經典與感應故事有緊密的關聯，上述二中土所造經典的起源便是很好的例子。《高王觀世音經》是一個感應事蹟的記載，《白衣大士神咒》則保證會有感應的成果。前者是已被判處死刑的囚犯，因為他夢到觀音（化身為沙門）教他誦經，而後得赦的故事。後者則教授如何可得感應的方法，聖嚴法師於其書《聖嚴法師教觀音法門》有如下敘述：

　　　寺院、佛堂，以及善書結緣的處所，目前皆有〈白衣大士神咒〉。於一張張的紙上，印著白衣大士像，底下有一個個圓圈圈。意思是，每念完一定的遍數後，圈點一點。通常，需在家裡設一座佛壇，供一尊佛像，於佛前誦念。首先，先稱念「南無大慈大悲救苦救難廣大靈感觀世音菩薩」之後，一邊念一邊拜。三念三拜之後，採起跪姿，向著觀世音菩薩聖像跪念；自然也可以坐著持誦，或立著持頌。每誦二十遍一個圈圈，六百個圈圈點滿，即是一萬二千遍，也即是一個願。一願念完了之後，如果沒有感應，則再兩個願──再加一萬二千遍，兩願感應仍未顯現，則再增三個願、四個願、五個願……一直持續念下去，最終，感應一定會呈顯。……念畢了，滿了願，災厄消除了，即又發心再印一千二百張，與大眾廣結善緣。（法鼓文化 2003:28）

　　感應故事的匯編始於第 4 世紀，在法護於 286 年完成翻譯《法華經》不久之後，觀音感應故事於中國佛教中是重要且歷時不衰的體裁，一直到今日都仍繼續被撰寫與匯編，感應故事是觀音於中國本土化過程之重要媒介。因為在這些感應故事中，人們於特定時空且危難的情況中遇見了觀音，因此觀音不再只是經典中所述一位象徵性的神奇人物，卻是一位真實存在的人物。感應故事證實了觀音的靈驗，而且必須是發生於虔信的信眾與觀音菩薩之間，有所感與有所應的互動關係中，此感應的概念於中國文化中有很深的基礎。

　　許多感應故事中都提到了觀音像，最早的《高王觀世音經》中的主人翁是孫敬德，根據道宣所述，孫敬德於房中供奉一尊觀音像，孫敬德後來被誣陷入獄，而且被判死刑。但當他要被拖出去行刑時，他剛好背誦完夢中觀音叫他誦念的一千次名號，所以劊子手的刀砍下時，刀斷成了三片，劊子手又換了二把新刀，同樣的事又發生了。他因此而獲得釋放，回到了家後，看到他所供奉的觀音像脖子上有三道刀痕，很明顯地，這表示觀音像代他受了三刀，因而救了他，此事發生於 534–537 年之間。其餘的感應故事都很相似，而且這些信眾都不是到供奉觀音的佛寺去，卻是隨身帶著觀音像做為護身符，因為這些觀音像是被頂戴於頭髮中或冠上，這些像必然很輕很小，現存於博物館中，就有一些高才 2 公分左右鍍銅的觀音像。藝術史學者常認為這是貧窮的還願者所做的，因為他們沒錢做大的像，但是，根據這些感應故事的內容，我們或許可以推測，這也許是因為觀音像是被當做為護身

符，因此做得很小，觀音像是信眾得到感應之後所塑造的，同時也被信眾當作信奉的對象。

信眾與觀音像之間緊密的關係於早期感應故事中的情況，是值得我申的議題，佛教藝術，如其他宗教藝術一樣，是緊密地與其信眾的日常生活連繫在一起的。觀音的雕像或畫像，是最盛行的造像，儘管有時人們也僅把觀音像當作藝術品欣賞而已。信眾在感應故事中所見到的觀音形態，提供了我們了解觀音在中國的本土化與轉變的過程。在早期感應故事中，觀音是以比丘的身份出現，慢慢地，開始以「白衣人」意謂其為在家人的身份，或「白衣婦人」意謂其為女性的身份出現。觀音在感應故事中出現的形態，與藝術表現形態互相關聯，觀音在感應故事中出現新的形態，導致新的藝術表現形態。但是，反過來說，觀音新的藝術表現形態，亦可能導致信眾在感應故事中看到觀音新的形態。胡應麟（1551–1602）是一位儒者與目錄學家，在其《觀音大士慈容五十三現象贊》序中說：「今觀世音像，率作婦人，故人間顯跡夢兆，無復男子相者，俗遂真以觀世音為婦人。不知夢生於心，兆徵於目，心目注瞻，皆非男相，則恍惚示現，自當女身。」[1]

觀音感應故事的內容顯示出，觀音在中國為僧侶、在家人和女性所普遍共同信奉的對象，此信仰橫跨社會不同階層。編匯感應故事者有僧人也有士人，感應故事集所記述的人物亦是來自各式各樣的背景，在與觀音有特殊感應之後，他們的人生都因此而改變。佛教經典中所弘揚的觀音威力，於感應故事中得到證實，

---

1. 譯者按：引自胡應麟《觀音大士慈容五十三現象贊·序》。台北：廣文書局，民國 69 年。

因此，經典所述的不再只是教條和抽象的內容，卻是實際且具體地經由男女信眾而見證到。同時，經由感應故事中男女信眾所見到的觀音，觀音的形態逐漸中國化，印度佛教中的 Avalokiteśvara 因而逐漸成為中國的觀音。

感應故事與觀音肖像間互相的緊密關聯，使藝術在觀音信仰中扮演一重要角色，藝術使眾多人得以認識到觀音，我們亦是藉由觀音的藝術形態而得以探索其性別轉變之過程。經典中所呈現的觀音形象總是男性或無性別差異，觀音不僅於早期感應故事中，以比丘的形態出現，僧人如寶誌與僧伽也都被認為是觀音的轉世。雲崗、龍門和敦煌的觀音塑像，包括敦煌壁畫和經幡上的觀音圖像，都是男性，有時是帶有鬍的，以標示其性別。

但是此菩薩於 10 世紀起產生了一項很大的變化，一直到 16 世紀時，觀音完全中國化了，而且最受普遍信仰，當時耶穌會傳教士便是以「Goddess of Mercy」稱之，顯現出觀音肖像與聖母相似之處。在佛教所有重要的菩薩中，觀音是唯一成功的成為中國化的神祇，許多不了解佛教的中國人，甚至並不知道觀音最早的佛教淵源。

中國人創造觀音形象相似於他們創造佛經的過程，我在我的書中廣泛討論過水月觀音、白衣觀音、送子觀音、南海觀音、魚籃觀音和觀音老母，以下我將略述之。我認為水月觀音、白衣觀音和送子觀音是屬於同一性質肖像之不同樣貌而已，這主張顯然是與藝術史家通常把不同樣貌即屬於不同歸類的看法不同。另外，我進一步認為觀音新肖像之產生與中國佛教和佛教藝術之地緣有密切關聯，觀音新形象之產生與佛教之宗教理論、儀式和信

仰有密切關係。水月觀音肖像出現於白衣觀音之前，可視為白衣
觀音之原型，水月觀音並提供我上述主張很好的解說例證。白衣
觀音則起源於晚明時，與人們祈願生育之信仰有關，伴隨著中土
所造經典、儀軌和靈應故事，白衣觀音於民眾中口傳成為「送子」
觀音，觀音於中國轉變成女性的原因離不開其本土與地緣因素。

　　南海觀音的出現，與建立普陀島為中國的普陀山發生於同時
間，普陀山在《華嚴經》與密教經典中記載為觀音所居之地。在
此肖像藝術中，觀音總由龍女和善財伴隨，並有一隻白鸚鵡懸停
其右上方，佛教的理論無法解釋這樣的組合，佛教的經典也無觀
音、龍女、善財和鸚鵡排列一起的記載。雖然《法華經》卷 12
和 25 分別提到了觀音和龍女，但他們並非一起出現，《華嚴經》
中，觀音是善財尋求善知識的第 28 位，至於白鸚鵡，佛教的經
典則無任何的記載。因此，如果依藝術史家的傳統路線，試圖從
佛教的經典中溯源觀音肖像藝術中每一個構成因素，只會徒勞無
功。但是，如果我們往普陀山的傳奇、朝山記載和寶卷中搜尋，
我們就會得到豐富大量的資料以解答我們的疑惑。魚籃觀音和觀
音老母同樣在佛教的經典亦無任何的記載，魚籃觀音的起源與寶
卷中所記載的地方傳奇有關，觀音老母的起源與一些新興宗派的
神話有關。

　　中國觀音塑像的形態在印度佛教傳來的經典中並無根據的
情況，並不是中國佛教中唯一的特例，11 世紀之後，在中國寺院
與石窟中，將地藏與觀音並列的情況，也是無佛教的經典為依據
的。更甚之，16 世紀左右，觀音被加上了一隻坐騎，因此，三大
士各有其特屬的坐騎。文殊的坐騎是獅，普賢的坐騎是象，觀音

的坐騎是一隻叫「犼」的動物。創造這些觀音的新形態的藝術家
就如中土創作佛教經典者一樣富有創造力，他們希望創造出符合
信眾需求的內容。地藏守護信眾去世後的生活，觀音守護信眾在
世時的生活的形象，是與經典所述觀音的角色與淨土藝術的呈現
有極大的不同。身為阿彌陀佛的脅侍菩薩，觀音的職責是迎接亡
者到淨土的，因此，在一些敦煌的經幡中，觀音被稱為「引路菩
薩」。此外，我不是很清楚觀音為何與羅漢並列，也許是因為兩
者同於晚明時，在中國社會中變得很受歡迎的原故。

　　觀音的中國本土化完成於觀音化身為妙善公主時，我們並不
知道這故事起源於何時，但是，現存最早書寫文獻為 1100 年。
有一位士大夫，應河南一寺院方丈所求而作一碑文，刻於其寺中
一石碑上，此寺院為一觀音朝山聖地。在這碑文中，我們不僅可
看到觀音的名字、生日、家境和其生平傳記，這些在佛教的經典
則無任何的記載。她出生於二月十九日，一般慶祝觀音聖誕日即
以此為根據，就如其他的中國神祇的聖誕一樣。很明顯的，這樣
的轉化很符合中國人的神仙思想，中國人不認為凡聖之間有不可
踰越的差異，凡可以成聖，聖亦可以化身為凡。如老子，便於第
2 世紀時已被視為神仙，且多次化身成凡以教導人們「道」的意
義，道教中的神仙，悠遊於凡聖之間的情況提供了人們豐富的想
像空間，妙善於傳奇中得道成仙的內容，使觀音融入中國文化並
符合中國人的神仙思想。

　　我已討論過觀音信仰於中國創造與傳揚時，一些重要的媒介
與過程，正統與中土所造經典、感應故事、儀軌、朝山、藝術與
文學都各有其貢獻。每一種媒介弘揚觀音時，也同時轉化了觀音

的形象，而當觀音於早期和唐朝中以比丘的形象呈現時，觀音亦逐漸同時轉變成女性形象，最後形成一種聖母觀音的形象。這些媒介從來不是各自孤立發展的，而卻是相互影響的，如感應故事中信眾和朝山者所見的觀音顯靈的形象，與當時觀音肖像藝術是相互影響的，而中土所造經典、感應故事、儀軌與寶卷之間相互影響的關係，也是非常有意思的主題，我相信觀音信仰都是由這些媒介相互影響滋養而發展的。

當初引發我從事觀音研究的問題是：為什麼觀音在中國轉變成女性？但是，這問題永遠沒有一個確切的答案，在我開始觀音研究後，我對這個問題逐漸失去興趣，我開始思維另外一些更有意思的問題，如：為什麼觀音在中國不像在斯里蘭卡、西藏和東南亞一樣成為貴族的象徵？與這相關的問題是：為什麼觀音這麼受歡迎？而在中國佛教與宗教中「受歡迎」代表什麼意思？觀音信仰之所以在中國生根的一個原因，顯然是因為觀音提供了一個普世救度的法門，在第 3 世紀《法華經》未被譯出之前，中國沒有一位可以與之相比的神祇，觀音不僅是普世之救度者，而且其法門簡單易行。其所傳揚的普世救度法門很新穎且自由，沒什麼特別要做的修行，信眾不必專研經典、成為道德典範或專精於某種禪法，信眾也不必奉行某種特別的生活方式、飲食規定或篤行某種儀式，唯一的要求是誠心的誦唸其名號。觀音當時是外來的一位神祇，於危難中拯濟需要幫助的人，並且信奉此菩薩是現世利益與宗教陶養兼顧，莫怪這樣的信仰於西元後幾世紀的亂世中，得到熱烈快速的回應。因此，觀音因本身的吸引力，快速地贏得中國的人心，但這也是因為當時中國本土宗教出現一種真空

狀態，因此觀音可以輕易獲得這樣的地位。而當觀音為中國人所接受時，救苦天尊和無生老母也出現了，並且和觀音一樣強調他們是普世之救度者，信眾也不必奉行任何特別的行法，只要「誠」則靈，而「誠」是廣為儒家典籍所推崇和眾人所熟知的德行。

許多有關觀音研究的議題是仍待探討的，如觀音信仰的傳揚媒介與其信眾之關係，誰是首先創造出觀音手持楊枝形象的人？他為誰造此像？造此像的原因與目的為何？此像所擺放的地方何在？中土所造經典或寶卷造於何時？為誰而造？其讀者又是誰？我很想多了解這些媒介傳揚觀音信仰的歷史背景，我也很想多了解女性觀音形象開始變得重要後，宋朝女性的宗教生活。我們知道許多「庵」都是在宋元時所建立的，有一些庵是男性為其女性親屬所建的，另一些則是女性自己所建的，大部分的庵都是供奉觀音的，因為它們的名稱叫「白衣」、「大悲」或「紫竹林」。這些女性的身分如何？她們追求什麼樣的宗教生活？她們在庵裡供奉什麼樣的觀音像？是當時正形成女性特徵較明顯的觀音像嗎？這些女性後來出家為尼或是跟後期「菜堂」裡的菜姑一樣，保持在家的身分？

為了探究這些問題，我們有必要運用跨領域的研究方法，而我自己的研究也一直努力使用這樣的方法，從這次會議的子題來看，這個想法也為志同道合的學者們所支持。

多年以前，當我還是個高中生時，曾反覆作一個很令我疑惑的夢，我夢見自己手裡捧著一尊很重的青銅觀音像，我要把觀音像帶去一個地方。爬過一座高山後，因為很重，我很想把觀音像放下，可是我終究沒這麼做，仍然繼續一直往前走。最後，我走

到了一間寺院，寺中排滿了一排一排的佛像，只剩下中央有一個
空位，於是我就把觀音像放在那個位置上，大小剛剛好符合。我
一直到在 1986 年開始研究觀音時，才記起這個夢，我不敢說我
現在是否已經完成把觀音放在學術研究的領域中了，但是，今天
我很欣喜於見到這麼多的學者對觀音研究有興趣，我期望能從你
們的論文中獲得更多的知識。

（中華佛學研究所助理研究員 黃繹勳 譯·2006 年 1 月 15 日）

法華一乘思想與觀音菩薩

三友健容

日本・立正大學

佛教學部教授

摘　要

　　觀音菩薩以多種的樣式呈現在佛經之中，但其原型是《法華經》。《法華經》最初成立之時，就已經導入了傳統佛教所沒有之嶄新的視點。因此，歷練、體驗了許多法難而從大地湧出的菩薩們，就代替了文殊等大菩薩，被任命而成為末法中宣揚佛教的主要人物。

　　另一方面，觀音菩薩是大乘佛教的大菩薩之一，其信仰也被編入了《法華經》，構成了《法華經》的一品。從該經的結構上，這一品是被配置於流通分。《法華經》的特色是一乘思想，然而要特別指出的是：在容受觀音信仰之背景上，是有要將當時的民間信仰融匯、集合到一乘思想之用意的。

　　從中國智顗當時的觀音信仰為背景來看，可知智顗本人也是觀音信仰的奉持者。觀音菩薩信仰在此之後的中國佛教界，從其靈驗故事受到讚嘆歡迎的程度，可知是非常的盛行的。

　　另一方面，日本的日蓮聖人是應運於末法之危機意識時代而出發的，他對《法華經》信仰之情況，與其說是觀音信仰，不如說其眼光是朝向著：以做為末法時代的弘傳佛教者之上行菩薩，或者是做為弘傳佛教典範之常不輕菩薩，或是捨身供養的藥王菩薩為典範。

　　然而，到底為何會產生這些不同的情況呢？其原因之一可能是從印度之《法華經》成立過程上的問題與時代意識而引起的。

　　本發表是從觀音菩薩被容受而融攝入《法華經》，成為該經之一品之理由，與其後〈觀世音菩薩普門品〉單獨流通，而影響到中國佛教等問題加以探討，進而究明有關現代觀音菩薩（信仰）之實踐樣態。

一、問題所在

在東南亞，除了觀音菩薩外，再沒有那樣地與民眾親近的菩薩了。觀音菩薩很早就出現在大乘佛典，[1]《法華經》中〈觀世音菩薩普門品〉裡有關於觀音菩薩的概括記述。同時，乃至密教的十一面觀音等種種的述說，都是以〈觀世音菩薩普門品〉為根源。觀音菩薩以種種變化救濟眾生，這種聽聞眾生祈禱的大菩薩和慈悲和母性形象，是他受歡迎的主要理由吧！

究竟是什麼理由，「觀音」也被翻譯成「光世音」、「觀世音」和「觀自在」？又為什麼觀音信仰會被收入《法華經》中？以及在漢譯中，為什麼明明沒有阿彌陀佛和觀音菩薩，而梵文寫本的〈普門品〉偈頌裡卻出現阿彌陀佛和觀音菩薩？本稿將對這些問題做討論。

二、梵文《法華經》與《觀音經》

鳩摩羅什於西元 406 年翻譯《妙法蓮花經》，距今剛好 1600 年。如眾所周知，羅什譯的《妙法蓮花經》〈觀世音菩薩普門品〉中偈頌部分有脫落的情形，只有長行的部分被翻譯成漢文。[2] 換

---

1. 《法華經》（T9, p.56c 和 p.128c），《無量壽經》（T12, p.342c），《華嚴經》〈入法界品〉（T9, p.717c）等等。

2. 《妙法蓮花佛經》的〈觀世音菩薩普門品〉附有以下的讚頌，由此可以明白該品如何地被重視：「御製觀世音普門品經序：觀世音菩薩，以爍迦羅心，應變無窮。自在神通，遍遊法界。入微塵國土，說法濟度，具足妙相，弘誓如海。凡有因緣，發清淨心，纔舉聲稱，

句話說，我們現在讀誦羅什譯的〈觀世音菩薩普門品〉裡有長行與偈頌，是闍那崛多校訂的《添品妙法蓮華經》。〈觀世音菩薩普門品〉裡，記說著種種救濟，受到人們的喜好，很早就與《法華經》分別流傳於世間。[3]

即隨聲而應。所有欲願，即獲如意。妙法蓮華經普門品者，為度脫苦惱之真詮也。人能常以是經作觀，一念方萌，即見大悲勝相，能滅一切諸苦，其功德不可思議。朕惟，天道福善禍淫，故佛示果報，使人為善，而不敢為惡。夫天堂地獄，皆由人為，不違於方寸之內，故為善者得升天堂，為惡者即墮地獄。夫忠臣孝子吉人貞士，其心即佛，故神明芘佑，業障俱泯。是以生不犯於憲條，沒不墮於無間。夫兇頑之徒，一於為惡，棄五倫如敝帚，蹈刑法如飲甘，寧餒羅剎，不欽佛道。然人性本善，所為惡者，特氣質之偏，苟能改心易慮，修省避畏，轉移之間，惡可為善矣。為善則即善人，昔之所積之咎，如太空點塵，紅鑪片雪，消滌淨盡。雖有果報，將安施乎。朕恒念此，惟恐世之人，有過而不知改，乃甘心焉以自棄，遂表章是經。使善良君子，永堅禁戒之心，廣納無量之福。為善功德，豈有涯涘哉。永樂九年五月初一日，妙法蓮華經觀世音菩薩普門品經，姚秦三藏法師鳩摩羅什譯長行，隋北天竺沙門闍那崛多譯重頌。」（T9, p.198b）

　　又，竺法護譯的《正法華經》〈普門品〉裡也沒有偈頌的部分（《正法華經》，T9, p.129c）。

3. 隋代以前的北涼，曇羅讖法師（伊波勒菩薩）將〈觀世音菩薩普門品〉作為單行本流傳（《觀音玄義》，T34, p.891c），又別名稱為「當途王經」（《法華經詞句》，T34, p.144c）。同時，從上述的讚頌也可以知道，該品也被稱為「觀世音菩薩普門品經」。

　　又，《法華傳記》云：「光世音經一卷，西晉永嘉二年竺法護譯。普門品經一卷，東晉代沙門祇多蜜譯。觀世音經一卷，後秦羅什於長安逍遙園譯。觀世音經一卷，宋代安陽侯京聲於高唱譯。普門重誦偈一卷，梁武帝代北天竺乾闥國沙門闍那崛多，在益州龍泉寺，共梁譙王宇文譯。已上五經，大部中普門品同本，既有普門品經一卷十五紙。彼大寶積文殊會同本，非法華別出。」（T51, p.52b24–c3）

　　然而，只有該梵文寫本與藏譯本裡頭沒有關於阿彌陀佛與觀音的附加偈（偈 28–33）。[4] 《正法華經》裡頭沒有〈普門品〉的

由此文可以知道，與羅什等三本合計五本的觀音經流傳在民間。還有，譯錄不詳的《高王觀世音經》（T51, p.52c22）。

4. 附加的偈如下：

〔28〕 *lokeśvara-rāja-nayako bhikṣu Dharmākaru loka-pūjito,*
bahu-kalpa-śatāṃś caritva ca prāptu bodhi virajāṃ anuttarām.
名世間自在導師之法藏比丘受世間供養。
經幾百劫修行，達到無垢最上的悟性。

〔29〕 *sthita dakṣiṇa-vāmatas tathā vījayanta Amitābha-nāyakam,*
māyopamatā samādhinā sarva-kṣetre jinā gatva pūjiṣu.
站在〔阿彌陀佛的〕右邊或是左邊的他，於如幻似的一切國土，仰望阿彌陀佛導師，依三昧供養勝者。

〔30〕 *diśi paścimataḥ sukh 'ākarā loka-dhātu virajā Sukhāvatī,*
yatra hy Amitābha-nāyakaḥ samprati tiṣṭhati sattva-sārathiḥ.
於西方，有幸福的妙相，無垢極樂世界，
確實有有情的調御者之阿彌陀佛導師住在那裡。

〔31〕 *na ca istriṇa tatra sambhavo nāpi ca maithuna-dharma*
sarvaśaḥ, upapāduka te jinorasāḥ padma-garbheṣu niṣanna
nirmalāḥ.
在那裡，由於沒有女性的出生，所以完全沒有結婚的習俗。坐在蓮華的胎內沒有不正的事，勝者的孩子們，在那裡〔極樂淨土〕出生。

〔32〕 *sa caiva Amitābha-nāyakaḥ padma-garbhe viraje mano-rame,*
siṃh' āsani saṃniṣannako śāla-rājo yathā virājate.
阿彌陀導師以無垢的心，於妙蓮華的胎內，坐獅子座，如沙羅樹王般地光耀。

〔33〕 *so' pi tathā loka-nāyako yasya nāstri tri-bhavesmi sādṛśaḥ, yan me*
puṇya stutva saṃcitam kṣipra bhomi yatha tvam narottama iti.

偈頌，因此也沒有附加偈，《添品法華經》裡頭也沒有附加偈。
但是，現存《法華經》的梵文寫本裡含有〈普門品〉偈頌的部分，
全部都有附加偈。因為藏譯也有附加偈，而只有漢譯三本裡沒有
附加偈，所以該附加偈不得不看做是七世紀以後在印度被附加
的。也就是說，現存的梵文《法華經》寫本以及以此為底本的藏
譯，都是七世紀以後的傳本。

　　那麼，為什麼現存的梵文《法華經》及藏譯本會被添加了這
樣的偈頌？於第 28 偈中，世間自在王導師（ *lokeśvara-rāja-ayaka* ）
與比丘（ *bhikṣu* ）和法藏（Dharmākara）為同格變化，都做為主
格。該梵文的現代語譯雖然為「做為世間自在王導師的法藏比
丘」，但是因為在《無量壽經》中已經很明顯地可以看出，「世間
自在王佛」與「法藏比丘」本來就是不同的人物，所以這是以《無
量壽經》的觀點為根據的現代語譯。[5] 但是，因為在梵文《法華
經》中，世間自在王與比丘為同格的名詞變化，也就是主格，所
以事實上是意指同一人物的。而被視為不同人物的佛與法藏比
丘，本來應該與觀音和法藏無關，但是，在附加偈中，世自在
（Lokeśvara）與觀自在（Avalokiteśvara）被視為同一人，造成思

　　他，身為世間的導師，三界中沒有人可以與他匹敵。
　　〔祈願〕我累積功德，速速地與你一樣成為最高的人。

　《梵文法華經寫本集成》XII, p. 154ff.

5.　《佛說無量壽經》云：「爾時次有佛，名世自在王如來應供等正覺明
　　行足善逝世間解無上士調御丈夫天人師佛世尊。時有國王，聞佛說法
　　心懷悅豫尋發無上正真道意。棄國捐王行作沙門，號曰法藏，高才勇
　　哲與世超異，詣世自在王如來所，稽首佛足右遶三匝。」（T12, p.267a）

想上的混亂。由於思想上的混亂,〈普門品〉偈中被添加了世自在王的內容。[6] 又,在淨土系統經典裡頭,觀音與大勢至菩薩同時做為阿彌陀佛的脅侍,因此,與觀音有關聯的〈普門品〉中,被添加了阿彌陀佛的偈頌是很有可能的。[7]

三、觀世音菩薩名號

Avalokita-svara,Avalokiteśvara(觀世音)的名稱,是多麼地不可思議。不只是在阿毘達磨,在所有的論典裡,svara(音)是聽聞,而不是觀見的。Avalokita-svara,Avalokiteśvara 的漢譯有「闚音」、「現音聲」、「光世音」、「觀世音」、「觀音」、「觀世念」[8]、「觀世自在」、「觀自在」、「觀世音自在」等等。

Avalokita,因為是從 ava√lok(觀)而形成的言詞,所以被翻譯成「現」或「觀」是正確的。[9] 接著,svara 是「聲音」的意

---

6. 密教金剛界的阿彌陀佛是觀自在王,因此說觀音和阿彌陀佛是有關係的。但是,由於《法華經》的梵文寫本是 7 世紀以後密教變得繁盛期間的經典,它有可能是受到密教的影響。

7. 阿彌陀佛與觀音的關聯,不只是淨土系的經典,《華嚴經》〈入法界品〉(T9, p.786b)、《佛名經》(T14, p.163a)等裡頭也有出現。又,《大宝積經》(T11, p.501b 和 p.571b)、《文殊師利問經》(T14, p.492c)裡,也出現觀音與大勢至菩薩之關聯記載。

8. 岩本裕〔1978, p.208〕,辛嶋〔1998, p.40〕。關於「觀世念」之詞,両論文裡都沒有記述,只有羅什有列舉「觀世念」之名稱(《注維摩經》,T38, p.331a)。

9. 荻原〔1972, p.250〕表示,avalokita 原本是 avalokitṛ(觀者)之意。為什麼呢?Avalokita 是被動態「被觀」之意,而不是「觀」,藏譯也是 spyan-ras gzigs dbang-phyug,即「能見、見者」之意。這是非常有趣的想法。

思。「光」是把 *ava* 理解做 *ābhā*（光），西北印方言的 *Gāndhārī*，
-bh- 與 *-v-* 是沒有區別的。[10] 在 *Kharoṣṭhī* 書體中，沒有母音的長短
音之分別。竺法護所用的傳本，如果具有這些特色的話，那麼被
譯成「光世音」是可以理解的。又，把「世」（*lokita*）看做 *loka*
（世間）的派生語的話，就成為「世音」。

　　另一方面，Avalokiteśvara（「觀自在」）是 *avalokita* 和 *īśvara*
的合成語。這樣的譯例據說是從六世紀的菩提流支開始的。[11] 菩
提流支譯的《勝思惟梵天所問經》等，都是譯成「觀世自在」。[12]
那是因為在普門品裡有述說自在天（Īśvara）和大自在天
（Maheśvara）的救濟，筆者認為那是與自在天（Īśvara）信仰有關
係的。西元 759 年的碑文裡，不說 Avalokiteśvara，因為濕婆神的
別名為 Lokeśa（世界主），Lokeśvara 是同樣的意思，這樣的理解
應該是濕婆神信仰繁盛以後成立的。[13] 對此，六世紀以前，因為
沒有被翻譯成「觀自在」的，所以有可能是由於音韻的變化而造
成的。換句話說，*s* 和 *ś* 的混合在梵文寫本裡是經常可以見到的
情況。原本是 Avalokita-svara，而被發音成 Avalokita-śvara，而變
成 Avalokiteśvara。[14]

　　事實上，因為在《法華經》梵文寫本裡有不少 *s* 和 *ś* 的混合
用例已經被公認，所以上述的情況是有很大的可能性。又，〈普

---

10. Brough〔1962, p.44〕, 辛嶋〔1998, p.43〕。
11. 辛嶋〔1998, p.45, note 16〕。
12. 《勝思惟梵天所問經》（T15, p.80c）和《不必定入定入印經》（T15, p.699b）等。
13. 岩本〔1978, p.209〕。
14. 辛嶋〔1998, p.47〕。

門品〉裡有言「觀世音菩薩，有如是自在神力」，[15] 觀音把自己所得到的珠寶瓔珞分成二分，一分獻給釋尊，一分獻給多寶如來，因此釋尊稱讚觀音有如此的自在神力，遊歷娑婆世間。所以，*īśvara* 不一定就是與溼婆神有關聯，在梵文寫本裡頭沒有「自在神力」的記述。[16] 也就是説，羅什譯的《法華經》是沒有「自在」（*īśvara*）的。僧肇對羅什佛教教理的問答中，羅什的回答保留在《注維摩經》裡：[17]

> 觀世音菩薩，什曰：世有危難，稱名自歸。菩薩觀其音聲，即得解脱也。亦名觀世念，亦名觀自在也。

生於四世紀後半到五世紀初的羅什，已經知道「觀自在」、「觀世音」。[18] 如果是這樣，為什麼羅什不將 Avalokita-svara 翻譯成「觀自在」，而翻成「觀世音」呢？關於這一點，華嚴的澄觀説：原本梵文是不同的，觀自在的情況，梵文是 Avalokiteśvara，而觀世音是「攝伐多」的音譯。[19] 那樣的話，攝伐多不能還原成 *svara*，

---

15. 《法華經》（T9, p.57c）。

16. 梵文為：

   *īdṛśyā kula-putra vikuruvayā 'valokiteśvaro bodhisattvo
   mahāsattvo 'yāṃ sahāyāṃ loka-dhātāv anuvicarati.*
   善男子！觀世音菩薩摩訶薩依如此神變，遊歷娑婆世界。
   《梵文法華經写本集成》XII, p.96。

17. 《注維摩經》（T38, p.331a）。

18. 的場〔1981, p.365f〕表示，「觀自在」並不是「觀世自在」的錯誤。無論如何，羅什已經知道 *īśvara* 也有「自在」的解釋。

19. 澄觀《華嚴經疏》云：「又觀自在者，或云觀世音。梵云婆盧枳底，觀也。溼伐羅，此云自在。若云攝伐多，此云音。然梵本之中自有二

而是 śobata，śobata 也可以被理解成是從 śru（聽聞）派生而形
成的語詞。巴利語 śobata 為 savana（聽聞、耳朵），現在雖然無
法找到「攝伐多」確切的言詞，可是如果羅什的傳本是龜茲語
（tokara 語 B，Tokkara／都貨羅）的話，攝伐多與梵文的 śobda
（聲音）非常類似。總之，是可以從傳本的「聲音」的語詞來窺
見「觀世音」的由來。

那麼，為什麼不是「聽聞世間的聲音」，而是「觀見世間的
聲音」呢？關於這個問題，吉藏舉出羅什的意見等。[20] 也就

種不同，故譯者隨異。而〈法華觀音品〉中云：觀其音聲皆得解脫，
即觀世音也。」（T35, p.940a）

羅什所持有的《法華經》的傳本，並不是梵文，在《添品法華經》
序中云：「昔燉煌沙門竺法護，於晉武之世，譯正法華。後秦姚興，
更請羅什，譯妙法蓮華。考驗二譯，定非一本。護似多羅之葉，什
似龜茲之文。余撿經藏，備見二本。多羅則與正法符會，龜茲則共
妙法允同。護葉尚有所遺，什文寧無其漏。」（T9, p.54b）

20. 《法華玄論》云：「次論觀音名，觀音可具二義：一者智境合題，二
者應感雙舉。觀謂能觀之智，世音即所觀之境，故名境智也。觀即是
觀察赴應，世音即是眾生機感，故名應感也。問：境智為名具幾智耶？
答：正是實方便智耳。知世間音聲，即不有有不聞聞義。既了世間音
不有有，即知有不有。若識不聞聞，即知聞不聞。以識不有有不聞聞
義，名為實方便。若知有不有名為方便實，不有有豈是有，有不有豈
是不有。故非有亦非不有，非實非方便，名為中道觀。故觀音之名具
三觀：世諦觀、真諦觀、非真俗中道觀也。問：今文但言觀世音耳，
何處有三觀？答：觀音受記經出觀音所解具三觀音也。又論云：因緣
所生法，即是空，即是中道者。明世間音聲，即是因緣，即空，即中
道，故具得三觀也。所言世音者，世有三種：一者眾生世間，二者五
陰世間，三者國土世間。眾生世間者，謂之五陰十二入十八界眾法中
生，故云眾生。五陰世間，謂能成眾生之法，即是色之與心。三國土
世間即是色法為體，謂國土風俗。今菩薩正觀眾生世間，但五陰能成

是說,「光」是意味菩薩的智慧,竺法護譯的「光世音」,充分表現觀音的大慈,而羅什譯的「觀世音」,是說觀音觀察世人祈求觀音救濟的聲音,令其離苦得解脫之意。這就是觀世音、觀世意、觀世身,所謂依身口意三業觀察,而令眾生得到救濟。所以羅什所譯的「觀世音」,可以了解到「音」是尋求救濟的聲音,這並不只是「聽聞」,還有「觀察而救濟」之意味。

但是,荻原博士表示,因為 *avalokita* 是過去被動分詞,是「已被觀察」,而不是主動態的「觀察」,這裡很可能原本是 *avalokitṛ*,

---

眾生,國土是眾生所託,不得相離,故總名世間也。世音者世間語通,音是世間中之別。子夏〈毛詩序〉云:以聲成文謂之音。尋大小經論明音與聲不異,〈雜心界品〉云:聲有三種。一因受四大聲,謂有情物聲。二因不受四大聲,謂外物如鐘鈴等聲。三因俱聲,如人吹管等聲。此則但解聲不明音,故知音與聲不異也。《成實論》云:如人欲聽鐘鈴等聲則以耳就鈴。此品云即時觀其音聲,〈化城品〉云:迦陵頻伽聲。如是等皆明音不異聲,普者上明觀其聲未必周普。故今明普門,普以周普為義。但普有二種,一心普,二事普。凡夫二乘俱無二普,始行菩薩心雖周普而事不普,觀音心事俱普。大悲欲普拔眾眾苦,大慈欲普與物樂,謂心普也。外現一切身說一切聲,謂事普也。門者,以心事二普為法門,故云門。又令眾生悟入能通正道,故名為門。問:觀世音有幾名?答:古經云光世音,今云觀世音也。未詳方言,故為此號耳。若欲釋者光猶是智慧如大經云:光明者即是智慧智慧即是觀也,又菩薩智慧光明照於世間故云光也。《華嚴》云:觀音菩薩說大悲經光明之行,大悲即是功德光明謂智慧,則知光世音不失此意也。羅什注淨名經明有三名,觀世音觀世意觀世身。什今所以作此釋者,見普門品具釋三名,故有三號耳。問:何故立三名耶?答:立此三名則遍察眾生事盡,眾生唯有三業,菩薩具觀其三業,故立三名也。又隨眾生好樂不同,又眾生或口不能言,或身不能禮,故具說三名。又眾生忌諱不同,故備三名。」(T34, p.448c)

而後來變成 *avalokita*。[21] 這樣的可能性是不能否定的。為什麼呢？因為流布於城鎮，也就是城鎮版的的梵文《法華經》裡有 *avalokṛta* 的用例。[22]

又，〈普門品〉的偈頌中，「念彼觀音力」的「念」多用 *smṛti*。「念」（*smṛti*），依據阿毘達摩是意味著「明記不忘」的。這不就是「觀想」之意嗎。因為世人尋求救濟，所以觀想觀音而得到安心。這種情況的觀音的「念」（*smṛti*）是意味著「觀」的意思。但是，長行的部分並不是「憶念」，而是「稱觀世音菩薩名者，是諸人等皆得解脫」「稱觀音世菩薩名者，從災難而得解脫」「稱其觀世音菩薩名故，即得解脫」、「現種種身而為說法」。長行部分，很早就成立，而偈頌部分確實和《般舟三昧經》「觀佛」（*pratyutpanna-samādhi*）的立場相同，所以偈頌與長行有些許不同，是可以理解的。

換句話說，長行的內容比偈頌更容易表達要得到觀世音菩薩的救濟是非常容易的，而偈頌的表示則是若不修三昧就不能得到救濟，可說是必須要有高度的修行才可以得到觀世音菩薩的救濟。即《法華經》〈普門品〉起頭的觀音菩薩，是聽聞世人的苦難聲而予以救濟的菩薩。羅什把它理解成「觀察世間的聲音而予以救濟的菩薩」，而翻成「觀世音菩薩」。[23]

---

21. 荻原〔1972, p.250〕。

22. H. Kern and B. Nanjio〔1908–12, p.438〕。

23. 第 17 偈：「智力清淨的他〔觀音〕明白地觀察（*vilokiyā, avalokiyā*），看見（*dṛṣṭvā*）為幾百眾苦所苦惱，為眾苦而懊惱的眾生，在那裡成為包含諸神的世間的救濟者。」因為理解成「觀音由看到，觀察到」，也就是主動態，而被名為「觀音」。

　　然而和羅什所譯的不同，偈頌為觀佛三昧的一種，「念彼觀音力……觀音妙智力，能救世間苦」。第四偈「依次地聽聞〔觀音的名〕，見到〔觀音〕，同樣地憶念的話，〔娑婆世界〕有生命的所有眾生會得到滋潤，令一切的苦難與憂怖生滅」。[24] 這個「令生滅」（nāśaka）者，雖然可以解釋成觀音，[25] 但是查讀梵文寫本裡的該偈頌是說「『聽聞觀音名號的人，見觀音名號的人』，令苦難生滅，〔觀音菩薩〕完全證得神通力，已學習廣大的智慧與方便，顯現在所有十方一切的世界沒有遺漏」，[26] 如同長行裡頭現（drśyate）種種變化身的是觀音菩薩。

　　然而，到了中國、日本的觀音菩薩現 32 種變化身或是現 33 種變化身，順應該眾生，為其現該變化身予以救濟。[27] 在本生故事（Jātaka）有很多關於菩薩生於種種的生類，救濟眾生的記載；依原本的身體而變化的形式，在《法華經》〈觀世音菩薩品〉和〈妙音菩薩品〉裡頭也有類似的記述。[28]

---

24. H. Kern and B. Nanjio〔1908–12, p.448/3〕。

25. 松濤〔1976, p.227〕：「他，能除所有生存上的苦惱與愁苦。」「他」是指誰，並不明確，似乎是理解成觀音。《添品法華經》云：「聞名及見身　心念不空過　能滅諸有苦。」（T9, p.57c），此中能滅苦的是指誰也不明確。

26. H. Kern and B. Nanjio〔1908–12 p.451/5–6〕。

27. 在中國說是 32 身，在日本一般者是說 33 身。

28. 在「妙音菩薩品」中是 31 身說。《大佛頂如來密因修證了義諸菩薩萬行首楞嚴經》中是 32 身說（T19, p.128b），《涅槃經》云：「我已久住是大涅槃，種種示現神通變化，於此三千大千世界百億日月百億閻浮提，種種示現如首楞嚴經中廣說。我於三千大千世界，或閻浮提示現涅槃。」（T12, p.628b 和 p.630a）這是以《首楞嚴經》為根據說現 25 有，在印度通常是稱變化身。

　　天台智顗的《法華文句》裡，有提到觀音現 33 身說，[29] 羅什譯《法華經》裡加上「人」、「非人」則成為 35 身說。因為所有的梵文寫本都是現 16 身說，[30] 所以 33 身說該是智顗個人的想法，在其他的教典裡沒有見到這樣的說法。[31]

四、觀世音菩薩的起源

　　究竟觀音的起源在哪裡？《華嚴經》〈入法界品〉裡有補陀落（Potalaka）山與觀音的記載，補陀落山與 Sri Lanka（斯里蘭卡）的 Potiyil 山有關係。[32] 因為在《法華經》裡沒有這樣的描述，所以〈入法界品〉成立時，才出現這樣的想法。[33] 因為作為觀音信仰源流的《法華經》〈普門品〉，應該是更早就成立的，所以觀音信仰與婆羅門教的「自在天」（Īśvara）不能說是沒有關係的。[34] 大乘佛教興起時，將民眾所信仰的神、諸天善神中其中的一位，即使是導入佛教也不會有問題的。然而佛教所說的「自在」未必只是隨應個人的所有要求為目的，而是站在已斷執著，「空」的立場，來說明觀音本身的自由自在。正因為是「空」，所以基

---

29. 《法華文句》云：「普門者顯作利益，目睹三十三聖容，耳聞十九尊教也。」（T34, p.145a）
30. 《法華經写本集成》XII, p.67ff。但是，梵文寫本與藏譯中含有漢譯所沒有的 *piśāca*。
31. 壬生〔1981, p.109〕。
32. 彥坂〔1989, p.373〕。
33. 妹尾〔1987, p.538〕。
34. 關於「自在天」，阿毘達磨佛教，或是漢譯都是稱「他化自在天」，是 *Paranirmita-vaśa-vartin*，而不是 *Īśvara*。

於大慈悲能夠自由自在地救濟,「自在」的心是遠離執著,朝向解脫的引導手段。梵文〈普門品〉中,*samanta-mukha* 是作為觀音的形容。這個雖然被譯成「普門」,本來的意義是「朝向所有方向」,同時 *mukha* 有「口」、「臉」的意思,和之後出現的十一方面觀音(Ekādaśa-mukha)有關。

此外,當初為了表現觀音菩薩是男性,都是有鬍鬚(八字鬍)的佛像,後來逐漸地被表現成女性的姿態。當然,如果從大乘佛教的立場來說,菩薩應該是沒有男女相的差異。阿毘達磨佛教以來,因為菩薩被視為是釋尊的前身,必須以男性為前提,[35] 所以沿襲這樣的前提的犍陀羅佛等佛像,全部都是以男性身來表現。在印度,這樣的形像被女性化表現的,有受到了印度教影響而密教化的多羅(Tārā)菩薩。

在《法華經》成立之初,已經收入了為了救濟一切眾生而變身說法的觀音菩薩。因為在《法華經》中有說在家菩薩和出家菩薩,所以觀音菩薩的形像沒有明顯區分是在家或是出家。基本上如同當時犍陀羅的菩薩像,多是以在家的王子姿態來表現。[36]

---

35. 《大毘婆沙論》云:「復次修妙相業時,捨五劣事得五勝事。一捨諸惡趣恒生善趣,二捨下劣家恒生貴家,三捨非男身恒得男身,四捨不具根恒具諸根,五捨有忘失念恒得自性生念,由此得名真實菩薩。」(T27, p.887a)又,「問:相異熟業何處起耶?答:在欲界,非餘界。在人趣,非餘趣。在瞻部洲,非餘洲。依何身起者,依男身起非女身等。」(T27, p.887c)此中,明確地說明是依男身。

36. 岩本〔1978, p.217〕:觀音是伊朗(Iran)的 Nanaia 女神或是以 Ardoxśo 為源流,觀音所持有的蓮華或是水瓶是暗示觀音是女性。原本作為觀音的出典最初是〈普門品〉,*bodhisattva* 是男性名詞,沒有出現女性名詞,即使是菩薩像是男性像。

五、《法華經》與《觀音經》

　　《法華經》屢次地出現「受持法華經」的文句。但是，究竟是指《法華經》的哪一品而說，《法華經》並不明確。

　　在那裡所言的《法華經》有此特色，說有二乘成佛和久遠實成的釋尊；還有，惡人成佛和女人成佛說，表示救濟一切眾生。《法華經》立於這個基本立場，積極地收入周邊的眾神信仰。

　　《法華經》的第五章〈藥草喻品〉中敘述著三草二木普遍受到釋尊的慈悲雨露，在各自所屬的立場成長。這裡絕對不是令草木成長之意，而是說明草也有草的存在價值，這正是《法華經》一貫不變的想法。

　　不被姿態或是形體所拘束，順應眾生的性格，現其相應的身姿而為說法，令生存於此世間的所有生物朝向證悟的勸誘是觀音菩薩本來應有的姿態，即大乘佛教實踐者的理想姿態，這可以說是《法華經》的目標。

參考文獻

大田利生

　　1990　《無量寿經の研究》。京都：永田文昌堂。

壬生台舜

　　1981　〈觀音三十三身について〉，《勝又俊教博士古稀記念論
　　　　　集 大乗仏教から密教へ》。東京：春秋社。

本田義英

　　1944　《法華經論：印度學方法論より觀たる一試論》。東京：
　　　　　弘文堂書房。

　　1934　《仏典の内相と外相》。東京：弘文堂書房。

立正大学法華經文化研究所編

　　1982　《梵文法華經写本集成》XII。東京：梵文法華經刊行会。

辛嶋静志

　　1998　〈法華經の文献学的研究（二）觀音 Avalokiteśvara の語
　　　　　義解釈〉，《創価大学・国際仏教学高等研究所年報》第
　　　　　2 号。

芳岡良音

　　1970　〈觀世音菩薩の起源〉，《印度学仏教学研究》12–1。

岩本裕

　　1978　《仏教説話の伝承と信仰》（《佛教説話研究》第三巻。
　　　　　東京：開明書院。

的場慶雅

　　1981　〈当代における觀世音菩薩信仰について〉，《印度学仏
　　　　　教学研究》30–1。

妹尾匡海

　　1987　〈補陀落思想と「普門品」の問題点〉,《印度学仏教学研究》35–2。

荻原雲来

　　1972　《荻原雲来文集》。東京：山喜房。

彦坂周

　　1989　〈南印ボディヤ山、觀音信仰發祥の聖地〉,《印度学仏教学研究》38–1。

Brough, John

　　1962　The *Gāndhārī Dhammapada*, (London Oriental Series, vol. 7) London: Oxford University Press.

　　1982　"Amitābha and Avalokiteśvara in an inscribed Gandhāran sculpture," *Indologica Taurinesia*, X, pp. 65–70.

Kern, H. and B. Nanjio

　　1908–12　*Saddharmapuṇḍarīka*. St. Petersbourg: Bibliotheca Buddhiica X. Reprint, Osnabrück (1970).

古代印度觀音信仰的起源

李利安

中國·西北大學

佛教研究所教授

摘　要

　　本文分為兩大部分，一是對學術界關於觀音信仰起源的各種觀點作了綜合的評介，涉及到觀音信仰最早在印度產生的時間、產生的地域以及思想淵源等問題，對其中筆者認為尚難以成立的觀點作了質疑性分析；二是提出筆者自己關於觀音信仰起源問題的一些初步看法。認為，觀音信仰淵源於久遠以來的南印度海上寶馬救「黑風海難」和「羅剎鬼難」的信仰，經過長期的演變與發展，最後大約成型於西元前後時期，最早的經典詮釋則當是〈普門品〉，由此海上救難信仰進一步發展才出現了觀音的淨土往生法門和般若智慧法門。

一、對學術界關於觀音信仰起源問題諸觀點的評析

　　觀音信仰何時、何地、由何而得產生？這個問題在整個國際和國內學術界還都沒有解決。關於產生的時間，有人認為在西元前，有人認為在西元 1–2 世紀，也有人認為在 5 世紀。關於產生的地點，有的學者推測在北方，有的認為在東方或者東南方；關於信仰的來源，有的認為是從佛教自身發展而來，有的認為是來自婆羅門教，有人則認為來自古代伊朗地區的神靈信仰。這些各不相同的觀點的存在正顯示了觀音信仰起源問題的複雜性以及這個問題本身的重要價值。

一）關於觀音信仰產生的時間

　　關於觀音信仰產生的時間，中國大陸學術界尚沒有專門的研究，國外個別學者曾經對此問題作過一些探討。

　　法國學者 Marie Therese de Mallmann 和 Gregory Schopen 認為，觀音信仰開始於 5 世紀。Schopen 利用在印度北部秣菟羅發現的 5 世紀的佛教雕刻題銘，證明觀音的出現與一群「釋迦比丘」的活動有很大關係。[1] 美國哥倫比亞大學于君方教授也同意這種

---

1. Gregory Schopen, "Inscription on the Kusan Image of Amitabha and the Character of the early Mahayana in India," *Journal of the Association of Buddhist Studies* 10 (1987): 116. 轉引自 John Clifford Holt, *Buddha in the Crown: Avalokitesvara in the Buddhist Traditions of Sri Lanka*, p. 30.

看法，她認為觀音最初是被僧團中一部分特別的僧人所崇拜，後來才廣泛受到一般僧人和平民的信奉。[2] Holt 在研究印度早期梵語佛教文獻中的觀世音時，對這種研究表示贊同。[3] 可是，根據中國的譯經史，這個年代斷定明顯是太過於保守了。因為，早在此之前，包含觀音信仰的一些經典就已經傳到了中國。德國著名的印度學者奧登堡（Hermann Oldenberg）依據坎達拉佛像研究，認為觀音信仰應出現於西元前後。[4] 美國東方大學哲學博士聖印法師認為，「龍樹菩薩是大乘思想產生的主要人物，在他所著的《大智度論》中，已有『觀音菩薩』名號的出現，史家推斷龍樹菩薩的出生，約在西元一五○至二五○年之間，由此可見觀音菩薩信仰，當早于龍樹出生之前。因此觀音信仰的年代，應推溯到佛曆紀元後的四、五百年和西曆紀元之前的那個時代。」[5]

Holt 以大眾部典籍《大事》中的兩部被稱為《觀經》的經典為依據，認為無論從詞語的演變還是從思想的演進均顯示出觀音信仰的思想淵源是很早的。這些經典沒有漢語和藏文譯本，J. J. Jones 將其翻譯為英語，經中曾說：「讓世尊為我們揭示，在他作為一個菩薩而來到菩提樹並站在菩提座上，為了全世界的利益，

2. Chun-fang Yu, *Kuan-yin: The Chinese Transformation of Avalokitesvara*, p. 8.

3. John Clifford Holt, *Buddha in the Crown: Avalokitesvara in the Buddhist Traditions of Sri Lanka*, p. 30

4. 轉引自孫昌武，《中國文學中的維摩與觀音》，第 73 頁。

5. 聖印，《普門戶戶有觀音—觀音救苦法門》，第 25 頁。

而進行他的觀察時，所看到的一切。」[6] Holt 特別引用了 Jones
為這句經文所做的註腳，認為翻譯為「觀」（survey）的 avalokitam
一詞後來便被用到觀音（Avalokiteśvara）的名稱之中。[7] 此外，
Holt 還從該經中舉出許多讚揚佛陀的辭彙，如「世界之光」（the
light of the world）、「純淨如盛開之花」（pure as a blooming
flower）、「照亮世界就像太陽照亮天空」（lighting up the world as
the sun lights up the sky）等等，認為這些特徵正是後來觀音信仰
的源泉。Holt 還直接引用了《大事》中的一段文字，其中說到「他
將變成全世界的眼睛，一束驅散黑暗的光，他將驅散處於不幸當
中的人們的黑暗」，「他將成為全世界的遮蔽、保護、海島、避難
所和休息處」，「他舉世無雙，值得敬奉，他對世人永遠慈善、慈
悲」，Holt 認為這些都成為後來觀音的基本特徵。[8] 有的學者認
為這些內容是後來添加進《大事》的，[9] 所以難以準確判定時代。
但是，Bhattacharyya 堅持認為，這些經典是在西元前 3 世紀時就
產生了。[10] Holt 雖不同意這種觀點，但相信這些文獻肯定早於現

6. J. J. Jones, *The Mahavastu* (*Sacred Books of Buddhists*, vols. 17–19), p.
   274.
7. 同上注。
8. John Clifford Holt, *Buddha in the Crown: Avalokitesvara in the Buddhist
   Traditions of Sri Lanka*, p. 32。
9. Maurice Winternitz, *History of Indian Literature* vol. 2, p. 245.
10. Behoytosh Bhattacharyya, *The Indian Buddhist Iconography*, p. 143.

在所看到的西元 2 世紀時期的觀音類經典，並為這些觀音經典提供了思想的資源。[11]

Chutiwongs 認為，儘管《大事》中的這些資料被認為是後加的，但根據中國的譯經史，觀音菩薩的觀念依然可以劃定到西元 2 世紀之前。他還從造像資料對印度觀音信仰早期興起進行研究，認為西元 1 到 2 世紀時期，在印度犍陀羅和秣菟羅地區出現了許多和後來風格不同的觀音造像，證明了當時觀音信仰的流行。[12] 他還以 5 世紀初中國僧人法顯的記載佐證他的觀點，因為法顯記載說，秣菟羅這個地方的三種最普遍的大乘佛教崇拜物就是觀音、般若和文殊。[13]

二）關於觀音信仰產生的地點

Chutiwongs 認為觀音信仰最早形成於西北印度的犍陀羅和靠近西北印度的秣菟羅地區。印順法師則認為，觀音信仰應該興起於東方。他從觀音所住的聖地出發展開論述，提出了自己的看法。[14] 佛教正統經典認為，觀音所住的聖地，梵語為 Potala，或 Potalaka，漢譯作補陀洛、補陀洛迦等。聖地到底在那裏？考論

---

11. John Clifford Holt, *Buddha in the Crown: Avalokitesvara in the Buddhist Traditions of Sri Lanka*, p. 33。

12. Nandana Chutiwongs, "The Iconography of Avalokitesvara in Mainland South Asia," Ph. D. dissertation for Rijksuniversiteit, Leiden, 1984, pp. 27–28.

13. 東晉・法顯，《高僧法顯傳》，《大正藏》第 51 冊，第 859 頁中。

14. 印順，《初期大乘佛教之起源與開展》，第 483–490。

者也沒有確定的結論。然據佛教所傳，古代確有名為補多洛或補多羅迦的，這應該就是觀音菩薩聖地的來源。

　　印順法師認為，古代的王統傳說開始於摩訶三摩多（Mahasammata）。大天王（Mahadeva）王統以後，有姓瞿曇（Gautama）的善生王（Sujata），以後有甘蔗種（Iksvaku），都住在補多羅城，就是釋迦族（Sakya）的來源。這一傳說的譜系，雖不完全統一，但在傳說的王統住地中有補多羅或稱補多落迦（Potala 或 Potalaka）卻是一致的。[15] 這與觀音的聖地完全相合。印順法師認為，《長阿含經》的《典尊經》傳說以瞻波（Campa）為中心的七國七城，其中有阿婆（阿濕波國）的布和（褒怛那），這是東方的古老傳說，所以應該在印度的東部地區。《正法念處經》說到東方地區，有毗提醯河與安輸摩河，又說橋薩羅（Kosala）屬有六國：橋薩羅、鴦伽、毗提醯、安輸、迦屍、金蒲羅。[16] 金蒲羅所在不明，其餘的都在東方。安輸摩與安輸，就是阿濕波（或譯阿葉摩）。又釋尊的時代，確有名為阿濕波的，如《中阿含經》卷四十八所收《馬邑經》中說：「佛游鴦騎國，與大比丘眾俱，往至馬邑，住馬林寺。」[17] Asvapura—馬邑，為 asva 與 pura 的

---

15. 《根本說一切有部毗奈耶破僧事》卷一，《大正藏》第 24 冊，第 101 頁中–103 頁中；《眾許摩訶帝經》卷一、二，《大正藏》第 3 冊，第 934 頁中–936 頁下；《起世經》卷十，《大正藏》第 1 冊第 363 頁中–364 頁上；《起世因本經》卷十，《大正藏》第 1 冊，第 418 頁中–419 頁上；《佛本行集經》卷五，《大正藏》第 3 冊，第 673 頁上–674 頁上；《島史》，《南傳大藏經》卷六十，第 19 頁。

16. 《正法念處經》卷六十七，《大正藏》第 17 冊，第 400 頁中。

17. 《中阿含經》卷四十八《馬邑經》，《大正藏》第 1 冊，第 724 頁下和 725 頁下。

結合語，就是阿濕波邑。佛在世時該地屬於東方的央伽，這與《正法念處經》的東方是相符合的。總之，阿濕波的 Potala，雖不能確指，而屬於東方，是可以確定的。不過，由於年代久遠，古代的地名不免傳說紛歧，或與神話相結合，所以作為觀音聖地的阿濕波的補多羅、補多落迦（即補怛洛迦），又傳說到南方或他方是非常可能的。

筆者認為，印順法師依據地名來推測觀音起源的這種論證對於說明觀音道場名稱的起源很有意義，但筆者不認同二者之間的必然關係，所以也不同意觀音信仰起源於東方的觀點。

三）關於觀音信仰的宗教思想淵源

Mallmann 認為，早期觀音信仰非常重要的一部經典《無量壽經》中描寫阿彌陀佛是「無量光」，作為該佛脅侍的觀音菩薩也被描寫成充滿光芒，所以，Mallmann 認為，觀音菩薩是從伊朗祆教中衍生出來的一位太陽之神。他認為，觀音與阿波羅（Apollo）、太陽神（Mithra）、赫利俄斯（Helios）以及赫密斯（Hermes）非常相似。[18] 還有人認為觀音與古代波斯的女性水神 Anahita 有淵源關係，有人則說觀音是古代希臘的阿波羅神與印度濕婆（svara）神的混合。[19] 有學者認為，觀音的原形與伊朗女神 Nanania 及該女神在坎達拉的變形 Ardoso 有關聯，或認為它受到流行在以波

18. Marie-Therese De Mallmann, *Introduction to L'Etude d'Avalokitesvara*, p. 82.
19. 印順，《印度大乘佛教之起源與開展》，第 483–490 頁。

斯為中心的地區的米托拉神的影響。[20] 另有學者則認為，婆羅門
教的主神化身為魚、龜、野豬等等十身，顯然是觀音化身的一個
來源。[21] 日本學者後藤大用則從「內在觀察」和「外在觀察」兩
種渠道進行研究，認為觀音是以釋迦牟尼佛為本源，由具體實在
的生身佛進展到形而上的法身佛，由法身佛進到應身佛，並體現
為理想化的觀音菩薩，期間又在名稱、形象、特徵等方面受到希
臘和印度婆羅門教的影響，最終於西元前 1 世紀時期完全形成。[22]

　　而印順法師則從佛教內部尋找觀音的起源，他認為，觀音信
仰的來源不外乎是佛陀大悲救世信仰在世俗社會的適應。他舉了
兩個例子，一是觀音顯相信仰的起源，二是觀音大悲信仰的起
源。關於觀音顯化各種身相救度眾生，印順法師認為，這種思想
最早來源於小乘佛教關於佛陀的信仰。他以《長阿含經》卷三《遊
行經》為例，經中說佛「以精進定力，在所能現」各種身相，[23]〈普
門品〉中所說「應以何身而得度者，即現何身而為說法」[24] 正是
從這裏來的。關於觀音的大悲信仰，印順法師認為，在早期佛教
中，大悲是只有佛才具有的功德，與十力、四無所畏、三不護，
總為佛的十八不共法。不同于凡夫與聲聞聖者的「悲」，佛的大
悲是六時（意指一切時）中觀察世間眾生善根與苦難，用各種方
便之法來救濟。這種「大悲觀世」的信仰便是觀音顯化說法、大

20. 韓秉傑，《婆羅門教神話和佛教神話的比較研究》，《世界宗教研究》
　　第 1 期，1994 年。
21. 孫昌武，《中國文學中的維摩與觀音》，第 73 頁。
22. 後藤大用，《觀世音菩薩本事》，黃佳馨譯，第 257–281 頁。
23. 《長阿含經》卷 3《遊行經》，《大正藏》第 1 冊，第 16 頁中–下。
24. 《妙法蓮華經》卷 7，《大正藏》第 9 冊，第 57 頁上–中。

悲救苦信仰的來源。印順法師認為，觀音以釋迦族的故鄉名稱——補怛洛迦為聖地，也許與觀音信仰淵源於釋尊救世信仰有關。

　　筆者認為，神靈具備顯化不同形象的信仰在印度有悠久的歷史傳統，佛教開始神化佛陀時代，便開始吸收這種信仰成分，以後大乘佛教的各種神靈幾乎都具有顯化不同形象的能力，這在古代印度是一種非常普遍的信仰形態。不過，觀音作為一個具備無上神力的大菩薩，他的最大特性並不在可以變化形象，而在於他的救難特徵。所以，筆者認為，以印度教的神靈顯化和早期佛教的佛陀顯相信仰作為觀音信仰的起源，還顯得勉強。至於印順法師關於觀音大悲信仰起源觀點，筆者認為這對理解印度觀音信仰的思想淵源有重要意義，但這僅僅是思想方面的影響或者說僅僅是一種借鑒，並不能證明觀音信仰與釋尊救世信仰二者之間直接的聯繫。何況這種救世思想自古即已存在，在任何一個時代，也很容易產生或強化這種思想，所以，早期佛教內部出現救難思想並不能說明觀音信仰的起源。

　　有許多學者認為，觀音是從古代印度婆羅門教神話中的阿濕波演變而來的。這個神話說，大梵天創造了世界之後，又生出六個兒子。這六個兒子的後代中有一位名叫蘇裏耶，他由於天生一副怪相而被哥哥們改造成為凡人，他由此成為人類的始祖。蘇裏耶的妻子薩拉尼尤不願意同凡人過在一起，寧願變成一頭母馬，消失在北方的茫茫草原上。後來，蘇裏耶為了尋找自己的妻子而毅然變成一匹公馬。薩拉尼尤深受感動，兩人便又以馬的形象過在一起，開始了真正有愛的生活，生下了一對孿生兄弟，名叫阿

濕波，意思是「馬生」、「雙馬童」。[25] 在天神和阿修羅的鬥爭中，雙馬童顯示了他的巨大神力，其中有許多特徵都和後來的觀音信仰一致，如慈悲善良、助人為樂、神力治病、聞聲而來等等。金克木在其《梵語文學史》中說：「他們的主要能力是救苦救難，尤其是治病，能使瞎子複明，殘廢複全，使無奶的奶牛有奶，閹人的妻子生子，又使老女得夫，沉船獲救。」[26]《宗教詞典》「雙馬童」條在介紹了雙馬童的特徵之後說：「大乘佛教受其影響，塑造了大慈大悲的觀世音菩薩形象。」[27] 韓秉傑先生也認為，佛教在塑造觀世音菩薩的形象時應該借鑒了雙馬童的本質特徵。[28] 徐靜波在其《觀音菩薩考述》中對此有更詳細的闡述：「早在佛教尚未產生的西元前七世紀，天竺（今印度）已經有了『觀世音』。不過，那時的觀世音並非丈夫身，也非女兒身，而是一對可愛的孿生小馬駒。它作為婆羅門教的『善神』，象徵著慈悲和善，神力宏大。……西元前五世紀，釋迦牟尼創建了佛教。……婆羅門教的教徒們便把原是婆羅門教的觀世音帶到了佛教中。西元前三世紀，佛教大乘教產生，佛教徒們考慮到佛教中也需要有一位慈善的菩薩以安撫眾生之心，便將婆羅門教中的『善神』觀世音，正式吸收過來成為佛教中的一位慈善菩薩，名叫『馬頭觀世音』。那時的觀世音形象依舊是一匹可愛的小馬駒。到了西元前後，佛

---

25. 曹明，《印度神化故事》，第 1–8 頁；黃志坤，《古印度神話》，第 1–16 頁、29–31 頁、40–41 頁、78–80 頁、118–119 頁和 153 頁。

26. 金克木，《梵語文學史》，第 22 頁。

27. 任繼愈主編，《宗教詞典》，第 228 頁。

28. 韓秉傑，〈婆羅門教神話和佛教神話的比較研究〉，《世界宗教研究》第 1 期，1994 年。

教徒們考慮到諸菩薩皆人身，而觀世音為畜身，便將『馬頭觀音』改作男人身。於是，觀世音菩薩又由一匹小馬駒變成了一位偉丈夫。」[29] 總之，徐氏認為，觀音在印度經歷了牲身到男身的轉變，阿濕波是觀音信仰最早的形態。

　　筆者不敢苟同徐靜波等人的說法。這主要是因為，目前尚找不到足以證明觀音與雙馬童之間直接淵源的任何原始資料，在筆者所能看到的國外各種觀音研究成果中也未發現有學者就此提出明確翔實的論證。另外，從印度佛教思想發展歷史的角度來看，不論是原始佛教時期還是部派佛教時期，都尚未出現後來大乘佛教所宣揚的那種超越釋迦牟尼之前身的菩薩神通信仰，至於「馬頭觀音」，應該是密教產生以後才出現的一種特殊形態的觀音信仰。而且，密教中的馬頭觀音具有憤怒之相，與雙馬童的美麗相貌也是截然不同的。從取意來看，密教的馬頭觀音意指觀音象轉輪王的寶馬能巡迴天下一樣，具有精進之力，隨時隨地救度眾生。另外，婆羅門教的雙馬童與佛教觀世音之間有許多不同之處，如：雙馬童是以雙身或雙頭出現，而在密教產生以前，觀音是沒有雙頭和雙身形象的；雙馬童經常駕一輛金色的三輪車，有時則騎老鷹或天鵝，經常在黎明出現，象太陽一樣劃過天空，而觀音沒有駕車的形象，也沒有騎鳥類的信仰；雙馬童經常有許多難以解決的問題，甚至還為了美女而同別人展開爭奪，最後失敗，這些都與觀音的形象不同；雙馬童經常靠咒語達到目的，而早期觀音信仰中還沒有引入咒語。不過，筆者也同意，佛教觀音信仰與婆羅門教的雙馬童傳說之間應該有一定的淵源關係。雙馬

---

29. 徐靜波，〈觀世音菩薩考述〉，《觀世音菩薩全書》，第 229–230 頁。

童的幾個重要特徵觀音都具備了，如美麗、善良、神力無邊，特別是大慈大悲、救苦救難的品格和稱其名號、受持其咒語的救度法門等。另外，作為觀音信仰重要淵源的寶馬救海難傳說，也與馬有關。觀音信仰傳到中國後，與馬也有很深的因緣。總之，佛教的觀音信仰受到婆羅門教雙馬童的影響應該是沒有問題的。

四）關於觀音信仰的最初形態

　　日本學者後藤大用推測，「觀世音菩薩出自阿彌陀如來，他的思想史起源也可能從淨土思想誘導出來」，[30] 不過，他還不太肯定。Soper 等西方學者認為，古代印度最早的觀音信仰形態體現在《無量壽經》等有關西方淨土信仰的經典當中，也正因為如此，他們在探討印度觀音信仰起源時，才會從阿彌陀佛的特徵特別是「無量光」這個特徵展開論述。[31] Mallmann 也是從這一思路進行他的研究的。[32] 美國東方大學哲學博士聖印法師認為，「大乘佛典萌芽的時候，淨土思想出現，而觀音菩薩在淨土經典中，佔有很重要的地位，……其次就是《法華經》，在其《觀世音菩薩普門品第二十五》中，就是專門敘說觀音菩薩的聖跡，大大稱揚觀音菩薩大慈大悲的胸懷和救苦救難的精神，令人感動，也就

---

30. 後藤大用，《觀世音菩薩本事》，第 252 頁。

31. Alexander C. Soper, "Aspects of Light Symbolism in Gandharan sculpture," in *Artibus Asiae*. 轉引自 Chun-fang Yu, *Kuan-yin: The Chinese Transformation of Avalokitesvara*, p. 13.

32. Marie-Therese De Mallmann, *Introduction to L'Etude d'Avalokitesvara*, p. 82.

很快地被人們信仰與接受。」[33] 在這裏,他也是把淨土觀音放在首先產生的位置。

　　印度觀音信仰是否最早源於淨土往生的思想呢?筆者表示懷疑。原因有五個:第一,印度現存最早的觀音造像不支持淨土往生型的觀音。因為在淨土型的觀音信仰中,觀音是阿彌陀佛的弟子,所以他頭戴的寶冠中有其師阿彌陀佛的像。這成為後世觀音造像的一個重要標誌,而且有許多造像是以「西方三聖」[34] 的面目出現的。可是,根據 Chutiwongs 的研究,最早的觀音造像中並沒有這種類型的觀音形象。他還批駁了認為頭頂上沒有阿彌陀佛化身像的菩薩就不是觀音的傳統看法。他認為,西元 1 世紀時期中印度摩菟羅地區的觀音形象一般是頂有頭巾,髮飾華貴,穿著豪華,手持著甘露瓶,呈現出生動、莊嚴、高貴、寬容的個人特質,[35] 那時並沒有各種淨土經典中所描述的觀音形象。第二,在印度佛教佛陀觀的演進過程中,最先出現的是過去多佛,其次是未來也有佛,再後來才是他方世界也有佛。他方世界和他方佛信仰對早期佛教來說是一個重大的轉型,與菩薩救難信仰相比,肯定要出現的晚。第三,從印度佛教發展的內在軌跡來看,最早的菩薩信仰應該是救難信仰,他的關注點在現世,而不在來世,在這個世界而不在他方世界。第四,從淨土信仰和救難信仰的關係來看,救難信仰內涵廣博,可以包納淨土信仰,因為總體上來

---

33. 聖印,《普門戶戶有觀音—觀音救苦法門》,第 24 頁。

34. 即西方極樂世界的一佛二菩薩,其中阿彌陀佛居中,觀世音和大勢至側立兩邊。

35. Nandana Chutiwongs, "The Iconography of Avalokitesvara in Mainland South Asia," pp. 23 and 27.

看，淨土往生也是對苦難的解救，但它只是解救苦難的方式之一，應該是救難信仰發展的結果。從印度早期大乘佛教的發展來看，也應該是這樣的。第五，觀音信仰的發展是在承前啟後的過程中進行的，後出的觀音信仰形態會繼承已有的觀音信仰形態，所以，如果來世淨土往生信仰是最先的觀音信仰形式，那麼，在早期現世救難信仰中應該存在淨土信仰的痕跡以及與淨土信仰相調和的內容，可事實上早期印度稱名救難型觀音信仰的經典中並看不到這些內容，而淨土信仰中所包含的觀音接引脫離苦海的信仰卻是現世救難信仰的自然延伸，而且淨土經典裏面也明確承認，作為西方阿彌陀佛弟子、執行淨土接引任務的觀音和大勢至菩薩都是在人間修行圓滿之後往生西方的。

　　日本學者滕田弘達認為，印度佛教中的淨土思想，是在原始《般若》、《法華》等經典出現以後形成的大乘佛教中的另一個重要的思想潮流。原始佛教具有強烈的現實精神，釋迦牟尼在穢土（指人類居住的這個世界）成佛，而不取遠在他方的淨土。早期大乘有以居士階層為主的一派，進一步向現實化方向發展，把目光更多地專注于現實。淨土思想就是作為對這一傾向的反動而出現的。相對於釋迦牟尼及過去七佛在穢土成佛，淨土信仰則提出在三世十方有無數的佛，他們另有自己的清淨佛土。這就提出了一種在現實世界之外的解脫境界。最初的淨土經典是描述東方淨土的《阿閦佛國經》，接著大約於西元 200 年以前形成了西方淨土思想。宣揚這一思想的主要經典之一的《無量壽經》是西元 1 到 2 世紀在坎達拉地區的化地部教團結集的。《阿彌陀經》則在此之後形成于北印。《觀無量壽經》集成較晚，應是 4 世紀末形

成於西域地方。[36] 滕田先生認為淨土經典晚出《般若》、《法華》以及淨土諸經出現時間的觀點，實際上也間接否定了淨土信仰為觀音信仰思想源泉的看法。總之，筆者認為，淨土信仰經歷了一個很長時間的發展，其在印度的起源可以追溯到很久的年代，但觀音信仰卻是源於海上救難信仰，並在相當長的時間內與淨土信仰各自獨立發展，後來觀音信仰才融入了淨土信仰。

二、筆者關於觀音信仰起源的意見

筆者認為，以上關於觀音起源問題的各種不同觀點，都從不同的方面和不同的角度在努力切近主題，並提供了許多非常重要的資訊，對我們認識古代印度觀音信仰的起源具有重要參考意義。由於古代印度歷史時代感的極度模糊性，筆者無法就觀音起源的確切時代進行再深入的研究，中國的譯經史也只能提供一個大概的下限範圍。不過，關於觀音信仰的淵源，筆者認為上述觀點還存在許多模糊甚至牽強之處，有必要繼續探究。

在這裏，筆者提出一個一直沒有為學術界所注意的新線索，相信此新線索對探討觀音信仰的起源會更有價值。大家都知道，觀音的道場在普陀山。「普陀」是「普陀落迦」的簡稱，「普陀落迦」是由梵語直接音譯過來的，它原是印度的山名，所以，早期正宗的觀音道場在印度。關於這一點，有明確的資料記載。東晉佛馱跋陀羅所譯《華嚴經》中說：「於此南方有山，名曰光明。彼有菩薩，名觀世音。汝詣彼問，云何菩薩學菩薩行，修菩薩道。

36. 滕田弘達，〈淨土經典と關係資料〉《原始淨土經典の研究》。轉引自孫昌武，《中國文學中的維摩與觀音》，第79–80頁。

時，善財童子頭面敬禮彼長者足，繞無數匝，眷仰觀察，辭退南行。」[37] 唐代般若的譯本是這樣的：「於此南方有山，名補怛洛迦。彼有菩薩，名觀自在。……海上有山眾寶成，賢聖所居極清淨。泉流縈帶為嚴飾，華林果樹滿其中。最勝勇猛利眾生，觀自在尊於此住。」[38] 唐代實叉難陀譯本曰：「於此南方，有山名補怛洛迦。彼有菩薩，名觀自在，汝詣彼，問菩薩云何學菩薩行，修菩薩道。即說頌曰：海上有山多聖賢，眾寶所成極清淨，華果樹林皆遍滿，泉流池沼悉具足，勇猛丈夫觀自在，為利眾生住此山。」[39] 將這三個不同譯本綜合起來看，關於觀音的道場，有兩個資訊非常重要：一是在南方，要南行才能到達；二是在海邊或者海中。

佛經中所記載的這座山是真實存在的。唐代玄奘旅印期間，就曾經到過這座山的附近，並作了詳細的記載：

> 國南濱海有秣剌耶山……秣剌耶山東有布呾洛迦山。山徑危險，岩谷敧傾。山頂有池，其水澄鏡，流出大河，周流繞山二十匝入南海。池側有石天宮，觀自在菩薩往來游舍。其有願見菩薩者，不顧身命，屬水登山，忘其艱險，能達之者蓋亦寡矣。而山下居人祈心請見，或作自在天形，或為塗灰外道，慰喻其人，果遂其願。從此山東北海畔，有城，是往南

---

37. 《大方廣佛華嚴經》（東晉佛馱跋陀羅譯本）卷 50，《大正藏》第 9 冊，第 717 頁下。

38. 《大方廣佛華嚴經》（唐代般若譯本）卷十六，《大正藏》第 10 冊，第 732 頁下。

39. 《大方廣佛華嚴經》（唐代實叉難陀譯本）卷六十八，《大正藏》第 10 冊，第 336 頁下。

> 海僧伽羅國路。聞諸土俗曰，從此入海東南可三千餘里，至
> 僧伽羅國　唐言執師子，非印度之境。[40]

　　玄奘是從南印度著名古國達羅毗荼「南行三千餘里，至秣羅
矩吒國（亦謂枳秣羅國，南印度境）」的，[41] 他的記載與《華嚴
經》所記完全一致，而且更為清晰準確。他提供給我們的資訊是：
一、觀音道場名叫「布呾洛迦山」；二、這座山位於南印度的海
濱，大海在它的南邊；三、此山不應該在小島上，因為山中有大
河，注入南海；四、信徒朝山需要「厲水」，可見山雖不在島上，
但要登山就需要涉水；五、山旁邊有城，是通向僧伽羅國的出海
口；六、僧伽羅國位於南海之中，在該山的東南方向。現代學者
認為，《華嚴經》和玄奘所記載的這座山就是現在印度西高止山
南段，秣剌耶山以東的巴波那桑（Pāpanāsam）山，位於提訥弗
利（Tinnevelly）縣境內，北緯 8 度 43 分，東經 77 度 22 分的地
方。[42]

　　觀音的道場為什麼在這裏？為什麼當時其他的大菩薩在印
度尚沒有自己專門的道場呢？我認為，這與觀音在早期被賦予救
難這個最主要的職責有關；而這種救難的信仰又是從救「黑風海
難」和救「羅剎鬼難」開始的；這種形態的救難信仰必然是於人
們普遍認為經常發生「黑風海難」和「羅叉鬼難」的地方興起的；

---

40. 唐·玄奘述、辯機撰，《大唐西域記》卷十，《大正藏》第 51 冊，第
　　932 頁上。
41. 同上注，第 931 頁下。
42. 季羨林等校注，《〈大唐西域記〉校注》，第 862 頁。

而古代印度民間傳說中最常發生這種災難的地方就在與僧伽羅國隔海相望的印度東南沿海地區。

　　大乘佛教菩薩信仰的興起是從小乘佛教時期的佛陀本生故事演進而來的。小乘時期的菩薩只有一位，這就是釋迦牟尼佛沒有成道以前的身份。其最主要的特徵有兩個方面，一是廣行善事，普度眾生；一是追求智慧，趨向佛果。前者是早期菩薩信仰的核心。隨著多佛思想的逐漸演進，從承認過去有七佛，到承認未來佛，再到同時在各個不同世界有不同佛，作為佛的前身的菩薩信仰也就從原來的只有一位變成多位，又隨著人人可以成佛思想的出現，人人都應修菩薩行，於是因地菩薩和果地菩薩的概念形成，因地菩薩成為大乘佛教修行者的代稱，而果地菩薩則成為大乘佛教所崇拜的榜樣。這些果地的菩薩都是修行圓滿從而在智慧、慈悲、神通等方面都超越凡俗的神靈式菩薩，他們不是智慧超拔，就是神力無邊，都是救度眾生的能手。在所有後起的這類菩薩當中，觀音是行善救度的典型。

　　詮釋觀音信仰的主要經典〈普門品〉中說：

若有無量百千萬億眾生受諸苦惱，聞是觀世音菩薩，一心稱名，觀世音菩薩即時觀其音聲，皆得解脫。若有持是觀世音菩薩名者，設入大火，火不能燒，由是菩薩威神力故。若為大水所漂，稱其名號，即得淺處。若有百千萬億眾生，為求金銀琉璃車磲馬瑙珊瑚虎珀真珠等寶，入于大海，假使黑風吹其船舫，飄墮羅剎鬼國，其中若有乃至一人，稱觀世音菩薩名者，是諸人等，皆得解脫羅剎之難，以是因緣，名觀世音。若複有人，臨當被害，稱觀世音菩薩名者，彼所執刀杖，尋段段壞，而得解脫。若三千大千國土，滿中夜叉羅剎，欲來惱人，聞其稱觀世音菩薩名者，是諸惡鬼，尚不能以惡眼

視之，況複加害。設複有人，若有罪若無罪，杻械枷鎖，檢
系其身，稱觀世音菩薩名者，皆悉斷壞，即得解脫。若三千
大千國土，滿中怨賊，有一商主，將諸商人，齎持重寶，經
過險路，其中一人作是唱言：「諸善男子，勿得恐怖，汝等
應當一心稱觀世音菩薩名號，是菩薩能以無畏施于眾生，汝
等若稱名者，於此怨賊，當得解脫。」眾商人聞，俱發聲言：
「南無觀世音菩薩！」稱其名故，即得解脫。[43]

這裏所說的觀音救難類型應該是觀音最重要的職能，其中特別提
到大水所漂難、黑風吹走難、羅剎加害難、商人遇賊難，尤其值
得注意的是，經中宣稱，為求財寶而下海航行的人，他們的船舫
被「黑風」吹到「羅剎鬼國」，觀音可解救這種「黑風」「羅剎」
難。

　　古代印度人認為，羅剎鬼居住在楞伽島（又稱僧伽羅國、師
子國，現在的斯里蘭卡），所以那裏被稱為「羅剎鬼國」或「羅
剎女國」、「羅剎國」。[44] 此說源于古印度史詩《羅摩耶那》，謂羅
摩為救回其妃私多而攻陷楞伽島，殺羅剎鬼王邏伐拏。古代印度
大陸盛傳那裏多金銀財寶，所以自古以來冒險過海到那裏尋寶的
人很多。這可以從佛經中大量有關赴楞伽島探寶的故事而得知。
可是，在古代從印度南端越過現在的保克海峽去楞伽島是非常危
險的。《大慈恩寺三藏法師傳》中說：「往師子國者不須水路，海

---

43. 《妙法連華經》卷七，〈觀世音菩薩普門品〉，《大正藏》第 9 冊，第
　　56 頁下。
44. 《佛本行集經》卷四十九、《有部毗奈耶》卷四十七、《大毗婆沙論》
　　卷七十八、《慧琳音義》卷七等均有記載。

中多有惡風、藥叉、濤波之難。」[45] 《賢愚經》說:「又聞海中,
多諸劇難,黑風羅剎,水浪回波,摩竭大魚,水色之山。如斯眾
難,安全者少,百伴共往,時有一還。」[46] 《大乘本生心地觀經》
說:「乘大舶船,入于大海,向東南隅,詣其寶所。時遇北風,
漂墮南海,猛風迅疾,晝夜不停。」[47] 《佛本行集經》說:「于
大海內,有諸恐怖。所謂海潮,或時黑風,水流漩洄,低彌羅魚
蛟龍等怖,諸羅剎女。」[48]

又據一個古老的傳說,在楞伽島北端的海濱有一個寶馬,神
通廣大,可以解救身陷羅剎之難的探寶者安全渡過海峽,返回故
土,這位神馬成為印度大陸和楞伽島的海上保護神。這個傳說中
最著名的要算「五百商人」下海尋寶遇黑風海難和羅叉鬼難的故
事。故事說有五百商人在一個商主的率領下,下海尋寶,不幸被
「黑風」吹到了羅剎國,被五百個羅剎女誘惑,誤入圈套,面臨
生命危險。後來商主被寶馬營救,得以渡海返回,並最終救出其
他的商人。[49] 後來,解救這種「黑風」「羅剎」難的主角逐漸發生

---

45. 唐・慧立、彥宗,《大慈恩寺三藏法師傳》卷四,《大正藏》第 50 冊,
　　第 241 頁上。
46. 《賢愚經》卷九,《大正藏》第 4 冊,第 441 頁下。
47. 《大乘本生心地觀經》卷四,《大正藏》第 3 冊,第 311 頁上。
48. 《佛本行集經》卷四十九,《大正藏》3 冊,第 881 頁中。
49. 如《增一阿含經》卷四十一,《大正藏》第 2 冊;《佛本行集經》卷四
　　十九,《大正藏》第 3 冊;《出曜經》卷二十一,《大正藏》第 4 冊、《大
　　唐西域記》卷十一等。此外,巴厘藏中《本生》中的《雲馬本生》、《六
　　度集經》、《說一切有部毗奈耶》等都有記載。

了變化。《佛說羅摩伽經》記述一位名叫婆娑婆陀的夜天，他對
善財說：

> 若有眾生，遭于海難，黑風揚波，大浪回覆，商人迷惑，不
> 見邊涯，如是種種水陸諸難，我於彼處，為作歸依，或作洲
> 渚，或作船形，濟諸溺人。或作薩薄，或作鮫人，或作象王
> 形、馬王形，或作小象形、黿鼉鱉形、阿修羅王形、海神龍
> 王形，或作狗王、蚊蚘形。現如是等種種類形，為作歸趣，
> 方便度脫一切苦難。[50]

在這裏，婆娑婆陀夜天可以化身為馬王救眾生的黑風海難，可能
在暗示，寶馬並非為馬，而是其他救世者的化身。

《撰集百緣經》中，則把拯救五百商人擺脫羅刹黑風之難者
視為佛陀的前身和成道後的佛陀。釋迦牟尼尚未覺悟成佛之前，
曾是一位修行中的仙人：

> 時有五百商人，欲入大海。路由河岸，見彼仙人，各共往彼，
> 問訊安吉。勸彼仙人，令共入海。仙人答言，汝等自去，設
> 有恐難，但稱我名，當護汝等。爾時商人，聞是語已，進引
> 入海。大獲珍寶，還欲來歸，道逢羅刹黑風諸難。爾時，商
> 人咸共一心稱仙人名，即往救護，脫諸厄難。佛告諸比丘，
> 欲知爾時彼仙人者，則我身是。彼時五百商人者，今五百比
> 丘是。[51]

釋迦牟尼成佛後，他的這一救濟功能更加清晰明瞭，如該經
中還說：

---

50. 《佛說羅摩伽經》卷中，《大正藏》第 10 冊，第 863 頁下。
51. 《撰集百緣經》卷九，《大正藏》第 4 冊，第 244 頁下–245 頁上。

值大黑風，吹其船舫，飄墮羅剎鬼國，回波黑風。時諸商人，
各各跪拜諸天善神，無一感應，救彼厄難。中有優婆塞，語
商人言，有佛世尊，常以大悲，晝夜六時，觀察眾生，護受
苦厄，輒往度之。汝等鹹當稱彼佛名，或能來此，救我等命。
時諸商人，各共同時，稱南無佛陀。爾時，世尊遙見商客極
遇厄難，即放光明，照耀黑風，風尋消滅，皆得解脫。[52]

這裏不但有「稱名」的獲救法門，而且還明確指出，稱名之所以
能夠獲救，是因為被稱名者「常以大悲，晝夜六時，觀察眾生」。
日夜「觀察」眾生的「觀」與「稱名」已經結合得非常緊密了。
由此，引出「觀音」救難信仰就很自然了。而且，這裏還強調，
其他的「善神」都不能解救這種「黑風」、「羅剎」之難，依此來
看，即使有寶馬救黑風海難，那也不是一般的善神，而是佛教中
的佛或菩薩。後來，印度大乘佛教進一步完善其理論體系，有一
個基本的原則就是，凡是已經成佛者則是「覺」與「行」都已圓
滿者，所以，救世的任務應該由菩薩擔任才對。於是，解救「黑
風」、「羅剎」之難的任務便逐漸轉嫁給了觀音菩薩。這種轉變應
該是在西元前後時期完成的，並經過長期的傳播後，被正式寫成
文字，這就是《觀世音菩薩普門品》。該經一開始對「觀世音」
含義的解釋與上述解救「黑風」、「羅剎」難如出一轍：「若有百
千萬億眾生，為求金銀琉璃車磲馬瑙珊瑚虎珀真珠等寶，入于大
海，假使黑風吹其船舫，飄墮羅剎鬼國，其中若有乃至一人，稱
觀世音菩薩名者，是諸人等，皆得解脫羅剎之難，以是因緣，名

52.《撰集百緣經》卷九，《大正藏》第 4 冊，第 244 頁中。

觀世音。」〈普門品〉也稱《觀音經》。最初該經單獨流行,再後來,才被編入《妙法蓮華經》。[53]

當觀音救海難信仰形成以及逐漸擴大到整個救難信仰的時代,傳說中在印度大陸和斯里蘭卡間救海難的寶馬逐漸被仙人、佛陀暗中取代,一直到後來完全定位於觀音。在觀音代替寶馬之際和之後,觀音並沒有和寶馬之間建立一種合理的、直接的、令人信服的關係。這種聯繫在後來的佛教發展過程中逐漸得以建立。這種情況直到佛教觀音信仰又發展了幾百年之後,密教的經典《大乘莊嚴寶王經》才對此作了明確的解釋,認為古來在保克海峽上救海難的寶馬就是觀音的化身。該經以釋迦牟尼佛向除蓋障菩薩敍說往昔因緣的方式,把這個自古相傳的故事完整講述了一遍之後,對除蓋障菩薩說「聖馬王者,即觀自在菩薩摩訶薩是,於是危難死怖畏中救濟於我。」[54] 這是佛教經典中首次承認,古來傳說中在印度大陸和楞伽島師子國之間救海難的寶馬就是觀音。

可見,觀音信仰應該是起源于南印度的寶馬救海難信仰。學術界過去曾有一些觀點很接近筆者的這一看法,如美國東方大學博士聖印法師也認為,「當時(指 5 世紀法顯旅印期間—筆者注),印度人航海經商,尤其是往師子國就是現在的斯里蘭卡貿易,來往船隻就都供奉觀音菩薩以求平安。這麼看來,南印度人已視觀

---

53. 關於〈普門品〉和《妙法蓮華經》的關係,許多學者曾作過研究。他們認為,〈普門品〉開始是單獨的一部作品,而且出現的時間遠遠早于《法華經》其他部分。參見日本學者後藤大用,《觀世音菩薩本事》,第 233–242 頁。

54. 《大乘莊嚴寶王經》卷 3,《大正藏》第 20 冊,第 57 頁下。

音菩薩為海上的守護神，正如同福建及臺灣地區以媽祖為海上的保護神一樣。」「觀音菩薩在佛滅後四、五百年，即西曆紀元之前，已成為印度人入海求寶和攜帶金錢財寶、貴重物品的商人一起信仰的對象。由此更進而成為民間普遍的信仰。」聖印法師認為，「觀音信仰由印度的南部發展到中部、北部」。聖印法師的觀點筆者是贊同的，只是他並未對觀音為何起源於印度南部作更多的分析和論證。[55]

另外，孫昌武先生的觀點也與筆者基本相同。他認為，「比較謹慎合理的推測是，觀音信仰起源于南印海濱地區，本是具有海上守護神品格的菩薩。在後來關於他的傳說中，也有不少海上救護的故事。而在〈普門品〉所救『七難』裏，『大水所漂』是其中的第一項。以後的普遍的救濟品格，大概是從具體的海上救濟發展而來的。」[56]

綜上所述，筆者認為，自古相傳的在印度大陸南端解救「黑風海難」和「羅剎鬼難」的信仰，成為觀音信仰的主要來源。這也正是觀音居住的道場之所以位於南印度海濱而且是自古以來由次大陸通往楞伽島的要道口的主要原因。

---

55. 聖印，《普門戶戶有觀音—觀音就苦法門》，第 28–29 頁。
56. 孫昌武，《中國文學中的維摩與觀音》，第 78 頁。

參考資料

一、古籍

《高僧法顯傳》,《大正藏》第 51 冊。

《大唐西域記》卷十,《大正藏》第 51 冊。

《根本說一切有部毗奈耶破僧事》卷一,《大正藏》第 24 冊。

《根本說一切有部毗奈耶雜事》卷二,《大正藏》第 24 冊。

《眾許摩訶帝經》卷一、二,《大正藏》第 3 冊。

《起世經》卷十,《大正藏》第 1 冊。

《起世因本經》卷 10,《大正藏》第 1 冊。

《佛本行集經》卷五、卷四十九,《大正藏》第 3 冊。

《島史》,《南傳大藏經》第六十卷,第 19 頁。

《正法念處經》卷六十七,《大正藏》第 17 冊。

《中阿含經》卷四十八《馬邑經》,《大正藏》第 1 冊。

《妙法蓮華經》卷七,《大正藏》第 9 冊。

《大乘莊嚴經論》卷十三,《大正藏》第 31 冊。

《大方廣佛華嚴經》(東晉佛馱跋陀羅譯本)卷五十,《大正藏》
　　第 9 冊。

《大方廣佛華嚴經》(唐代般若譯本)卷十六,《大正藏》第 10 冊。

《大方廣佛華嚴經》(唐代實叉難陀譯本)卷六十八,《大正藏》
　　第 10 冊。

《賢愚經》卷九,《大正藏》第 4 冊。

《大乘本生心地觀經》卷四,《大正藏》第 3 冊。

《增一阿含經》卷四十一,《大正藏》第 2 冊。

《出曜經》卷二十一，《大正藏》第 4 冊。

《佛說羅摩伽經》卷中，《大正藏》第 10 冊。

《撰集百緣經》卷九，《大正藏》第 4 冊。

《大乘莊嚴寶王經》卷三，《大正藏》第 20 冊。

《大毗盧遮那成佛經疏》卷五，《大正藏》第 39 冊，唐‧一行。

《大慈恩寺三藏法師傳》卷四，《大正藏》第 50 冊，唐‧慧立、彥宗。

二、現代著作

季羨林等校注

　　1985　《〈大唐西域記〉校注》。北京：中華書局。

後藤大用

　　1994　《觀世音菩薩本事》，黃佳馨譯。台北：天華出版社。

印順

　　1994　《初期大乘佛教之起源與開展》。台北：正聞出版社。

　　1993　《華雨集》第 2 冊。台北：正聞出版社。

孫昌武

　　1996　《中國文學中的維摩與觀音》。北京：高等教育出版社。

聖印

　　1995　《普門戶戶有觀音—觀音救苦法門》。台北：圓明出版社。

曹明

　　1998《印度神化故事》。北京：宗教文化出版社，1998 年 9 月。

黃志坤

　　1986《古印度神話》。湖南：湖南少年兒童出版社，1986 年 12 月。

金克木

　1980《梵語文學史》。北京：人民文學出版社。

任繼愈主編

　1981　《宗教詞典》。北京：上海辭書出版社。

徐靜波

　1987　〈觀世音菩薩考述〉，《觀世音菩薩全書》。瀋陽：春風文藝出版社。

Schopen, Gregory

　1987　"Inscription on thee Kusan Image of Amitabha and the Character of the early Mahayana in India." *Journal of the Association of Buddhist Studies.*

Yu, Chun-fang

　2001　*Kuan-yin: The Chinese Transformation of Avalokitesvara.* New York: Columbia University Press.

John Clifford, Holt

　1991　*Buddha in the Crown: Avalokitesvara in the Buddhist Traditions of Sri Lanka.* New York: Oxford University Press.

Jones, J. J.

　1956　*The Mahavastu.* 3 vols. (*Sacred Books of Buddhists*, vols. 17–19) London: Pali Text society.

Winternitz, Maurice

　1927　*History of Indian Literature.* Vol.2: 245, Calcutta: University of Calcutta Press.

Bhattacharyya, Behoytosh

　1924　*The Indian Buddhist Iconography.* London: Oxford University Press.

Chutiwongs, Nandana

    1984　"The Iconography of Avalokitesvara in Mainland South Asia." Ph. D. dissertation for Rijksuniversiteit, Leiden.

Mallmann, Marie-Therese De.

    1948　*Introduction to L'Etude d'Avalokitesvara.* Paris: Annales Du Musee Guimet.

天臺宗的觀音論

─以天臺對《觀音菩薩普門品》的詮釋為中心

龔 雋

中國·中山大學

哲學系教授

摘　要

　　《法華經》的〈觀世音菩薩普門品〉成為中國觀音信仰與修行法門的重要經典，但中國佛教歷史對〈普門品〉卻有不同方向的理解與發揮。本文主要討論天臺宗是如何通過對〈普門品〉的詮釋，來發展新的觀音理論的方向。本文集中以智者大師的《觀音玄義》、《觀音義疏》與宋代知禮的《觀音玄義記》、《觀音義疏記》等文本分析為中心，說明天臺宗內部是如何通過解經學的策略，把〈普門品〉中觀音的觀念進行新的創造性解釋。如〈普門品〉中具體可感，救苦救難的觀音形象，是如何經過天臺學者們進行「玄義」化的解釋，而成為一種哲學性或觀心論意義方面的思想資源。通過對這些文本的比較分析，不僅可以發現天臺如何在解經中發揮觀音新意，還可以從智者的解經以及知禮再解的分析中，尋找出天臺宗內部有關觀音觀念與其他重要觀念的變化與發展。

　　天臺宗的觀音論歷來沒有為學術界所充分研究，作為天臺觀音論的重要著作，題為智顗的《觀音玄義》（以下均簡稱《玄義》）、《觀音義疏》（以下簡稱為《義疏》）和宋代天臺山家一系的代表知禮對此兩著所作發揮而成的《觀音玄義記》（以下簡稱為《義記》）、《觀音義疏記》（以下簡稱為《疏記》），[1] 大多只是為學者們在討論天臺性惡思想的時候，才作為重要文本而加以引述，[2] 而關於這些論典本身的研究卻沒有展開。不容否認，這些文本，特別是《玄義》中確有不少是關於性惡思想的敍述，不過這些敍述也是圍繞在對羅什所譯《妙法蓮華經·觀音菩薩普門品》的詮釋活動中而加以開展的，如果忽略該品本身的思想性質，以及天臺解經當中所表現出的詮釋策略和思想創造，則對天臺思想的瞭解會

1. 關於《觀音玄義》與《觀音義疏》是否為智顗本人的作品，學界還有不同看法，如湯用彤把這兩部著作列入智顗著作中「難考」之目錄（見湯著，《隋唐佛教史稿》，北京：中華書局，1982 年版，第 132，133 頁）。但無論從文獻學或思想的考察都還沒有證據否認該著作與智顗的關係，故學界一般都認為，其代表了智顗一系的思想，本文接受這一看法。關於此問題的研究，目前筆者所瞭解到的資料中，最詳密的討論是日本學者佐藤哲英的《天臺大師の研究—智顗の著作に關する基礎的研究》（京都：百華苑刊，昭和 36 年版），該書第四篇第四章專門討論了智顗有關觀音的論疏。

2. 中日學者在討論天臺性惡思想時，主要都是依《玄義》為主要材料來論述的。如安藤俊雄在《天臺學—根本思想とその展開》（平樂寺書店，1968 年版）一書附篇第一，討論如來性惡思想的來源就從《玄義》等文本開始；又如陳英善之〈《觀音玄義》性惡問題之探討〉（臺北：《中華佛學學報》第 5 期，1992 年），潘桂明之《智顗評傳》第 7 章（南京大學出版社，1996 年版）、《中國天臺宗通史》第 4 章（南京：江蘇古籍出版社，2001 年版），董平的《天臺宗研究》第 3 章（上海古籍出版社 2002 年版）等相關問題，都是以《玄義》來論性惡的。

不夠深細和全面。本文正是要把天臺的這些有關觀音論述的文本
放置在初期中國觀音論思想和天臺教義的關係脈絡中來進行讀
解，以分析天臺宗是如何在對經典的詮釋活動中「六經注我」，
發揮自家宗義去進行新的觀音想像。

一、初期觀音的經典傳統與信仰歷史：
以《法華經》的相關問題為中心

在中土所流行觀音的經典最初與《法華經》的傳譯有密切的
關係，天臺智顗和知禮所注疏的也正是該經中的〈普門品〉。初
期《法華》在中國的傳譯，根據唐代僧詳《法華傳紀》卷一中的
說法，可分為六時，即分別為：一、支疆梁接于 255 年翻譯《法
華三昧經》六卷。二、竺法護於 269 年翻譯《薩芸芬陀利經》六
卷。[3] 三、竺法護於 286 年譯《正法華經》十卷。四、支道根於

---

3. 關於此本，智昇《開元釋教錄》卷十四曾懷疑可能就是《正法華》的
   同本別名，（見《大正藏》第 55 冊，628 頁下）此待詳考。周叔迦先
   生在其〈釋典叢錄〉中還列有一部失譯的《薩芸芬陀利經》一卷，該
   經現收藏在《大正藏》第 9 冊內，周先生認為這部經很可能就是法護
   《薩芸芬陀利經》的殘本。（見《周叔迦佛學論著集》下集，北京：中
   華書局，1991 年版，第 988 頁。）案：《祐錄》卷第二之〈新集條解
   異出經錄〉的《法華經》條下，與法護的《正法華》、羅什的《妙法
   華》並列有一名稱非常類似的《薩曇芬陀利經》，但並未記錄卷數，
   並記曰：「舊錄有薩曇芬陀利經，云是異出法華，未詳誰出，今缺此
   經。」（見僧祐《出三藏記集》，中華書局，1995 年版，第 67 頁。）
   這兩部《薩芸（曇）芬陀利經》很可能就是一部經。又，唐以後所出
   經錄，大都對法護所譯《薩芸芬陀利經》有著錄，如明佺的《眾經目
   錄》卷二，智昇的《開元釋教錄》卷二，十四等。又，智昇還特別
   提到隋錄中的《薩曇芬陀利經》可能是誤寫，《祐錄》中無。（見《開

335 年譯《方等法華經》六卷。五、羅什於 406 年譯《妙法蓮華經》七卷。六、闍那崛多於 601 年譯《添品法華經》七卷。[4] 這些譯典之中，雖然法護和羅什譯本在隋朝時都受到過批評，[5] 但羅什譯本卻一直被奉為「深會經旨」、「無有替廢」的翻譯圭臬而最為流行，如唐僧詳所記「什師一代所翻之經至今若新，受持轉盛。」[6] 智顗選擇羅什本來進行釋義，也可以說是恭逢其盛了。

〈普門品〉雖說是出於《法華》，但其經常又以獨立的方式「別行」于《法華》，並分別以《光世音經》、《普門品經》和《觀世音經》等名目單品流傳，以至於有學者推定普門品與《法華經》「全然不同」，甚至其成立年代也遠早于《法華經》。[7] 其實，〈普門品〉是否為《法華經》外的另一系統，或早于《法華》等問題，都還需要作進一步的考察。如《出三藏記集》卷一（下稱《祐錄》）的〈出經異記〉中雖然載有《舊經光世音》和《新經光世音》的

元釋教錄》卷二）又案：對照上文所引《祐錄》文，恰恰智昇把《祐錄》中的題名弄錯了，可見其不細察如此。

4. 《大正藏》，第 51 冊，50 頁下。
5. 隋闍那崛多在其《添品法華經》的經序中就批評法護、羅什兩譯本道：「昔敦煌沙門竺法護于晉武之世，譯正法華。後秦姚興，更請羅什譯妙法蓮華。考驗二譯，定非一本。護似多羅之葉，什似龜茲之文。余撿經藏，備見二本。多羅則與正法符會，龜茲則共妙法允同。護葉尚有所遺，什文寧無其漏。而護所闕者，普門品偈也。什所闕者，藥草喻品之半、富樓那及法師等二品之初、提婆達多品、普門品偈也。什又移囑累在藥王之前，二本陀羅尼，並置普門之後。其間異同，言不能極。」（《大正藏》第 9 冊，134 頁中）
6. 引文均見《大正藏》，第 51 冊，51 頁上。
7. 後藤大用，《觀世音菩薩本事》，黃佳馨譯。臺北：天華出版公司，1982 年版，第 234 頁。

經名，但譯者譯時都不明確。又《祐錄》卷五，〈新集安公注經及雜經志錄〉的「疑錄」中有錄僧法尼所出《法華經》一卷本，記其出經時間為西元 89 年。[8] 如果此本可靠的話，則最早的《法華經》傳譯時間要更往前推算很多了。

普門品或觀音經的流傳，根據唐惠詳《弘贊法華傳》卷二和僧詳《法華傳記》卷一中的記載，分別有如下幾種本子：一、法護於 308 年譯《普門品經》一卷；二、法護譯《光世音經》；三、東晉祇多蜜譯《普門品經》一卷；四、羅什譯《觀世音經》一卷；五、宋安陽侯京聲譯《觀世音經》一卷；[9] 六、梁闍那崛多譯《普門重誦偈》一卷。僧詳認為，這些別行的觀音經都是《法華經·普門品》的同本異譯而已，並不是另外的系統。[10]

關於《普門品經》的問題其實更為複雜，向來學者對此未及深考。《祐錄》卷一中之〈新集撰出經律論錄〉有記太康八年（287年）譯出的《普門品經》一卷，但未標明譯人。同是該錄亦收有祇多蜜譯本，但未詳譯時，並說該本在當時已經不存在了。而於同卷的〈新集條解異出經錄〉中，又同時列出法護和祇多蜜譯本各一卷，表示此二本乃是同本異譯。可見，僧祐時代，不同《普門品經》本的流傳就已經有點混亂了。到了隋長房的《歷代三寶記》（597 年）就基本在《祐錄》的基礎上進行綜合，對許多細節也未能詳加考訂。如其只記錄法護和祇多蜜二譯本，並認為這不

8. 《出三藏記集》，第 16，229 頁。

9. 梁慧皎，湯用彤校本，《高僧傳》卷二〈曇無讖傳〉中之〈安陽侯傳〉（北京：中華書局 1992 年版，第 80 頁。），《祐錄》卷十四之〈安陽侯傳〉都有記此事（同上本，第 551 頁）。

10. 均見《大正藏》，第 51 冊，15 頁上，52 頁中、下。

過是同本二譯，同時又把《祐錄》中未詳譯者的太康八年本認定為法護本。[11] 這一說法遂作為定論，為後出佛經目錄所沿用。

　　特別值得分析的是，《大正藏》第 11 冊收錄了兩種譯本的法護所譯《普門品經》各一卷，此二譯本譯文差別甚大，而內容相近，應是同本異譯無疑。問題是該經的思想與流傳的《法華經‧普門品》內容完全不同，講得都是深入內觀心法的各種修行方法和義理，根本不涉及具有拯救性意味的觀音菩薩的想像。可以肯定，這絕不是《法華》系統的〈普門品〉，而是別有所傳了。所以《弘贊法華傳》卷二中把法護所譯《普門品經》和《光世音經》分列為兩經很可能是有所依據的，表示前者是獨立于《法華》而別傳觀心一類的法流，而這裏的《光世音經》才是指一般所流傳的〈普門品〉。於是，中國六朝所流傳的〈普門品〉很可能最初就是多源異流的。有關《光世音經》和《觀世音經》，歷史所記則無大的異議，自《祐錄》以來的經錄基本都認定分別就是法護的《正法華》和羅什的《妙法華》中〈普門品〉的流出，我們無需在此深論了。

　　《法華經‧普門品》對初期天臺學人有過深入的影響，智顗少時喜往伽藍，諸僧們口授於他的就是《法華》中的〈普門品〉。[12] 智顗之前，似還沒有獨立的有關〈普門品〉疏之類的作品流傳，而智顗則分別對此進行了《玄義》和《義疏》，可以想見他對這

---

11. 費長房，《歷代三寶記》卷第六、七，《大正藏》第 49 冊，62，71 頁下。

12. 道宣，《續高僧傳》卷十七，《大正藏》第 50 冊，564 頁上。

　一品之重視。不過，智顗的詮釋普門，並不是閉門造車，而恰恰是源流有自的。

　　要瞭解智顗對〈普門品〉解釋歷史脈絡，有必要先注意到該品流通時代有關觀音信仰的兩種法流。一是「論釋不同」的義學發展，即有關普門品的詮釋歷史；二是作為信仰的事件敍述，即各類中國撰述為主的，重視神異靈驗的觀音文書的流通。因為這兩類文本的流傳都直接影響到智顗對〈普門品〉的解釋。

　　關於〈普門品〉的詮釋，智顗以前有關〈普門品〉的注疏大都是保留在《法華經》的解釋作品中的。《高僧傳》、《續高僧傳》之「義解篇」，吉藏的《法華經玄論》卷一之「講經緣起」，以及《法華傳記》卷一的「論釋不同」和卷二、三的「講解感應」等文獻中，對早期講疏《法華》的學者都有詳略不同的記述。大致而言，在印度就流衍出 50 餘家法華論疏，其中包括龍樹、堅意、世親等，但現在保留下來的，就只有世親一家所作的論疏。[13] 到了中國，講《法華》的又根據法護舊譯和羅什新本的不同，分為舊講家與新講家兩段。新派之中，羅什門下最為集中，道融、曇影、道生之流「染翰著述者，非複一焉」，可謂名家輩出。等齊梁以後，劉虬之流深研法華，而最為重要的法華學者則莫過於光宅寺的法雲了。據說他的講法「獨步當時」。[14] 初期中國的法華

---

13. 《法華傳記》卷一，《大正藏》，第 51 冊，52 頁下，53 頁上。關於世親的疏本，《大正藏》第 26 冊分別保留了菩提流支和勒那摩提不同兩個譯本，這兩個譯本在思想上面有很多不同，如《法華傳記》卷一所說：「其間隱沒互有不同致者，文旨時兼異綴」。

14. 詳見吉藏，《法華經玄論》卷一，《卍新纂續藏》第 27 卷，136 頁中、下。又可參考境野黃洋的《支那佛教史講話》第二篇，第一章之〈鳩

學是重于談玄而悟理的，這特別表現在羅什門下對《法華》的理解上。如道融講法華「開為九轍」，看來是非常系統的解釋；[15] 慧觀也把《法華》的宗要理解為「以真慧為體，妙一為稱」，從而主張以「慧收其名」；[16] 僧叡則以《法華》為「大明覺理」，傾向於尋「幽宗」而「悟玄」；[17] 另外，道生的學風，更是「以入道之要，慧解為本」的，[18] 他對《法華》的注解，現在被保存下來，其義趣顯然也是玄論的一流。這些義疏，後來都成為智顗批判性地重新詮釋法華思想的重要資源。[19]

　　問題是中國初期的法華義學中，那些具有達識論玄的羅什門下並沒有留下多少系統而完密的法華論疏，更遑論對〈普門品〉這一極為樸素而「特用感應」，「不談所證之理」的篇章進行詳密的論義。[20] 而「垂名梁代」的法雲義疏，[21] 又于玄理未能盡微，

　　摩羅什之學統〉中，也根據僧傳的資料考察了羅什門下曇影、道融、惠觀等人的法華注疏。（東京：共立社，昭和 2 年版，第 189–191 頁。）

15. 吉藏，《法華經玄論》卷一，《卍新纂續藏》第 27 卷，136 頁中。案：《法華傳記》卷第二則說是僧叡「開為九轍」（《大正藏》，第 51 冊，55 頁下），二說不知孰是。

16. 慧觀，〈法華宗要序〉，《出三藏記集》卷八。

17. 僧叡，〈法華經後序〉，《出三藏記集》卷八。

18. 《出三藏記集》卷十五，〈道生法師傳〉。

19. 這些法華注疏對智顗多少有過啟發，如道生的疏就開了智顗《玄義》、《義疏》和《文句》的先河。參見 Leon Hurvitz, *Chih-i (538–597): An Introduction to the Life and Ideas of a Chinese Buddhist Monk.* Bruxelles: Juillet, 1962, p. 201.

20. 知禮，《觀音玄義記》卷四，《大正藏》，第 34 冊，919 頁下。

21. 《法華傳記》卷二，《大正藏》，第 51 冊，56 頁中。

更沒有一家的宗旨為依歸，故而頗為後來的天臺所批判。[22] 相對
而言，隨著〈普門品〉在社會的流通，觀音信仰的方式主要表現
在真實日常的社會生活中，那類以稱念名號而獲拯救的觀音，而
不是玄智義理化了的觀音理論才成為社會的主流。[23] 唐道宣在
《釋迦方志》卷下就把六朝佛教的這一傾向概括為「稱名念誦，
獲其將救」。[24] 甚至連六朝的義學講習，有時也不能脫累於這種
習氣，而不免於「說觀音神異」。[25]

　　因此，初期中國佛教緣〈普門品〉而產生的觀音想像，可以
說大都與這種真摯樸素的稱名實踐和祈求靈驗的宗教操持有密
切的關係，而且還連帶出現了很多中國撰述的，各種有關觀音的
經典和靈驗一類的文書。最著名的如《高王觀世音經》、《觀世音
三昧經》和《觀世音應驗記》等，這些文書都是以直接宣揚觀音
靈驗為主題而展開的。[26]

---

22. 智顗對法雲的批判，詳見 Paul L. Swanson, *Foundations of T'ien-T'ai Philosophy: the Flowering of the Two Truths Theory in Chinese Buddhism.* Berkely: Asian Humanities Press,1989, pp. 125–128.又《卍新纂續藏》第 27 卷收有法雲的《妙法蓮華經義記》八卷，從前面日本鳳潭所寫的序中，也多少反映出天臺教史上對法雲疏未入玄理而有所不滿。

23. 參考牧田諦亮，《中國仏教史研究》第一，東京大東出版社，昭和 56 年版，第 210 頁。

24. 《大正藏》，第 51 冊，972 頁上。

25. 《高僧傳》卷四，〈竺法義傳〉。另外，智顗的《義疏》也多處援引觀音靈驗之書作為事證，此意下文討論。

26. 關於《高王觀世音經》、《觀世音三昧經》，日本學者牧田諦亮進行了最系統精深的研究，可以參考其《疑經研究》第 5、7 章，京都大學人文科學研究所，昭和 51 年版；此外，牧田諦亮在《六朝古逸觀世

二、觀音的玄學化與天臺化

　　智顗于《法華》有詳密的研究論疏，他的《法華文句》20 卷和《法華玄義》20 卷在所謂的「天臺三大部」中就占了兩部，可見他對《法華》的重視。其中，《法華文句》卷十中就專門對〈普門品〉進行了解釋。而關於這一品的《玄義》與《義疏》為什麼在智顗時代的天臺內部又要單獨拿出來進行論究，因為該品在當時佛教義學中佔有相當的重要性和影響力，各家的論疏也非常多。於是，天臺要表明自家宗旨，必須特別有針對性地闡釋對該品的理解。《文句》卷十在解釋該品時，開宗明義就這樣說：「此品是當途王經，講者甚眾，今之解釋不與他同，別有私記兩卷，略撮彼釋。」[27] 這裏有兩點值得注意，一是對觀音經的解釋是有意識地針對當時佛教學界的相關論釋傳統，來表示台宗自家的義趣。這一點知禮在他為智顗《玄義》所作的解釋中就清楚地指示出來，他說《玄義》是「異乎諸師，采摭經論，著述疏章，消解經文」；[28] 其次，所謂「別有私記」，很可能就是指兩卷本的《玄義》或《義疏》，而且成立的時間在《文句》之前，這說明智顗確實有過對觀音經的獨立論述。

音應驗記研究》中所收三種〈應驗記〉全文，孫昌武已經點校在中國出版，題為《觀世音應驗記》（三種）北京：中華書局 1994 年版。類似中文研究，可以參考于君方，〈偽經與觀音信仰〉一文，臺北：中華佛學學報第 8 期，1995 年 7 月版。
27. 《大正藏》第 34 冊，144 頁下。
28. 《義記》卷一，《大正藏》第 34 冊，892 頁中。

　　對於信仰主義影響下各類觀音的中國著述，其中不少都流傳
在初期天臺的宗門裏，並在作為義學大匠智顗的觀音論疏中也獲
得了直接的反映。《玄義》卷下就有提到《觀音三昧經》，《義疏》
裏也大量引述到謝敷和陸杲的《觀世音應驗傳》，[29] 說明天臺內部
的觀音論述，相當一部分也繼承了這一法流。

　　可以說，天臺智顗有關觀音的論述分別受到了來自信、解兩
方面法流的影響。實際上，對《法華經》中觀音概念的解釋，印
度世親的論疏中就明確表示了信、解兩門的合一。世親在他解釋
〈普門品〉中的持名觀音時就說，受持觀音名號有兩種義，一是
「信力」，一是「畢竟知」，世親認為只有把兩者結合起來才是真
持名。[30] 這一觀念是否影響到智顗對觀音的理解，我們還沒有找
到直接的文證，[31] 但類似的思想在智顗的觀音論述中卻是有所表

---

29. 分別參考牧田諦亮的《疑經研究》，第 212，213 頁；小南一郎在〈《觀
　　世音應驗記》排印本跋〉一文中提到，《觀世音應驗記》主要就在天
　　臺宗派裏繼承下來的，他並指出從智顗的《義疏》一直到湛然的《法
　　華文句記》解釋普門品的某些地方，都明確引述到該文獻。該文收在
　　孫昌武點校《觀世音應驗記》（三種）本中，見該本第 86 頁。

30. 《大正藏》第 26 冊所收世親《妙法蓮華經憂波提舍》的菩提流支和
　　勒那摩提兩個譯本，在講到持名觀音時，都有相同的說法。如流支本
　　這樣說：「又言受持觀世自在菩薩名號。若人受持六十二億恒河沙等
　　諸佛名號福德等者，有二種義：一者信力故；二者畢竟知故。信力者
　　有二種：一者我身如彼觀世自在無異畢竟信故；二者謂於彼生恭敬
　　心，如彼功德，我亦如是，畢竟得故。畢竟知者，謂能決定知法界故。
　　言法界者，名為法性。彼法性者，名為一切諸佛菩薩平等法身。平等
　　身者，真如法身，初地菩薩乃能證入。」（《大正藏》第 26 冊，10 頁
　　中）

31. 有學者認為，世親的法華論疏在中國完全沒有產生影響，中國的法華
　　解釋史是獨立於印度傳統而走的本土化路線。見 Leon Hurvitz, *Chih-i*

現的。如《義疏》卷上就以「修慧」來解釋「一心稱名」，又謂「稱名有二，一事二理」，前者乃重歸命謙請之心，理稱則要與「空慧相應」。[32] 從思想史的角度看，智顗對中國初期所流傳的觀音義學和信仰二流採取了統攝的立場，不過他都有自家宗義的鮮明抉擇在裏面。這表現在他一面保留住觀音信仰的宗教經驗的合法性，而同時又對此經驗性的信仰加以玄學的點化，試圖把這些經驗轉換成為哲學的議題，在「理」上進行論究；對前此流傳的各類法華義學思想，他則以判教的形式，似乎包容而其實多少有些貶斥地納入到天臺一家的系統中來重新批判地融攝。這即是智顗在解釋觀音經典的活動中，把觀音的想像玄學化而又進一步天臺化的秘密。

他的觀音疏之所以要用《玄義》來談，乃在於所謂《玄義》，是一種解釋經典的方式，從形式上看，這一解經的方法不隨文解義，而是總論一經大義，這樣可以為玄「理」的討論發揮留有空間。知禮的《義記》卷一中就這樣解釋說：「言玄義者，能釋之義門也。玄者，幽微難見之稱；義者，深有所以也。」[33] 智顗的《玄義》解經並不限於單純地揭示那些埋沒在文字背後的隱微道理，這是他與那些旨在遵守經典的準確性、真實性和完整性的一般解經學不同的地方，他恰恰是要朝著一種新的詮釋學方向而發

(538–597): An Introduction to the Life and Ideas of a Chinese Buddhist Monk, p. 192.

32. 《大正藏》第 34 冊，922 頁下。
33. 《大正藏》第 34 冊，892 頁上。

展。[34] 韓德森（John B.Henderson）發現，在經院派的注經傳統中，包括大乘佛教在內，對經典的詮釋經常是把解釋集中在幾個選擇好的，被認為是最深刻和最有玄學意味的思想、觀念、主題或文段之中。[35] 智顗的《觀音玄義》就是通過孤立的幾個「大敘述」（great statements）來統攝一切經義，整個解釋都是圍繞著「觀世音普門品」這一題名的幾個字義，以所謂「五重玄義」的討論方式而層層開展哲學性的辨義。與其說《玄義》是在對觀音經的解釋，勿寧說是在借經以顯自家宗義。這一點，下文我們還會專門討論。

《義疏》從形式上看是比較全面地隨文解釋經文，但重點仍然是在義理。這裏特別要提出來討論的是，智顗的《觀音義疏》通常採用三層解釋法來疏釋經文，即對經中重要的概念都作了層次不同的解釋。其分別是一貼文；二舉事證；三觀行解釋。「貼文」是最基本的隨文解釋。「舉事證」，又稱「事解」，即采摭不同經驗意義上的事蹟進行說明，以證其應驗。《義疏》正是在「舉事證」的意味上保留來自於信仰層面的經驗性記述，大量引述不同《觀世音應驗傳》中的內容來進行「約證」。「觀行解釋」，又稱「觀解」，比起前二者都更深入一步，其旨在「將事表理」，[36] 乃

34. David W. Chappell, "Hermeneutical Phases in Chinese Buddhism," in *Buddhist Hermeneutics*, edited by Donald S. Lopez. Honolulu: University of Hawaii press,1988, p. 184.

35. John B. Henderson, *Scripture, Canon and Commentary: A Confucian and Western Exegesis*. Princeton: Princeton University Press, 1991, pp. 179 and 180.

36. 《義疏》卷下，《大正藏》第 34 冊，935 頁中。

是《義疏》中最重要，也是最精彩的解經內容。正如知禮解釋的，這是「智者入法華三昧，於觀行位中見第一義理」。[37]

　　智顗對經典的解釋是著重于義理方面的研究，所以他注疏觀音經的目的，就是要從這部表面上看是專講宗教經驗（事法），「不談所證之理」的經典中去「借事表法」，[38] 討論經驗背後的佛法玄理。這一觀念，早在道生解釋〈普門品〉的時候就曾有過暗示，但沒有展開。[39] 到了智顗重疏觀音，觀音才由社會想像中的具有人格之菩薩一變而為玄學化了的觀音。

　　《玄義》卷上就這樣解釋觀音：「此言觀世音，能所圓融，有無兼暢，照窮正性，察其本末，故稱觀也；世音者是所觀之境也。萬像流動，隔別不同，類音殊唱，俱蒙離苦，故曰觀世音。」[40] 有如〈普門品〉中有說禮拜恭養觀音可以得智慧之男與端正之女，經文講的都是非常素樸的宗教應驗，但智顗認為對此不能夠只在事相上面去理解，他還批評這類解釋是「作媒嫁解觀音」，不解經中深義。《義疏》則借此這樣來發揮玄論，說經中之義只是要「借世間男女以表法門」，於是，男女在智顗的解釋中成了定慧一類法義的「隱喻」；「端正無邪」也被理解為「表中道正觀」等等

---

37. 《疏記》卷一，《大正藏》第 34 冊，936 頁上。
38. 知禮在《義記》卷四有說到〈普門品〉特用感應，而不重義理。見《大正藏》第 34 冊，919 頁下。
39. 道生在《法華經疏》卷下解釋〈觀音品〉時，批評了那種一味以稱名求解脫來理解觀音的方式。他認為，經中說稱名只是「勸物之爾」，「豈偏勝乎」，其目的是為了使眾生起致敬之心。而經義的重點，還在「從悟通神」，內有道機。見《卍新纂續藏》第 27 卷，16 頁。
40. 《大正藏》第 34 冊，877 頁上。

的天臺教觀了。[41] 智顗《義疏》中這樣玄解的例子還很多，又如
關於經中「七難」的解釋，智顗亦都是「不止在事」，而「約觀
釋通亙三乘」的。[42] 像以空、假、中三觀解火難，以火喻「因緣
所生法」；又于火中喻修圓觀，「但觀一火具十法界」。他還以同
樣的方式在水難中，「觀水字十法界三諦之法」，「即雙非顯中道
第一義諦」，[43] 等等這些就不一一詳舉了。知禮也基本沿用智顗
解經的這一法式去「托事觀心」。如他在《疏記》卷一中解釋觀
音稱名之義，也循著「一心稱名名圓修慧」的思路，並從理、事
二相上去詳論「機感心內觀音」的義趣。又如論經中水難，他的
解讀方式也是以天臺圓融三諦來講水喻法性，而為「托於事海，
觀三障海」的一類，這些都成為他所謂的「就觀行釋」了。[44]

有趣的是，智顗和知禮都對具有濃厚儀式化和實踐性的《請
觀音經》作了研究，並進行了玄學化的引申。智顗作《請觀音經
疏》，解經方法上還是不離「玄義五重」，如其中對宗教儀式性的
「五體投地」、「燒相散花」等行儀，都應用到觀行一類的詮釋。[45] 而
知禮則借對智顗疏的再分析，有意識地忽略該經中的神異之論，
大談天台一家的「法界無礙，無染而染」的性惡玄義。[46]

41. 《義疏》卷下，《大正藏》第 34 冊，930 頁下，931 頁上、下。

42. 《疏記》卷一，《大正藏》第 34 冊，938 頁中。

43. 均見《義疏》卷上，《大正藏》第 34 冊，924，925 頁。

44. 分別見《疏記》卷一，《大正藏》第 34 冊，937，938，940，941 頁。

45. 智顗，《請觀音經疏》，《大正藏》第 39 冊，968 頁上，972 頁上、中。

46. 知禮，《釋請觀音疏中消伏三用》，《大正藏》第 46 冊，872 頁上。又，
    于君方在她的新著 *Kuan-yin: The Chinese Transformation of
    Avalokitesvara* (New York: Columbia University Press, 2001)中，也認為

　　佛教的經典與作為宗派的經典詮釋之間一直就存在著複雜而微妙的辨證性。[47] 那麼，天臺的解經《玄義》和《觀解》究竟是在什麼意義上去解釋經典呢？他們只是在揭示本文的意義，還是同時在「使用」經典？[48] 說明白點，天臺對觀音經的詮釋中是否隱含了一種宗派的意識形態修辭，把解釋的活動與自我宗義的發現有意識地混在一起？從智顗和知禮對〈普門品〉的解釋中，我們可以肯定他們意味深長地在進行一種觀音思想的天臺化。可以從兩方面來看。

　　一、以天臺教義解觀音。解經的敍述通常無法離開解經者的意願和思想傾向，天台學者通過對流行的觀音經進行重新解釋，很可能就是為了尋求自身宗義的合法性。智顗、知禮的觀音疏論中處處都顯示了天臺教義的「經典化」。這最明顯地表現在，他們把〈普門品〉中的觀音思想進行了具有理具性惡意義上延伸。如智顗之《玄義》卷上在「料簡緣了」義時，就大為發揮性惡之說，[49] 文繁不具引。知禮更以「能造之心」，「圓談性惡」來解讀觀音之「觀」；如他以性惡論觀音救難之機，「故遍法界救諸苦難，皆令得住六種本際。斯是觀音證惡法性于惡自在，方能任運遍赴

　　知禮把觀音懺法進行了去魅化和向天臺教觀方面的發揮。參見該書270、277 頁。

47. Donald S. Lopez, "On the Interpretation of the Mahayana Sutras," in *Buddhist Hermeneutics*, p. 51.

48. 關於對文本的「詮釋」與「使用」之間的關係，可以參考理查·羅蒂，「實用主義之進程」一文，艾柯等著，柯裏尼編，《詮釋與過度詮釋》，北京：三聯書店，1997 年版。

49. 《義疏》卷上，《大正藏》第 34 冊，882、883 頁。

諸難」；又以性具之義解「普門」，所謂「菩薩修慈，只於一念，遍觀十界，修得善惡皆性具」。[50]

　　二、以判教論別圓。正像一些後現代解釋學理論所注意到的，詮釋有時會成為一種「非倫理的」和「政治的權力」，即詮釋可能更多地傾向於征服他者，而不是為了理解文本，「解經者成為一種解經的征服者，而詮釋的活動也成為意識形態的殖民化」。[51] 智顗解經法中的五章明義和四釋都含有料簡權實的判教意味。《玄義》卷上就明確表示他解經的方法中有「約諸教明次第者」，在對觀音經所作的《玄義》和《義疏》中，都大量應用到藏、通、別、圓的判教方式來抉擇各家義理的高下，而同時把天臺所宗之《法華》及天臺一家的解釋立於圓位。

　　這樣的以判教來解經，在天臺觀音論疏中真是隨處可見。姑示一二智顗對觀音義的解釋。如《玄義》卷上就分別以通、別、圓三教義來解釋觀世音之「觀」字；又《玄義》卷下也分別以空、假、中三觀的關係來討論觀音，分別出所謂的「通教觀音義」、「別教觀音義」和「圓教觀音義」之間的次第。[52] 到了知禮的時代，天臺的宗派政治更為激烈，而且透過有關「正統性」的教相判釋

50. 見《義記》卷二、卷四，《大正藏》第 34 冊，900，916 頁上，956 頁下。

51. Kevin J. Vanhoozer, *Is there a Meaning in this Text?* Grand Rapids, MI: Zondervan Publishing House,1998, pp. 382 and 383.

52. 分別見《大正藏》第 34 冊，878、879 和 886 頁上、中。

表現出來。[53] 知禮是具有非常強烈宗派正統性意識的人物，這也
反映在他論觀音的思想中。他對觀音的解釋不僅要貶斥華嚴一家
的說法，還要了簡宗門內山外一系的主張。[54] 如他在詮釋觀音消
伏煩惱之義時，就是以天臺山家「理性之毒」或性具善惡理論來
作正解，並以判教的方式指出，唯有此解「的屬圓教」，「若不談
具，乃名別教」。[55] 這已是旗幟鮮明的宗派論述了。

三、融攝《起信論》

　　天臺解釋觀音經，運用了十種義門進行通釋，其中廣引經教
以證其說，這是沒有疑義的。特別有意味的是，到了知禮，對觀
音的解釋開始大量會通到《大乘起信論》這一論典來進行說明。
《起信論》是中國佛教歷史上一部頗有爭議性的經典，在唐代經
過華嚴宗的努力，該論在佛教義學中已經具有了相當的重要性。
這本原屬華嚴宗所重視的論典，在天臺宗的思想體系中具有怎樣
的意義呢？初期天臺是否用到此部論典，一直是佛學史界的一段
公案。一般認為，天臺對《起信論》的研究是從天臺的中興者荊

53. Chi-Wah Chan, "Chih-li (960–1028) and the Crisis of T'ien-t'ai Buddhism in the Early Sung," in *Buddhism in the Sung.* Edited by Peter N. Gregory and Daniel A. Getz. Honolulu: University of Hawai'i Press, 1999.

54. 知禮在《疏記》卷四中曾批評華嚴於「就三乘極鈍者」「全無顯益」（《大正藏》第 34 冊，952 頁下。）；又《釋請觀音疏中消伏三用》一文在討論觀音消伏煩惱之義時，特別表示是以「山家教觀深旨」為依據的，這暗示了對山外派的批評。（《大正藏》第 46 冊，873 頁上）

55. 知禮，《釋請觀音疏中消伏三用》，《大正藏》第 46 冊，872 頁下。

溪湛然（711–782）開始。[56] 不過學界也有另外一種看法，即那部署名為智顗所著的《修習止觀坐禪法要》中，分明有引述《起信論》的文句來說明天臺止觀法門的，因此有人認為智顗是有接觸到《起信論》的。[57] 關於這一問題還可以留作深論，但值得注意的是，對於《起信論》與初期天臺的關係，無論我們承認與否，其思想點都是限於止觀學說的方面。可以肯定，《起信論》對初期天臺的觀音論思想並沒有什麼影響。智顗的有關觀音經的《玄義》和《義疏》中，完全沒有引述到《起信論》。

　　天臺引述《起信論》來建立自己的論述，這是意味深長的。天臺本來是以「舊學天臺，勿事兼講」的，等到知禮出來重建台宗正統，就廣泛地出入於《起信論》來表示自家的宗義，「師於《起信論》大有悟入，故平時著述多所援據」。[58] 他不僅要借《起信論》這部華嚴宗所依據的論典來批評華嚴的解釋理解是「別教」，也應用到該論來勘辯宗門內部與山外的分別。[59] 於是，在

56. 呂澂和湯用彤都否認初期天臺有受到《起信論》影響。呂先生就認為，那些引述到《起信論》，並署名為慧思、智顗的作品多是有問題的著作，不能夠看作是代表早期天臺的作品。詳見其著《中國佛學源流略講》，《呂澂佛學論著選集》卷五，濟南：齊魯書社，1991 年版，2842–2844 頁。湯先生也否認《起信論》與慧思止觀思想有關係，見《隋唐佛教史稿》，第 128 頁。

57. 見潘桂明，《智顗評傳》，南京：南京大學出版社，1996 年版，第 160–161 頁。

58. 宋·志磐，《佛祖統紀》卷八，《卍新纂續藏》第 75 卷，473 頁。

59. 知禮如何用《起信論》批評華嚴、山外，參見拙文〈北宋天臺宗對《大乘起信論》與《十不二門》的詮釋與論爭〉，北京：《中國哲學史》，2005 年第 3 期。

知禮對智顗觀音疏進行再詮釋的時候，他經常援引《起信論》的思想來進行補充論述和發揮智顗疏中所沒有開展的內容，這一點就非常好理解。從他在《義記》、《疏記》以及其他與觀音論述相關的作品中來分析，我們至少可以從如下幾點來觀察《起信論》與知禮觀音論的關係。

一、以《起信論》真如之離言、依言義解觀音之證境與教相立說。《義記》卷一說：

> 起信論云：真如者，所謂心性不生不滅。是故一切法從本已來，離言說相，離名字相，離心緣相，畢竟平等，無有變異，不可破壞，唯是一心，故名真如。又云：此真如體無有可遣，以一切法悉皆真故。亦無可立，以一切法皆同如故。既不可破立，自絕言想，則與河沙煩惱本不相應，故曰清淨，觀音證此而為本體。[60]

既然觀音之境離言說相，又何以解釋智顗還要用十種義門來對觀音之義詳加說明呢？《義記》卷一中，知禮同樣以《起信論》中真如真如離言、依言兩義相融無礙的思想來進行圓解：

> 大師雖用十種義門通釋題目，而深體達觀音至人，普門妙法，本離言說心緣之相，故云至理清淨等也。故起信云：一切言說假名無實，但隨妄念，不可得故。……上言至理清淨無名相等，蓋約自證絕乎言思也。今云妙理虛通假名相說，乃據被物設教而談也。……是則離言依言皆順至理，聖默聖說俱有大益。故起信問曰：若一切法不可說不可念者，諸眾生等雲何隨順而能得入？答曰：若知一切法雖說，無有能說

---

60. 《大正藏》第 34 冊，892 頁中–下。

可說;雖念,亦無能念可念,是名隨順。若離於念,名為得入。今亦如是,以十種義無說而說。[61]

二、緣起與性具。《起信論》立真如、生滅兩門以說明如來藏緣起,這一被稱作是「如來藏不思議熏變之妙」緣起義究竟如何來解釋,[62] 歷來就成為《起信論》研究者最為困難的議題。這涉及到對「一心二門」中「一心」(或名「眾生心」)概念的理解。根據《起信論》的說法,此一心具真如、生滅二門,而「是二門皆各總攝一切法」,此一切法即分別指「攝一切世間法、出世間法」。[63] 這裏的表述有些隱微,但又關係甚大。早在隋代淨影寺慧遠所作《起信論義疏》時對這一說法就感到頗為棘手,並分別列出有兩種不同的解釋意義。[64] 這兩種不同的解釋對於一心根本真妄的問題來說,理解是很不相同的。後來華嚴疏解,特別是法藏的論疏基本都走真心論的路線來講真心的隨緣不變。

知禮從天臺教義的立場出發就很不滿意這點,於是他批評藏疏沒有結合到「理具」來談緣起是「別教一途」,「藏疏既未談理具諸法,是則一理隨緣變作諸法,則非無作。若不成無作,何得

---

61. 分別見《大正藏》第 34 冊,892 頁中、下,894 頁上、中。

62. (明)德清,《起信論直解》,《卍新纂續藏》第 45 卷。

63. (梁)真諦譯,《大乘起信論》,南京:金陵刻經處印本。

64. (隋)慧遠,《大乘起信論義疏》卷上之上解釋此義時說:「言是二門皆各總攝一切法者有二義。一義云,心真如中皆攝出世間一切法;心生滅中皆攝世間一切法,故皆名總攝也。二義云,心真如中皆攝世間出世間一切法,心生滅中亦爾。」(《大正藏》第 44 冊,175 頁中)。

同今圓耶？」[65] 這一看法也表現在他對觀音經的注疏當中。如《義記》卷二在討論觀音體用問題時，就用天臺教觀的「性具緣了二因」和性具善惡來加以解釋，接著又結合《起信論》中「一心二門」的思想來相互證成：「……不是性具何得非造？起信云：一切法真，不可遣故。若非真具，那得皆真，以皆本具故，得名為性善性惡。複以性具染淨因緣，起作修中染淨因緣，乃有所生世、出世法。」[66] 又在「釋請觀音疏中消伏三用」一文中，知禮分明引述《起信論》之「眾生心」的觀念來解釋「觀音分證之法遍于一切眾生心中」，以說明要理解觀音之消伏煩惱「須以具不具簡」。[67]

　　三、本覺論與觀音。「本覺」一詞最初出現于中國人撰述的《金剛三昧經》和《仁王經》中，但最有影響和系統的本覺論說法則出於《起信論》。《起信論》在生滅門內說一心有覺、不覺二義，又分別以「始覺」與「本覺」來展開論述心念意識的變化。這裏最為關鍵性的思想是本覺一元的觀念，即始覺與本覺雖為二義，但「原一覺也」，「雖有二義，心體無二」。[68] 知禮在他的《義記》卷四和《疏記》卷三中，有兩段相關的文字，恰恰是應用這一說法來重新解讀觀音的，不妨引述如下：

---

65. 分別見知禮《四明尊者教行錄》卷第二，第三，〈天臺教與《起信論》融會章〉，〈別理隨緣二十問〉，《大正藏》第 46 冊，871，875 頁。

66. 《義記》卷二，《大正藏》第 34 冊，905 頁上、中。

67. 《大正藏》第 46 冊，872 頁。

68. 有關《起信論》的本覺一元論思想，請參考拙文〈梁譯《大乘起信論》的本覺論思想分析〉，廣州：《中山大學學報》，2005 年第 5 期。

靈智者,始覺也;法身者,本覺也。同是一覺,何所論合?
但為本迷,覺成不覺,圓名字位,尋名覺本。功非伏斷,合
義未成。五品頓伏,得名觀合。六根似合,分真證合。今觀
世音鄰極之合,全本為始,實非二體。以有不覺故,約伏斷
而論於合。本覺軌持,生始覺解,故名為法。自然集聚三千
妙德,故名為身。始覺元明,故名為靈。今能斷證,故名為
智。本始不二,是所詮體。

法身靈智即始本二覺,分合之真身也。望于眾生即能觀智,
乃以此知冥應拔苦,即此境智而為因緣,亦名感應。以此因
緣,名觀世音。[69]

　　由知禮開始引述《起信論》而論觀音,我們隱然可以感受到,
從智顗的《玄義》、《義疏》到知禮對智顗觀音論的再詮釋,其間
的思想已經發生了一些重要的改變。這些變化表示了觀音想像即
使在同一宗門內部也會呈現出鮮明的歷史性,同時也反映了天臺
宗內部思想本身的發展與他們詮釋經典之間存在著密不可分離
的關係。

　　天臺對觀音經的解釋讓我們更明確地瞭解到,中國佛教義學
思想的拓展是如何經常性地在借助於經典詮釋的活動中加以完
成的。於是,不同的解經策略就不再是一種可有可無,或置之不
理的外在形式,而是與不同宗義的思想之間存在著深刻的關聯。
不妨說,詮釋在中國佛教義學的發展中所扮演的角色,有時比注
疏的經典本身更為重要。在這一意義上可以說,佛教的經典通常
只是被動地扮演著不會說話的主角,而真正的主角——作為「讀
者」的解釋者,才成為中國佛教思想構造的始作俑。這就應驗了

---

69. 分別見《大正藏》第 34 冊,918 頁下,949 頁中。

羅蘭・巴特（Karl Barth）所說的，讀者不只是消費者，而成了意義的製造者。[70]

---

70. 參見 Kevin J. Vanhoozer, *Is there a Meaning in this Text?* p. 149.

從天台、華嚴
論觀音大悲普門之時代意義

陳英善

台灣・中華佛學研究所

研究員

摘　要

在中國佛教中，有兩大擅長佛教義理的宗派——天台、華嚴宗，於其立宗所依的兩大經典（《法華經》、《華嚴經》）中，都出現了與觀音大悲普門有密切關係的文獻資料，且此兩大宗派所依的《法華經》、《華嚴經》皆不約而同的以大悲普門來表現觀音菩薩教化之特色，此是否一種巧合？或是觀音菩薩大悲平等所致？而天台、華嚴二宗又如何賦予觀音菩薩大悲普門之意義？且觀音菩薩這種大悲平等之心懷及普門示現之精神，於當今社會中給吾人何種啟示？

因此，基於上述所提諸問題，本論文擬從觀音大悲普門來切入，以及就天台、華嚴宗之詮釋來作探討，主要就三方面來論述：首先，從「觀」、「世」、「音」三字譯釋來切入，以便對觀世音菩薩作一整體的了解。其次，從《華嚴經·入法界品·觀音章》、《法華經·普門品》來探討「大悲」、「普門」之涵義，以顯示大悲普門乃代表了觀音菩薩之徹底平等心懷，以平等心看待一切眾生。所以，《華嚴經》稱觀音法門為大悲行門，《法華經》稱觀音法門為普門，這也是本論文為何以「大悲」「普門」為論題之所在，冀望以大悲、普門來貫串此二部經之觀音法門，以此顯示觀音法門之特色。最後，探討觀音菩薩這種徹底平等心懷之現代意義。

一、前言

何以稱觀音菩薩之慈悲為大慈大悲？何以觀音菩薩之大慈大悲堪稱為普門？觀音菩薩究竟為何許人物？為何能具備如此廣大之威神力而大悲普門示現眾生前？

在諸經論中，對觀音菩薩有諸多著墨，有認為觀音菩薩久已成佛；[1] 有認為觀音菩薩是一生補處之菩薩。[2]

然此不論觀音菩薩是已成佛但仍為菩薩或是為一生補處之菩薩，其本身皆具有廣大不可思議之威神力。這是吾人所熟悉的觀音菩薩，其威神力不可思議，隨其所應眾生而普現之。

在《華嚴經・入法界品》有專章來論述觀音菩薩（為善財童子所參訪之第二十七位善知識），且華嚴宗大師們亦對此章加以闡述；在《法華經・觀世音菩薩普門品》（簡稱《法華經・普門品》）更是以一品來介紹觀音菩薩之由來及其普門示現之種種，且天台宗對此品亦有諸多闡述。[3]

諸如此類，在在顯示觀音菩薩在《華嚴經》、《法華經》之重要性，尤其是《法華經・普門品》，後世更是將此品單獨流通，甚至以《觀音經》稱之。大悲觀音之名號，也成了吾人耳熟能詳之法音，人們往往以「大悲」等同於觀音，以「大悲」代表觀音，此將觀音之大悲表露無遺。

---

1. 如《千手千眼陀羅尼經》、《觀音三昧經》等。
2. 如《觀無量壽佛經》、《悲華經》、《觀音授記經》等。
3. 如《法華文句・釋普門品》、《法華文句記・釋普門品》、《觀音玄義》、《觀音義疏》、《請觀音懺》、《千手眼大悲心咒行法》……等。

本論文主要從此二部經（《華嚴經》、《法華經》）及二大宗（華嚴宗、天台宗）來探討觀音大悲普門之特色。

二、觀世音之譯釋

觀世音，有種種譯名，又名「觀音」、「觀自在」、「光世音」、「觀世自在」等。而此等不同之意譯，與其所依據不同之梵文有關，如 Avalokiteśvara（阿縛盧枳低濕伐羅），譯為「觀自在」；Avalokitesvara（阿縛盧枳低攝多），譯為「觀世音」。[4] 諸如此類，因其所依梵文不同，而所譯亦不同。不僅如此，且因所譯之不同，其所要表達之涵義，亦有所別。

因此，本文於下分兩方面來探討觀音之涵義，首先，針對梵語 Avalokiteśvara 來作探討，此主要舉玄奘和法藏之看法來作說明。其次，則針對天台、華嚴以「圓教」詮釋「觀世音」、「觀自在」來作說明。

一）梵語 Avalokiteśvara 之新舊譯

玄奘《大唐西域記》對前人有關觀世音之翻譯，作如下之更正：

唐言觀自在，合字連聲，梵語如上（阿縛盧枳低濕伐羅 Avalokiteśvara）。分文散音，即阿縛盧枳多（avalokita），譯

---

4. 有關 Avalokiteśvara、Avalokitesvara 之音譯及意譯，可參見後藤大用《觀世音菩薩の研究》，頁 2–5，及望月信亨，《佛教大辭典》，頁 800c。

曰觀；伊濕伐羅（iśvara），譯曰自在。舊譯為光世音或云觀世音或觀世自在，皆訛謬也。[5]

　　玄奘以「阿縛盧枳低濕伐羅」（Avalokiteśvara）譯為觀自在，以此來糾正舊譯（光世音、觀世音、觀世自在）之訛謬。近代有些學者亦順玄奘之新譯，認為「觀自在」為適切譯語而抨擊舊譯所譯誤謬。[6]

　　然而，依法藏對梵文諸經之勘校，發現「觀世音」之梵語有多種，因此，為不同之梵語而有不同之翻譯，如《探玄記》云：

觀世音者，有名光世音，有名觀自在。梵名「逋盧羯底攝伐羅」，「逋盧羯底」此云觀，「毗盧」此云光，以聲字相近，是以有翻為光。「攝伐羅」此云自在，「攝多」此云音。勘梵本諸經中，有作攝多，有攝伐羅，是以翻譯不同也。[7]

---

5. T51, no.2087, p.883b22–24。雙行夾註之內容，意即：阿縛盧枳低濕伐羅 Avalokiteśvara，為唐朝玄奘所謂「觀自在」，把字合起來配上聲音，就是梵語這一原詞。把文字區分、音聲分散，「阿縛盧枳多」*avalokita*，譯為觀；「低濕伐羅」*iśvara*，譯為自在。玄奘認為舊譯光世音或觀世音，或觀世自在，均為訛謬。

6. 參見後藤大用，《觀世音菩薩的研究》，頁 5–6。而有關觀音古、舊、新譯問題，後藤大用則進一步從原語學來加以探討，以釐清此方面問題（前揭書，頁 1–12）。另可參見林光明，《梵藏心經自學》，頁 56–59。而有關觀音偽經及名號問題，可參于君方〈「偽經」與觀音信仰〉（《中華佛學學報》第八期，頁 97–135），"Ambiguity of Avalokiteśvara and Scriptural Sources for the Cult of Kuan-yin in China（觀音菩薩的經典依據及其名號和其他一些不明問題）"，《中華佛學學報》第十期，頁 409–464。另外，後藤大用也指出「觀自在」一詞，早在僧肇（348–414）的《維摩詰經注》已使用之（前揭書，頁 5）。

7. T35, no.1733, p.471c7–11。

此說明在梵本諸經中，有關「觀世音」之語詞有多種，如「遄盧羯底」（觀）或「毗盧」（光），由於聲、字相近，故有譯為「觀」或「光」；又如「攝伐羅」（iśvara 自在）或「攝多」（svara 音），此二種情形都存在，故有譯為「自在」或「音」。如此則形成「觀世音」有多種之翻譯，如：[8]

（一）光–世–音　aloka + loka + svara

（二）觀–世–音　avaloka（avalokita）+ loka + svara

（三）觀–自–在　avaloka（avalokita）+ iśvara

（四）觀–音　　　avaloka（avalokita）+ svara

（五）觀–世–自在　avaloka（avalokita）+ loka + iśvara

二）以圓教觀點詮釋觀世音之涵義

（一）華嚴宗對觀自在之詮釋

對前述觀世音之多種譯名，其所要表達之涵義，法藏於《探玄記》進一步加以說明之，如其云：

> 《觀世音經》（指《法華經·普門品》）中「即時觀其音聲，皆得解脫」。解云：等觀世間，隨聲救苦，名觀世音。彼經（即〈普門品〉）中具有三輪：初語業稱名，除七災，謂水、火等；二身業禮拜，滿二願，謂求男、女等；三意業存念，除三毒，謂若貪欲等，並如彼說。[9]

---

8. 於下所列舉的，僅供參考，此為日本學者印度語言學權威立花俊道對「觀音」、「觀自在」等名稱所作的還原成梵語，轉引自後藤大用，《觀世音菩薩の研究》，頁 6–7。

9. T35, no.1733, p.471c11–16。

接著，又云：

> 若偏就語業，名觀世音，以業用多故。若就身、語，名光世
> 音，以身光照及故。若具三輪，攝物無礙，名觀自在。[10]

此中第一段引文，首先，說明依《法華經・普門品》來解釋
「觀世音」之涵義，如〈普門品〉中云：「即時觀其音聲，皆得解
脫」，[11] 此為觀世音名號之由來。接著，是法藏對此句經文之解
釋，「以等觀世間隨聲救苦」來解釋觀世音，換言之，觀世音菩
薩是以平等大悲心來觀照世間尋聲救苦。其次，又以身、口、意
業三輪，來說明觀世音菩薩隨聲救苦之普現，如「語業」稱名除
七災；[12]「身業」禮拜滿二願；[13]「意業」存念除三毒。[14]

於上述第二段引文中，法藏則進而以身、口、意三輪來詮釋
「觀世音」多種譯名之涵義，如下：

1. 觀世音：偏就語業，以語業用多故。
2. 光世音：就身、語業，以身光照及故。
3. 觀自在：就具三輪，攝物無礙。

由此可知，有關「觀世音」之不同譯名（「光世音」、「觀自
在」），實深具其義涵的，從其所著重面之不同，給予不同之名號。
一般所熟悉的「觀世音」，則是偏重語業來顯示觀音菩薩之聞聲
救苦；而所謂的「光世音」，不僅顯示語業，也顯示了身業，以

---

10. T35, no.1733, p.471c16–19。
11. T09, no.262, p.56c7–8。
12. T09, no.262, pp.56c8–57a1。
13. T09, no.262, p.57a7–10。
14. T09,no.262, p.57a1–6。

放光來攝受眾生；而所謂的「觀自在」，則強調觀音菩薩以身、口、意三輪來攝化眾生，且是圓滿無礙的。對觀音此種種釋義，澄觀於《華嚴經疏》亦有解釋，尤其以「觀自在」來代表圓義，如其云：

> 若具三業攝化，即觀自在。……而今多念觀音，以語業用多故，又人多稱故。今取義圓，故云自在。[15]

此同法藏《探玄記》所說，「觀自在」具三輪，所以，其所具備之意義是圓滿的，故八十卷《華嚴經》以「觀自在」譯之，而就使用之普遍性說，「觀世音」（或「觀音」）一詞之使用極普遍，其原因有二：（一）觀世音菩薩偏用語業攝取眾生；（二）眾生也大多稱「觀世音」之名號。

若就圓義言，翻「觀自在」；但若於觀法上，「觀自在」一詞有其局限，缺其所觀，如《華嚴經疏》云：

> 然「觀」即能觀，通一切觀，「世」是所觀，通一切世，若云「音」者，亦通所觀，即所救一切機。若云「自在」，乃屬能化之用。[16]

此是澄觀對「觀世音」、「觀自在」若於觀法上所作進一步之解釋，認為若就「觀世音」言，表現了能觀、所觀之觀法；若就「觀自在」而言，呈現出能化之用，無礙自在，但缺所觀，如《華嚴經疏鈔》對此有加以說明，如其云：

---

15. T35, no.1735, p.940a7–11。
16. T35, no.1735, p.940a11–13。

第三隨字別釋，……，從「若云自在」下，案文就義，「自在」則寬；直就名言，「自在」卻局，闕所觀故。[17]

此道出了「觀自在」一語，雖在意義上，較廣較圓，但若直就名來看，只呈現能化之用，而缺所觀之對象，亦即將「所觀」蘊藏於自在之「能觀」中。[18]

若從觀法上來探討「觀世音」之義涵，且如上所述，其具備了能觀（「觀」）及所觀（「世」「音」）之特性。此能觀智通一切觀，此所觀法遍一切世、一切機。而何以觀音菩薩之能觀是通一切觀？何以所觀之法通一切世（即器世間、眾生世間、智正覺世間）？此等無非在顯示觀音菩薩悲智之深廣，且於其名號中，顯示了此悲智深廣之義涵。

如所謂「觀世音」，是指智慧徹見一切諸法而無障礙。此中之「觀」，包括一切觀，如《華嚴經疏鈔》云：

第三隨字別釋，言「觀」，即能觀者，顯屬菩薩。通一切觀者，即智者意，然彼繁博，今取意釋，謂三業歸依，觀通心眼，了見諸相，而無所著，徹見體性，空無障礙，一切種智，圓頓觀察。故《經》（指〈普門品〉）云：「真觀清淨觀，廣大智慧觀，悲觀及慈觀，常願常瞻仰，無垢清淨光，慧日破諸暗，能伏災風火，普門照世間」，皆是觀意。[19]

17. T36, no.1736, p.680b8–20。

18. 如澄觀，《華嚴經疏鈔》作如是解釋，其云：「案文就義，『自在』則寬；直就名言，『自在』卻局，闕所觀故。然有能觀，必有所觀，不爾，於何而得自在？能所不二，不壞能所，一觀一切觀，無觀無不觀，為真觀矣」（T36, no.1736, p.680b19–23）。

19. T36, no.1736, p.680b8–15。

此明「觀」是了見諸相而無所著，且澄觀進而引〈普門品〉
來說明觀義，如真觀、清淨觀、廣大智慧觀、悲觀及慈觀等，皆
代表著「觀」之涵義，以此等觀破諸闇、伏諸災風火。又如「世
音」，是遍指一切對象，如《華嚴經疏鈔》云：

> 「世音」，是所觀之對象。通一切世者，世略有三：謂三世間，
> 若山若水懸崖邃谷畏難之處，器世間也；無量眾生，即是眾
> 生世間；亦觀佛會所在眾生，常在一切諸如來所，即是觀察
> 智正覺世間。[20]

此中將觀世音之「世」（亦包含「音」在內），以三世間（器
世間、眾生世間、智正覺世間）來說明之，顯示此三世間皆是觀
世音菩薩所觀之對象，亦是菩薩所度化之對象，甚至包括一切諸
佛所之智正覺世間的眾生，觀世音菩薩皆加以觀察而化度之。[21]

（二）天台對觀世音之詮釋

天台智者（538–597）與觀音菩薩向來有深厚因緣，[22] 依天
台對觀音之詮釋，基本上，是就圓教之觀點來詮釋的，此可從《法
華文句》〈釋觀世音普門品〉對「觀世音普門」之解釋得知，如
其云：

---

20. T36, no.1736, p.680b15–19。

21. 此可參見《華嚴經・十地品》對八地菩薩之描述（T9, no.278,
p.565a11–c8）。

22. 如《隋智者大師別傳》云：「至七歲，喜往伽藍，諸僧口授〈普門品〉，
初啟一遍即得。」（T50, no2049, p.191b9–10）此明其小時候與觀音之
關係。又如其云：「汝問何生者？吾諸師友、侍從、觀音皆來迎我」
（T50, no2049, p.196b14–15），此明其臨命中時觀音來接引。

「觀」也，觀有多種：謂析觀、體觀、次第觀、圓觀。析觀者，滅色入空也。體觀者，即色是空也。次第觀者，從析觀乃至圓觀也。圓觀者，即析觀是實相，乃至次第觀亦實相也。今簡三觀（指析觀、體觀、次第觀），唯論圓觀。

「世」者，……世亦多種：謂有為世、無為世、二邊世、不思議世。有為世者，三界世也。無為世者，二涅槃也。二邊世者，生死、涅槃也。不思議世者，實相境也。簡卻諸世，但取不思議世也。

「音」者，機也。機亦多種：人天機者、二乘機、菩薩機、佛機。人天機者，諸惡莫作，諸善奉行也。二乘機者，厭畏生死，欣尚無為也。菩薩機者，先人後己，慈悲仁讓也。佛機者，一切諸法中，悉以等觀入；一切無礙人，一道出生死也。揀卻諸音之機，唯取佛音之機而設應。以此機應因緣故，名觀世音也。[23]

此一大段引文，可分成三小段引文來看，各分別對「觀」、「世」、「音」所作之解釋。於第一段引文中，對「觀」之解釋，有四種（析觀、體觀、次第觀、圓觀），而取第四種「圓觀」。於第二段引文中，對「世」之解釋，亦有四種（有為世、無為世、二邊世、不思議世），而取第四種「不思議世」。於第三段引文中，對「音」之解釋，以機釋音，亦有四種（人天機、二乘機、菩薩機、佛機），而取第四種「佛機」。由此可知，從其對「觀」、「世」、「音」各別以四種解釋中，而取第四種（圓觀、不思議世、佛機）來明觀世音，簡除餘三種，此顯示了以圓觀、圓世、圓音（機）來釋觀世音，亦即立基於「圓」的角度來釋觀世音。換言之，觀

---

23. T34, no.1718, p.145a24–b9。

世音菩薩是已證得中道實相之圓觀菩薩，等觀一切眾生（佛機），即是以中道（「觀」）實相（「世」）應佛機（「音」）；佛機感中道實相，故稱之為「觀世音」。為便於了解，表之如下：

$$\left\{\begin{array}{l}觀\quad（中道「觀」）——圓觀\\世\quad（實相「世」）——不思議世\\音\quad（佛機「音」）——佛機\end{array}\right.$$

由上可知，天台對觀世音之解釋，大體上其所簡除之前三種，可說是藏、通、別三教，而唯取圓教之圓觀（觀）、不思議世（世）、佛機（音）來釋「觀」、「世」、「音」。

若細而論之，觀音菩薩乃圓教初發心住以上之菩薩，亦是別教登地以上菩薩（登地即能證中道斷無明），亦可說是通教八地以上之菩薩（此菩薩能道觀雙流）。若就三藏教而言，恐難有觀世音菩薩，若有之，應是已成佛之菩薩。[24]

因為觀世音菩薩是已證得中道之菩薩，所以能普門示現，隨機化度眾生，此亦可從《法華文句》釋「普」、「門」得知，如其云：

「普」者，周遍也。諸法無量，若不得普，則是偏法；若得普者，則是圓法。……略約十法明普，得此意已，類一切法無不是普。所謂：慈悲普、弘誓普、修行普、離惑普、入法門普、神通普、方便普、說法普、成就眾生普、供養諸佛普。[25]

---

24. 參 T33, no.1716, p.749b27–c2。
25. T34, no.1718, p.145b9–11。

又云：

「門」者，從假入空，空通而假壅；從空入假，假通而空壅。
偏通〔案：指偏空、偏假〕則非普，壅故非門。中道非空非
假，正通實相，雙照二諦，故名普；正通，故名門。普門圓
通，義則無量。[26]

此以圓法釋「普」，以中道正觀為「門」。若是偏法（如藏、
通、別教），則無法周遍。同理，若是以空觀為門，或以假觀為
門，皆是偏，且皆有其壅塞，故皆非是普門。而中道正觀非空非
假，雙照二諦，正通實相，故堪稱為普門。此顯示了觀音菩薩證
得中道實相，以此中道正觀普門應現，廣益群生，故稱為大悲普
門。[27]

由上之論述可知，不論是《華嚴經》之觀音大悲法門或《法
華經》之觀音普門示現，若欲臻於大悲、普門之境地，至少是已
證得中道正觀、斷破無明，相當於圓教的菩薩。換言之，諸經論
中的觀音菩薩，不論是已成之佛，或補處位菩薩，或哪一地之菩
薩，至少是已證中道實相、斷破無明之菩薩。

如依天台宗之分判而言，觀音菩薩應屬圓教初發心住位（即
十住之初位）以上之菩薩，如其以圓教之中道正觀來詮釋觀音菩
薩。[28]

---

26. T34, no.1718, p.145c24–28。
27. 詳情可參下文對《法華經》普門示現之論述。
28. 如《法華玄義》云：「若別、圓兩教，初心伏惑，未能有應。初地、
    初住三觀現前，證二十五三昧，法身清淨，無染如虛空，湛然應一
    切。……無前無後，一時普現，此是不思議妙應也。」（T33, no.1716,
    p.749c2–7）

　　若就華嚴宗之分判而言，觀世音菩薩至少是別教一乘十信滿心以上之菩薩。此乃從寄顯終教位（十信以上為不退位）來說，因別教一乘證位極甚深，故以寄顯明之。雖是寄顯，而於此十信滿心即已攝一切位、得一切位，如《華嚴一乘教義分齊章》云：

> 約寄位顯，謂始從十信乃至佛地，六位（十住、十行、十迴向、十地、等覺、佛）不同，隨得一位，得一切位。何以故？由於六，相收故，主伴故，相入故，相即故，圓融故。《經》云：在於一地普攝一切諸地功德。是故《經》中，十信滿心勝進分上得一切位及佛地者，是其事也。又以諸位及佛地等，相即等故，即因果無二，始終無礙，於一一位上，即是菩薩，即是佛者，是此義也。[29]

　　此明別教一乘位位相攝，圓融無礙，隨得一位即得一切位，所以說十信滿心（或初發心住）即是佛。再者，由於位位相即，所以因果無二，始終無礙，十信滿心以上諸位，可以稱之為菩薩，亦可稱之為佛。因此，將觀音菩薩以菩薩稱之，或以佛稱之，其實彼此是無礙的。此亦可釐清觀音菩薩為佛或菩薩之問題。

　　再者，依《華嚴經》及華嚴宗之看法，十信滿心得位以上的菩薩，其所起之德行業用皆周遍於法界，如《華嚴一乘教義分齊章》云：

> 若約信滿得位已去，所起行用皆遍法界，如《經》（指《華嚴經》）[30]「能以一手覆大千界」等、「手出供具與虛空法界」等，一時供養無盡諸佛，作大佛事饒益眾生不可說也。廣如

---

29. T45, no.1866, p.489b25–c4。

30. 如《華嚴經》云：「若欲供養一切佛，出生無量三昧門，能以一手覆三千，供養一切諸如來。」（T09, no.278, p.434c20–21）

信位經文說。又云：不離一世界，不起一坐處，而能現一切
無量身所行等。又於一念中，十方世界一時成佛轉法輪等，
乃至廣說。[31]

此皆在說明得十信滿位以上之菩薩的種種行用，皆周遍於法
界不可思不可議，如：能以一手覆大千界；又如能以手出供具等
虛空界，於一時供養無盡諸佛；又如不離一世界不起一坐處，而
現一切無量身度一切眾生；又如於一念中，於十方世界一時成佛
轉法輪等。以上之種種描述，皆可用以說明觀音菩薩之種種事
跡。[32] 顯示觀音菩薩已證中道實相，大悲普門示現而無礙。

三、大悲普門之涵義

一）《華嚴經》之大悲行門

依《華嚴經》〈入法界品〉中，善財童子所參訪的第二十七
位善知識─觀音菩薩，觀音菩薩教導善財童子之修行法門，是大
悲法門，若完整地說，是「大悲法門光明之行」，如《華嚴經》
云：

善男子！我已成就大悲法門光明之行，教化成熟一切眾生。
常於一切諸佛所住，隨所應化，普現其前。或以惠施攝取眾
生，乃至同事攝取眾生；顯現妙身不思議色攝取眾生，放大
光網除滅眾生諸煩惱熱，出微妙音而化度之，威儀說法，神
力自在，方便覺悟；顯變化身，現同類身，乃至同止攝取眾
生。善男子！我行大悲法門光明行時，發弘誓願：名曰攝取

---

31. T45, no.1866, pp.489c27–490a5。
32. 有關此部分可參《華嚴經‧賢首品》（T9, no.278, pp.432c18–441c19）。

> 一切眾生，欲令一切離險道恐怖……。復次，善男子！我出
> 生現在正念法門，名字輪法門，故出現一切眾生等身，種種
> 方便隨其所應，除滅恐怖而為說法，令發阿耨多羅三藐三菩
> 提心，得不退轉，未曾失時。善男子！我唯知此菩薩大悲法
> 門光明之行，……[33]

此一段引文，乃是〈入法界品〉「觀音章」中，觀音菩薩自述其法門的主要內容。引文中，共有三次提到「大悲法門光明之行」，由此可知，觀音菩薩所行所成就的法門，是大悲法門光明行，亦即是大悲行門，此即吾人所知的大悲法門，故以大悲法門簡稱之。

由上述引文，已可得知觀音菩薩所成就的是大悲法門，且以此大悲法門度化眾生。若將上述引文加以歸納，有四點：

（一）觀音菩薩所成就的是大悲法門

（二）以此大悲法門教化成熟一切眾生

（三）以「隨所應化，普現其前」之方式度化眾生

（四）教化內容以四攝法等攝化眾生

此中「隨所應化，普現其前」，可說是此法門特色之所在，亦即此法門何以稱為「大悲法門」，乃根源於「隨所應化，普現其前」之攝化眾生。故此門被稱為「大悲法門」。

---

33. T09, no.278, p.718b9–28。另有關六十《華嚴經》與八十《華嚴經》有關此段之譯文略有不同，請參附錄（一）。

　　至於觀音菩薩以什麼內容來教化眾生，其教化內容應是無量無邊的，「觀音章」中以四攝法來作代表說明。[34]

　　觀音菩薩藉由妙身之普現，目的在於除眾生之恐怖，[35] 令得不退轉。如身放光明網，可除滅眾生諸煩惱熱等。

　　所謂大悲法門之「大悲」，是指同體悲、無緣悲，如法藏《探玄記》對六十卷《華嚴經》「大悲法門光明行」所作之解釋，其云：

> 大悲者，是同體悲也，又是無緣悲也，故名大悲。……光明之行者，以悲光益物，故以成行。天竺本名一切佛悲密智藏解脫。解云：以巧悲密攝眾生故也。[36]

　　另外，澄觀依八十卷《華嚴經》作如下解釋，其云：

> 平等教化，即是大悲；以同體悲，故云平等。相續不斷，即是行門；又門即普門，普門示現，曲濟無遺。[37]

　　從上述二段引文，法藏和澄觀對大悲之解釋，基本上，是相同的，同樣以「同體悲」、「無緣悲」說明大悲。由於法藏與澄觀所依據《華嚴經》經文略有不同（六十卷、八十卷），[38] 澄觀更就「平等教化一切眾生，相續不斷」之經文，來解釋大悲行門，如

---

34. 四攝是指布施、愛語、利行、同事。有關六十《華嚴經》、八十《華嚴經》之翻譯情形，可參附錄（一）。有關四攝內容，可說遍佈整部《華嚴經》。

35. 指十八恐怖，詳可參附錄（二）。

36. T35, no.1733, p.472a8–12。

37. T35, no.1735, p.940a23–25。

38. 參附錄（一）。

　　第二段引文所言「平等教化，即是大悲；以同體悲，故云平等」。換言之，因為是同體悲，所以能平等教化；同理，因為平等教化，而顯示了同體大悲。因此，可知平等即大悲，大悲即平等，此也呼應了〈十迴向品〉之第七迴向「等隨順一切眾生迴向」，[39]顯示觀音菩薩以同體大悲心、平等心隨順於一切眾生。以此大悲心、平等心攝化眾生相續不斷之行門，稱之為大悲行門。隨其所應化，而普現其前，亦即是普門示現，曲濟無遺。

　　至此，吾人可得知所謂「大悲」、「平等」、「普門」，可說是同義詞，皆用以顯示觀音菩薩攝化眾生之無遺，《華嚴經》稱之為「大悲行門」、「大悲法門」，《法華經》以「普門」稱之，可說有異曲同工之妙，皆顯示了觀音菩薩以平等心教化眾生，所以稱為大悲普門。

　　觀音菩薩為了教化成熟一切眾生，常於一切諸佛所住，隨其所應化，普現眾生前。換言之，菩薩示現種種身來化度眾生，此等之示現是隨眾生之需要而示現之，如〈入法界品〉云：

> 善男子！我已成就大悲法門光明之行，教化成熟一切眾生。常於一切諸佛所住，隨所應化，普現其前。或以惠施攝取眾生，乃至同事攝取眾生；顯現妙身不思議色攝取眾生，放大光網除滅眾生諸煩惱熱，出微妙音而化度之，威儀說法，神力自在，方便覺悟，顯變化身，現同類身，乃至同止攝取眾生。[40]

---

39. 參 T09, no.278, p.521a18–b5。

40. T09, no.278, p.718b9–14。此段引文對於觀世音菩薩普門之示現與八十卷《華嚴經》略有不同，八十卷《華嚴經》所述較完備，參見附錄（一）。

　　此只是略要地說明菩薩為化度成熟眾生所作的示現，所謂「隨所應化，普現其前」，換言之，菩薩隨所應化之眾生而有種種示現，表現出菩薩大悲普門示現之精神。但〈入法界品〉對此普門示現並未進一步作詳細之描述，只言「顯現妙身不思議色攝取眾生，……顯變化身，現同類身」，至於示現哪些身，吾人無法從〈入法界品〉得知，只能大原則地了解普現其身。[41]

　　若欲進一步明了菩薩之種種示現，可由《華嚴經‧十地品》之第八地菩薩種種示現作輔助說明，[42] 如〈十地品〉云：

> 善分別眾生身，善觀所應生處，隨眾生身而為受身。是菩薩身滿三千大千世界，隨眾生身各各差別，譬如日月於一切水皆現其像，若二若三，乃至無量無邊不可思議不可說三千大千世界身遍其中，隨眾生身差別而為受身。[43]

---

41. 雖說大原則地顯示其身，其實所含內涵極廣，依澄觀之看法，等同於《法華經》〈普門品〉所示現之三十五應身，甚至超過〈普門品〉內涵，如《華嚴經疏》云：「別明普現之義，有十一句，方《法華經》三十五應。乍觀似少，義取乃多。彼（指《法華經》）三十五應，但是此（指《華嚴經》）中或現色身及說法耳」（T35, no.1735, p.940b3–5）。換言之，《法華經》〈普門品〉之三十五應，只是《華嚴經》〈入法界品〉十一句之「現色身及說法」兩句而已。此顯示了〈入法界品〉所明觀世音菩薩之普現內涵極廣極深的。

42. 如月稱菩薩依所造之《入中論》，於第八地強調菩薩之自在普現，如其云：「數求勝前善根故，大士當得不退轉，入於第八不動地，此地大願極清淨。諸佛勸導起滅定，淨慧諸過不共故，八地滅過及根本，已淨煩惱三界師，不能得佛無邊德，滅生而得十自在，能於三有普現身」（參法稱譯，《入中論》，頁89–91，慧炬，1986）。

43. T09, no.278, p.565a28–b5。有關華嚴十地思想之探討，可參伊藤瑞叡，《華嚴菩薩の基礎的研究》、神林隆淨著，《菩薩思想之研究》（許洋主譯）第六章，頁261–305（《世界佛學名著譯叢》65、66，1984）。

此說明菩薩隨眾生差別身而為受身，其所現之身是無量無邊不可思議不可說的，譬如日月普現於一切水中。接著，〈十地品〉對於此等普現之身作具體之說明，如其云：

> 是菩薩成就如是智慧，於一世界，身不動搖，乃至不可說諸佛世界，隨眾生身，隨所信樂，於佛大會而現身像：
> 若於沙門中，示沙門形色；婆羅門中，示婆羅門形色；
> 剎利中，示剎利形色；居士中，示居士形色；
> 四天王中、帝釋中、魔中、梵天中，示梵天形色；
> 乃至阿迦膩吒天中，示阿迦膩吒形色；
> 以聲聞乘度者，示聲聞形色；
> 以辟支佛乘度者，示辟支佛形色；
> 以菩薩乘得度者，示菩薩形色；
> 以佛身得度者，示佛身形色。
> 所有不可說諸佛國中，隨眾生身信樂差別現為受身，
> 常住平等。[44]

此明菩薩隨眾生所信樂差別而現種種身，引文中列舉了十種示現身，此十種示現，約略可分為：人（沙門、婆羅門、剎利、居士）、天（四天王、帝釋、魔、梵天，乃至阿迦膩吒天）及四聖（聲聞、緣覺、菩薩、佛）。菩薩雖現種種差別身，而實遠離身相差別，於身不動常住平等。另外，菩薩對於所現諸身清清楚楚，且自在的，如〈十地品〉云：

> 是菩薩知眾生身，知國土身，知業報身，知聲聞身，知辟支佛身，知菩薩身，知如來身，知智身，知法身，知虛空身。
> 是菩薩如是知眾生深心所樂，若於眾生身作己身；若於眾生

---

44. T09, no.278, p.565b5–16。

身作國土身、業報身、聲聞身、辟支佛身、菩薩身、如來身、
智身、法身、虛空身。若於國土身作己身、業報身，乃至虛
空身。若於業報身作己身，乃至虛空身。若於己身作眾生身、
國土身、業報身、聲聞身、辟支佛身、菩薩身、如來身、智
身、法身、虛空身。是菩薩知眾生集業身、報身、煩惱身、
色身，無色身……。是菩薩善知起如是諸身，則得命自在、
心自在、財自在、業自在、生自在、願自在、信解自在、如
意自在、智自在、法自在。[45]

此明菩薩深知十身（眾生身、國土身、業報身、聲聞身、辟
支佛身、菩薩身、如來身、智身、法身、虛空身），而此十身，
其實象徵著無盡身。菩薩不僅深知此十無盡身，且深知眾生心之
所樂，隨眾生所樂而現種種無盡身，如於眾生身作己身，於眾生
身作國土身、業報身、……虛空身；又如於國土身作己身、業報
身、……虛空身。諸如此類，皆顯示菩薩於十身（無盡身）之自
在無礙，隨處隨時皆可以自在變化示現。

二)《法華經》之普門示現

就《法華經・普門品》的結構而言，主要以兩重問答的方式
表達觀音普門之精神。第一重問答，說明觀音名號之由來（尋聲
救苦）；第二重問答，展現觀音菩薩普門之種種示現（如應以何
身得度者，即現何身而為說法）。

於第一重問答中，將觀音的特色展露無遺，如〈普門品〉云：

---

45. T09, no.278, p.565b16–c8。

　　善男子！若有無量百千萬億眾生受諸苦惱，聞是觀世音菩薩，一心稱名，觀世音菩薩即時觀其音聲，皆得解脫。[46]

此表現了觀音之聞聲救苦，無量百千萬億受諸苦惱眾生，藉由聞名、稱名，皆能感得觀音菩薩之尋聲救苦，並皆能得到解脫。接著，〈普門品〉進一步以解七難、[47] 三毒[48] 及滿二願[49] 來說明觀音尋聲救苦之內容。

---

46. T09, no.262, p.56c5–8。

47. 所謂語業稱名除七災，是指大火、大水、惡風、刀杖、惡鬼、枷鎖、怨賊等七災，眾生面臨此七災，若能稱觀世音菩薩名號則得解脫，如〈普門品〉云：「若有持是觀世音菩薩名號，設入大或，火不能燒，由是菩薩威神力故。若為大水所漂，稱其名號，即得淺處。若有百千萬億眾生為求金銀、琉璃、硨磲、瑪瑙、珊瑚、虎珀、真珠等寶，入於大海，假使黑風吹其船舫，飄墮羅剎鬼國，其中若有乃至一人稱觀世音名者，是諸人等皆得解脫羅剎之難。以是因緣，名觀世音。若復有人臨當被害，稱觀世音菩薩名者，彼所執刀杖尋段段壞，而得解脫。若三千大千國土滿中夜叉羅剎欲來惱人，聞其稱觀世音菩薩名者，是諸惡鬼尚不能以惡眼視之，況復加害。設復有人，若有罪若無罪，杻械枷鎖檢繫其身，稱觀世音菩薩名者，皆悉斷壞，即得解脫。若三千大千國土滿中怨賊，有一商主，……應當一心稱觀世音菩薩名號，是菩薩能以無畏施於眾生，汝等若稱名者，於此怨賊當得解脫。……」（T09, no.262, p.56c8–28）

48. 所謂意業存念除三毒，是指貪、瞋、癡等三毒。如〈普門品〉云：「若有眾生多於婬欲，常念恭敬觀世音菩薩，便得離欲；若多瞋恚，常念恭敬觀世音菩薩，便得離瞋；若多愚癡，常念恭敬觀世音菩薩，便得離癡。」（T09, no.262, p.57a1–5）

49. 所謂身業禮拜滿二願，是指求生男、生女，如〈普門品〉云：「若有女人設欲求男，禮拜供養觀世音菩薩，便生福德智慧之男；設欲求女，便生端正有相之女。」（T09, no.262, p.57a7–9）

　　關於觀音菩薩之種種示現，在《法華經‧普門品》中，有更具體之描述，如其云：

> 若有國土眾生，應以佛身得度者，觀世音菩薩即現佛身而為說法；應以辟支佛身得度者，即現辟支佛身而為說法；應以聲聞身得度者，即現聲聞身而為說法；應以梵王身得度者，即現即現梵王身而為說法；應以帝釋身得度者，即現即現帝釋身而為說法；應以自在天身得度者，即現即現自在天身而為說法；應以大自在天身得度者，即現即現大自在天身而為說法；應以天大將軍身得度者，即現即現天大將軍身而為說法；應以毗沙門身得度者，即現即現毗沙門身而為說法；應以小王身得度者，即現即現小王身而為說法；應以長者身得度者，即現即現長者身而為說法；應以居士身得度者，即現居士身而為說法；應以宰官身得度者，即現即現宰官身而為說法；應以婆羅門身得度者，即現即現婆羅門身而為說法；應以梵王身得度者，即現即現梵王身而為說法；應以比丘、比丘尼、優婆塞、優婆夷身得度者，即現比丘、比丘尼、優婆塞、優婆夷身而為說法；應以長者、居士、宰官、婆羅門婦女身得度者，即現婦女身而為說法；應以童男、童女身得度者，即現童男童女身而為說法；應以天、龍、夜叉、乾闥婆、阿修羅、迦樓羅、緊那羅、摩睺羅伽、人、非人等身得度者，即皆現之而為說法；應以執金剛神得度者，即現執金剛神而為說法。[50]

　　在此引文中，〈普門品〉共列舉了三十五應身，一般視為三十二身，此實乃「應以長者、居士、宰官、婆羅門婦女身得度者，即現婦女身而為說法」，以婦女身視之，則成三十二身之說法。

---

50. T09, no.262, p.57a23–b19。

而實際上，有長者婦女、居士婦女、宰官婦女、婆羅門婦女身等四身，此則成三十五身。再者，若將此四種婦女身加以細分，又可分太太及女孩，則婦女身有八種，如此一來，則成了三十九應身。[51] 此在在顯示了菩薩之示現，只是一種略舉而已。

有關觀音菩薩之聞聲救苦普門示現，依天台之看法，其主要建構在圓教中道正觀上，此可從天台以十普解釋「普」字可得知，如《法華文句》云：

> 普者，周遍也。諸法無量，若不得普，則是偏法；若得普者，則是圓法。……略約十法明普，得此意已，類一切法無不是普。所謂：慈悲普、弘誓普、修行普、離惑普、入法門普、神通普、方便普、說法普、成就眾生普、供養諸佛普。[52]

此點出了所謂「普」，即是指圓法，若非圓法，則不足以稱之為普。其中所列舉的十普（慈悲普～供養諸佛普），只是一種代表而已，而實際上是指觀音菩薩於所有一切法皆能普遍圓融。接著，從其對此十普所作的一一解釋中，更可得知其與圓教中道之關係，如其云：

> 始自人天，終至菩薩，皆有慈悲，然有普有不普。生（指眾生緣慈）、法（指法緣慈）兩緣慈體既偏，被緣不廣，不得

51. 參見《華嚴經疏鈔》（T36, no.1736, pp.680c7–681a1）。

52. T34, no.1718, p.145b9–15。在《觀音玄義》以十雙來「觀世音」「普門」（T34, no.1718, pp.877a27–892a9），頗值參考。另可參見拙文〈《觀音玄義》性惡問題之探討〉（《中華佛學學報》第五期，頁 175–178），或參拙著《天台緣起中道實相論》第八章之論述（東初出版，1985）。

稱普。無緣（指無緣慈）與實相體，其理既圓，慈靡不遍，如磁石吸鐵，任運相應，如此慈悲遍薰一切，名慈悲普。[53]

此就「慈悲普」明之，顯示無緣慈悲才能代表慈悲普，因為無緣慈悲是以實相為理體，而無緣慈之理既圓，那麼其慈悲當然是周遍的。雖然從人天至菩薩皆有慈悲，但不能普，因為有所偏故，未能與中道實相相應故。

另外，有關餘九普則略引如下：

弘誓普者，……若約無作四諦者，名弘誓普。
修行普者，……理智歷法而修行者，無行而不普也。
斷惑普者，……若用一切種智斷無明者，五住皆盡，
　　　　　　如除根本，名斷惑普。
入法門普者，……若入王三昧，一切三昧悉入其中，
　　　　　　不起滅定現諸威儀，故名法門普。
神通普者，……若緣實相修者，一發一切發。……
方便普者，……逗機利物，稱適緣宜，一時圓遍，
　　　　　　雖復種種運為，於法性實際而無損減，
　　　　　　是名方便普。
說法普者，能以一妙音稱十法界機，隨其宜類俱令解脫，
　　　　　　如修羅琴，故名說法普。
成就眾生普者，一切世間及出世間所有事業，皆菩薩所為，
　　　　　　鑿井造舟、神農嘗藥、雲蔭日照，利益眾生，
　　　　　　乃至利益一切賢聖示教利喜，令入三菩提，是名
　　　　　　成就眾生普。
供養諸佛普者，若作外事供養，以一時、一食、一花、一香，
　　　　　　普供養一切佛，無前無後，一時等供，於一塵中

---

53. T34, no.1718, p.145b15–19。

> 出種種塵亦復如是。若作內觀者，圓智導眾行，
> 圓智名為佛，眾行資圓智，即是供養佛。[54]

　　從上述引文所略舉餘九普，可知其皆扣緊「無作四諦、圓智、一切種智、王三昧、實相、圓遍、稱十法界機、一切事業、一時等供」來顯示普，換言之，觀音菩薩皆秉持圓理、圓智乃至圓供養來實踐大悲行。

　　從前面對觀音之聞聲救苦普門示現論述中，亦可得知此關係著觀音與眾生間之感應關係，眾生藉由聞名、稱名而感得觀音之普應。

　　對於感應問題，實是一錯綜複雜問題，天台以顯感顯應、顯感冥應、冥感顯應、冥感冥應來論述之。[55] 由於篇幅之關係，無法於此多申述。[56]

　　若站在法華的觀點而言，所有眾生之機，皆是妙機；一切諸佛之應，皆是妙應。此即是所謂的「感應妙」。觀音菩薩於《法華經》之普門示現，即是呈現此妙機妙應。

四、大悲普門之時代意義

　　由上述之論述，《華嚴經》藉由善財童子之參訪觀音菩薩，向觀音菩薩請教已發心之菩薩，如何學菩薩道？如何修菩薩行？

---

54. T34, no.1718, p.145b19–23。

55. 參《法華玄義》：「感應妙」、「同體悲」（T33, no.1716, pp.746c12–749c25）。對天台而言，有關菩薩之感應，可展開為64800種之機應（T33, no.1716, p.748c10–16）。

56. 有關此部份，另以專文處理之。

觀音菩薩以其修行之親身經驗，告訴善財童子應修大悲行。也因觀音菩薩自己本身修大悲行，且以大悲行圓滿佛道，所以能以四攝法、種種身普門示現於眾生前。《法華經》則將觀音菩薩之種種示現，以更具體方式表現出來，觀音菩薩之三十二化身即是最佳之明證。觀音菩薩此種大悲平等普門示現之精神，是值得吾人之學習的。以下主要從二方面：一、平等心懷，二、圓滿殊勝，來說明觀音大悲普門之現代意義。

一）平等心懷

從觀音菩薩其本身實踐大悲行，且以大悲行教導善財童子圓滿菩薩道，又以種種因緣普門示現於眾生前，此在在顯示了觀音菩薩大悲平等心懷。然而，此大悲平等心懷卻是吾人當今社會所欠缺的。

人類雖已邁入二十一世紀，物質文明頗為興盛，但人類的心靈卻是極度之空虛，如人與人之間、人與自然之間皆呈現極度的疏離，而各種文明病（如失眠、焦慮、憂鬱、燥鬱、自殺……）也愈來愈趨嚴重，且天災人禍接踵而至，人們生活於種種恐怖、焦慮中，受種種煩惱所逼迫著。此問題主要根源於人們之間的疏離，人人以自我為中心，人與人之間缺乏關心、缺乏同情，縱情於物慾、權力中，人們往往想藉由此等物慾權力來消弭內在的空虛。然而事實證明，效果剛好相反，愈投入於物慾中，只是愈顯得心靈之空虛，愈徒增精神之匱乏而已。

觀音菩薩大悲平等心懷，無非是當今文明社會之一劑良藥。吾人若能學習效法觀音菩薩大悲平等心懷，給予人們多一份的關

心、同情,將這份關心擴大,大到冤親平等,大到無緣慈悲、同體大悲,此即是大悲心,亦即是觀音菩薩大悲平等心懷。

二)圓滿殊勝

觀音菩薩此種大悲平等心懷,是極圓滿極殊勝的。依天台宗、華嚴宗的教理來說,人人本具觀音菩薩大悲平等心,只因無明物慾蒙蔽了,人人若能開發此大悲平等心,人人效法觀音菩薩大悲平等心,生起大悲心,修大悲行,那麼人人將是觀音菩薩,如楊枝淨水遍灑三千大千世界,讓熱惱所逼迫的世界頓時化為清涼池。

再者,以修學佛道來說,秉持觀音菩薩大悲平等心懷,學習觀音菩薩大悲行門,起大悲行,即能圓滿佛道。因此,可知觀音菩薩大悲行門,是圓滿殊勝的。如《華嚴經·普賢行願品》云:

> 諸佛如來,以大悲心而為體故,因於眾生而起大悲;因於大悲,生菩提心;因菩提心,成等正覺。譬如曠野沙磧之中,有大樹王,若根得水,枝葉花果悉皆繁茂;生死曠野菩提樹王,亦復如是,一切眾生而為樹根,諸佛菩薩而為花果,以大悲水饒益眾生,則能成就諸佛菩薩智慧華果。何以故?若諸佛菩薩以大悲水饒益眾生,則能成就阿耨多羅三藐三菩題故,是故菩提屬於眾生;若無眾生,一切菩薩終不能成無上正覺。善男子!汝於此義,應如是解,以於眾生,心平等故,則能成就圓滿大悲;以大悲心,隨眾生故,則能成就供養如來。[57]

---

57. T10, no.293, p.846a13–25。

此點出了眾生（樹根）、大悲心（水）、佛果（華果）之關係，顯示諸佛之所成就來自於眾生，因有眾生，所以有菩提華果（無上正覺）；反之，若無眾生，則無佛果。所以菩薩因眾生而起大悲，因大悲而生菩提心，因菩提心而成佛。眾生猶如菩提樹之根，菩薩不斷地以大悲水饒益之，故能令菩提樹之華果繁茂。同樣地，若能於眾生起平等心，則能圓滿大悲。由此可知，觀音菩薩大悲行門是圓滿殊勝的。學習觀音菩薩大悲行門，即能圓滿佛道；學習觀音菩薩之平等心，即能圓滿大悲行。

五、結語

從本論文對《華嚴經》、《法華經》、華嚴宗、天台宗等所作之探討，可得知觀音菩薩所修的，是大悲行門；觀音菩薩所成就的，是大悲普門。而此大悲普門之特色，在於平等教化一切眾生；且對眾生之教化，是綿綿相續無有間斷。此顯示了觀音之大悲，其實就是一種平等心，等心看待一切眾生，等心教化一切眾生。

此大悲普門之等心教化眾生的具體表現，就是普現於眾生前，隨其所應而化導之，猶如月亮普現於千江，形成千江有水千江月。[58] 而觀音菩薩大悲普現於眾生前，且以種種方便善巧來攝化眾生，如現種種身、音聲、說法、神變等。眾生藉由一心稱觀音菩薩名號，則能遠離諸苦惱而得解脫。

---

58. 如《法華玄義》云：「如一月不降，百水不升，而隨河短長，任器規矩，無前無後，一時普現，此是不可思議妙應也」（T33, no.1716, p.749c5–7）。

　　然不論《華嚴經》或《法華經》，皆不約而同的表現了觀音菩薩大悲平等、普門示現之精神；且不論是天台宗或華嚴宗，皆就圓教觀點來論述觀音菩薩，顯示觀音菩薩大悲之平等心，實乃吾人之本心。若人人能開啟此大悲心、平等心，即是落實於觀音菩薩大悲行門。藉由觀音菩薩這種大悲心、平等心之引導，猶如明燈，照亮世界，引領著吾人，邁向康莊大道，化解人類之疏離、爭鬥、恐怖、殺盜等災難。

　　因此，吾人若能學習觀音菩薩之大悲行，即能圓滿一切；若能學習觀音菩薩之平等心，即能圓滿大悲行。所以，藉由觀音菩薩大悲普門，起吾人之大悲平等心。

附錄（一）　六十卷、八十卷《華嚴經》對照表

六十卷《華嚴經》 T09, 718b	八十卷《華嚴經》 T10, 367a	備註
我已成就大悲法門光明之行	我已成就菩薩大悲行解脫門	六十卷《華嚴經》大悲法門明之，八十卷《華嚴經》大悲行門明之。
	善男子！ 我以此菩薩大悲行門	
教化成熟一切眾生	平等教化一切眾生，相續不斷	
	善男子！我住此大悲行門	
常於一切諸佛所住	常於一切諸如來所	
隨所應化，普現其前	普現一切眾生之前	
或以惠施攝取眾生， 乃至同事攝取眾生	或以布施，攝取眾生 或以愛語 或以利行 或以同事，攝取眾生	略廣之別
	或現色身，攝取眾生	
顯現妙身不思議色攝取眾生 放大光網除滅眾生諸煩惱熱	或現種種不思議色、淨光明網，攝取眾生	
出微妙音而化度之	或以音聲	
威儀	或以威儀	
說法	或為說法	
神力自在	或現神變，令其心悟，而得成熟	
顯變化身，現同類身，乃至同止，攝取眾生	或為化現同類之形，與其共居而成熟之	

附錄（二） 十八無畏對照表（T09, 718b 和 T10, 367a）

六十卷《華嚴經》	八十卷《華嚴經》	備註
	願常救護一切眾生	
1.欲令一切眾生離險道恐怖	1.願一切眾生離險道怖	
2.熱惱恐怖	2.離熱惱怖	
3.愚癡恐怖	3.離迷惑怖	
4.繫縛恐怖	4.離繫縛怖	
5.殺害恐怖	5.離殺害怖	
6.貧窮恐怖	6.離貧窮怖	
7.不活恐怖	7.離不活怖	
8.諍訟恐怖	8.離惡名怖	
9.大眾恐怖	10.離大眾怖	次第
10.死恐怖	9.離於死怖	對調
11.惡道恐怖	11.離惡趣怖	
12.諸趣恐怖		
	12.離黑闇怖	
13.不同意恐怖	13.離遷移怖	
14.愛不愛恐怖	14.離愛別怖	
	15.離怨憎怖	
15.一切惡恐怖		
16.逼迫身恐怖	16.離逼迫身怖	
17.逼迫心恐怖	17.離逼迫心怖	
18.愁憂恐怖	18.離憂悲怖	
復次善男子 我出生現在正念法門 名字輪法門 故出現一切眾生等身	復作是願 願諸眾生若念於我 若稱我名若見我身 皆得免離一切恐怖	差別大
種種方便	善男子！我以此方便	
隨其所應 除滅恐怖	令諸眾生離怖畏已	
而為說法		
令發……	復教令發	

參考書目

一、原典資料

〔晉〕佛陀跋多羅譯，《華嚴經》，T9，no.278。

〔唐〕實叉難陀譯，《華嚴經》，T10，no.279。

〔姚秦〕鳩摩羅什譯，《法華經》，T9，no.262。

〔隋〕智顗，《法華玄義》，T33，no.1716。

〔隋〕智顗，《法華文句》，T34，no.1718。

〔隋〕智顗，《觀音玄義》，T34，no.1726。

〔隋〕智顗，《觀音義疏》，T34，no.1726。

〔隋〕智顗，《請觀音疏》，T39，no.1800。

〔宋〕智圓，《請觀音疏闡義鈔》，T39，no.1801。

〔宋〕知禮，《觀音玄義記》，T34，no.1727。

〔宋〕知禮，《觀音義疏記》，T34，no.1729。

〔唐〕智儼，《華嚴經搜玄記》，T35，no.1732。

〔唐〕法藏，《華嚴經探玄記》，T35，no.1733。

〔唐〕澄觀，《華嚴經疏》，T35，no.1735。

〔唐〕澄觀，《華嚴經疏鈔》，T36，no.1736。

〔唐〕法藏，《華嚴一乘教義分齊章 》，T45，no.1866。

〔唐〕玄奘，《大唐西域記》，T51,no.2087。

二、專書論文

後藤大用

　　1989　《觀世音菩薩の研究》。東京：山喜房佛書林。

　　1987　《觀世音菩薩本事》，黃佳馨譯。台北：天華出版社。

速水侑

　　2002　《觀音信仰》。東京：塙書房，九刷。

西義雄

　　1968　《大乘菩薩の研究》。東京：平樂寺。

久保繼成

　　1987　《法華經菩薩思想の基礎》。東京：春秋社。

伊藤瑞叡

　　1988　《華嚴菩薩の基礎的研究》。東京：平樂寺。

神林隆淨

　　1984　《菩薩思想的研究》《世界佛學名著叢書》65、66，許洋主譯。

于君方

　　1995　〈「偽經」與觀音信仰〉《中華佛學學報》第 8 期，頁 97–135。

Yu, Chun-fang

　　2001　*Kuan-yin: The Chinese Transformation of Avalokiteśvara.* New York : Columbia Universty Press.

　　1997　"Ambiguity of Avalokiteśvara and Scriptural Sources for the Cult of Kuan-yin in China."《中華佛學學報》第 10 期，頁 409–464。

鄭僧一
　1987《觀音—半個亞洲的信仰》《世界佛學名著譯叢》77，鄭
　　　振煌譯。台北：華宇出版社。

曹仕邦
　2002　〈淺論華夏俗世婦女的觀世音信仰—兼論這位菩薩的性
　　　別問題〉《中華佛學學報》第 10 期，頁 155–175。

孫昌武
　1996　《中國文學中的維摩與觀音》。北京：高等教育出版社。

陳英善
　1996　《華嚴無盡法界緣起論》。台北：華嚴蓮社。
　1995　《天台緣起中道實相論》。台北：東初出版。
　1992　〈《觀音玄義》性惡問題之探討〉《中華佛學學報》第 5
　　　期，頁 173–191。

《楞嚴經》「觀音法門」及其現代意義之闡發

胡健財

台灣·華梵大學
中國文學系副教授

摘　要

　　本文從《楞嚴經》說明「觀音法門」的旨要，並從自利利他的觀點探討「觀音法門」的現代意義。「觀音法門」代表觀音菩薩自利利他的悲智雙運，《楞嚴經》則是敘述觀音菩薩學習古佛發菩提心，從三摩地入流亡所，解六結，越三空，以證「寂滅現前」，進入無生法忍；並因此有上合十方諸佛同一慈力與下合一切眾生同一悲仰的妙證，以及三十二應、十四無畏與四不思議的妙用，因此，本文藉著介紹「耳根圓通」的修行功夫、修證次第與全體大用，以見《楞嚴經》「觀音法門」不但屬於「自利」，而且更是具有「利他」的精神，這是有別於傳統把《法華經‧普門品》視為「利他」，而《楞嚴經》「耳根圓通章」是「自利」的看法。此一觀點之闡發，一方面有助我們對《楞嚴經》的瞭解，另一方面，也加深我們對「觀音法門」的認識。今天，我們提倡「觀音法門」，是要闡明這個法門的旨意，並且在現代生活中，學習觀音菩薩的精神，以智慧、慈悲、信心與願力，成就無上正等正覺之菩提佛果，參與社會建設，造就人間淨土。

一、緒論

觀音菩薩是從梵文意譯而來，此外，還有觀自在、觀世音、光世音等稱號。[1] 稱為觀音菩薩的原因有二：一是「觀聲救苦」，這是根據《法華經・普門品》著重於菩薩觀於世間音聲，眾生一心稱名，與菩薩的大願相應，便能得度，是從「顯用」與「聖應」的角度來說，是利他的法門。[2] 二是「觀聲反聞」，根據《楞嚴經》的說法，則是敘述因中自修。即觀音菩薩所觀的對象，是音聲背後的聞性，這是自修的法門。[3] 綜合自利與利他兩種說法，同彰觀音菩薩「耳根」的殊勝，是「圓滿覺悟」與「圓滿應化」的稱號。

---

1. 觀世音的梵名是 Avalokitesvara，觀音是觀世音的簡稱。譯作觀世音、觀音，除《大佛頂首楞嚴經》外，如《妙法蓮華經》，《悲華經》，《華嚴經》，《觀無量壽經》等，均作是譯。譯作光世音則有《正法華經》。觀自在之名義，主要是以《般若波羅蜜多心經》為代表，這是玄奘之翻譯，不同之譯語，可能是原來之梵本即有此分別。

2. 《指掌疏》曰：「如《法華經・普門品》佛答無盡意云：『若有眾生受諸苦惱，一心稱名，菩薩即時觀其音聲，皆得解脫。』是知能觀者耳根，所觀者指世間稱名音聲，此偏約果中利他言之。觀聲反聞者，如後結答圓通文云：『我從耳門，因入流相，得入三摩提，彼佛如來於大會中，授記我為觀世音號。』是知『世音』二字，通該世間音聲，但於正觀之時，不復循塵，惟假之以反觀聞性，此偏約因中自修言之。」見《卍續藏經》，冊 17，頁 507。

3. 《楞嚴經貫珠》曰：「納聲為聞，達理為觀，特取達理，故於世音不言聞而言觀；又所達之理，非音聲之理，乃耳根中性理，但托音聲，以彰聞性，故又不言觀耳根，而稱觀世音。」頁 507。

　　因此,聖嚴法師說:「『觀音法門』包含兩重意義、兩重法要。
其一、涉及觀世音菩薩修行成佛的獨特法門。過去遠劫以前,即
有一名『觀音古佛』,以修行『聞根圓通法門』,而究竟證成佛果。
以是,一代一代,教他的弟子也修習『聞根圓通法門』,入佛深
智。由觀音古佛所教導出的弟子也便依他獨持的修行法門,名為
『觀世音菩薩』。……『觀音法門』的另一重要意義即出自《法華
經》－－觀音,意思是能以耳朵聽聞聲音種種類類,各式各樣的
眾生聲音,他都能於同一頃刻、同一時間內,剎那聽聞而普遍施
以救拔。」[4]

　　然而,這兩重意義與法要是否由《楞嚴經》「耳根圓通章」
與《法華經·普門品》分別代表?筆者研究的結果以為:自利即
是利他,利他中有自利。而且,對照兩本經典的說法,也顯示二
者是相通。專就《楞嚴經》而言,「耳根圓通章」是敘述觀音菩
薩的妙用有三十二應、十四無畏與四不思議。三十二應與〈普門
品〉三十三身只是分合有不同,至於圓應群機與度脫眾生的動機
則是沒有差別;十四無畏與〈普門品〉稱名脫苦,觀音菩薩觀聲
救濟之七難,也是同為菩薩夙具的悲願;四不思議亦如〈普門品〉
讚嘆觀音菩薩具有大威神力,多所饒益。因此,這兩部經典是可
以相互發明。本文即此而論,從《楞嚴經》探討「觀音法門」,
不但論述它的自利之因,也探討利他之果,並因而說明在現代生
活之中,「觀音法門」的精神價值。總之,信仰觀音菩薩,是要
學習菩薩的精神,眾生不以自私的心情來修持這個法門,才能與
菩薩的心願相應,才能悟入自性,自利自他,成就無上之菩提大

---

4. 見聖嚴法師口述、梁寒衣整理,《聖嚴法師教觀音法門》,頁 23-24。

道。涵容觀音精神，學習觀音情懷，一種悠然自足，無限悲憫的心情，在不知不覺之中，正悄然誕生，是本文寫作的初衷。

二、《楞嚴經》「耳根圓通」修證的原理與方法及其禪修精神之闡發

《楞嚴經》的全稱是《大佛頂如來密因修證了義諸菩薩萬行首楞嚴經》，或簡稱《大佛頂首楞嚴經》，這是一部立足於如來藏心，依真心作為修證基礎的經典，一經大旨，可歸納為「頓悟漸修」四字。[5] 頓悟是了悟真心，漸修是本於頓悟之後，以不退轉之心，生信起解，勵於真修，得證於果。因此，如實信解，即修成證，稱為「悟」；顛倒於夢想，受困於細惑，認假為真，逐物遷流，則是「迷」。修行之要，在於識妄而捨妄，知真而歸真，仔細而言，是掌握真修的根本，作為修行的依據；更要認清煩惱之所在，纔不致被妄心所牽制，達到解脫的目的。

一)《楞嚴經》的修證原理[6]

(一) 體認真心

何謂「真心」？《楞嚴經》自卷一至卷四前半稱為「見道分」，

---

5. 參胡健財，〈《大佛頂首楞嚴經》「耳根圓修」之研究〉，頁 1。

6. 參胡健財，〈從《楞嚴經》論禪修對身心管理的啟示〉，該文從以下四點闡發修行的原理：「一、發明真心是修行的關鍵；二、六根是煩惱的賊媒，也是解脫的大道；三、慎選圓通與一門深入；四、戒行清淨是修行的立足點。」

說明修證的根源在於發明真心。[7] 「七處徵心」是阿難徵「心」之所在全被如來判為「妄心」，[8] 「十番辨見」是針對見性而論真心的體認，[9] 「廣會四科」是極顯萬法相妄而性真，非因緣生，非自然有，[10] 「遍融七大」是暢談萬法之周遍圓融，非和合非不和合。[11] 而《楞嚴經》卷二之中，有一段文字最足以說明該經對萬法存有的觀點：

> 一切浮塵諸幻化相，當處出生，隨處滅盡，幻妄稱相，其性真為妙覺明體。如是，乃至五陰、六入，從十二處，至十八界，因緣和合，虛妄有生，因緣別離，虛妄名滅。殊不能知：生、滅、去、來，本如來藏，常住妙明，不動周圓，妙真如性。性真常中，求於去來，迷悟生死，了無所得。[12]

所有生滅之法都是虛妄，無生無滅才是真實；因此，生即無生，本來寂滅；換言之，真心無生滅、無出入、無處所、無界限，真心不是一切生滅之法；若於五蘊、六入、十二處、十八界中，有任何一法執著以為「真實」，便是迷真起妄。只因為迷真起妄，所以說「當處出生」；又因為悉皆幻化，所以是「隨處滅盡」。因此，真心是常住──本無去來；妙明──不屬迷悟；不動──本無生滅；

---

7. 《楞嚴經》的正宗分如何分析，古代大德看法很不一致，筆者以為溫陵《楞嚴要解》分為見道分、修道分、證道分、結經分、助道分，可供參考。參胡健財，〈《大佛頂首楞嚴經》「耳根圓修」之研究〉，頁 56–57。

8. 參胡健財，〈從《楞嚴經》「七處徵心」試談佛法之修證〉。

9. 參胡健財，〈從《楞嚴經》「十番辨見」試論真心之體認〉。

10. 參胡健財，〈《楞嚴經》「四科七大」之會融與「常住真心」之體認〉。

11. 同注 10。

12. 見《大正藏》冊 19，頁 114 上。

周圓─無處不在。具有四種功德,稱為「妙真如性」。「妙」是不可思議;真如之性,即是如來藏。「如」是真心不變之體,「來」是真心隨緣之用;不變常隨緣,隨緣恆不變,如來之性,含藏於眾生心中,稱為「如來藏」。換言之,真心遍於一切,即於一切法中了解真心,而又不執著於一切法即是真心,沒有可以稱為「心」的東西,卻又相信有「真心」的存在,離一切相,即一切法,當下認取,當下寂滅。觀相元妄,論性則真。於是,真心是超越「對立」,離卻一切因緣;在萬法中體會,卻又不等同於萬法。

修行是依於對「真心」的如實信解,因信而解,依解而信,並以此真實的信解作為修證的根本,成佛之正因,這樣,即解成行,因修而證,以至於究竟,才能圓滿證果。

(二)從根解結

《楞嚴經》主張「六根」是煩惱的根源,也是解脫的關鍵。因為根塵相對,彼此互有,所謂「由塵發知,因根有相」,[13] 這當中,雖然兩者都是虛妄,但「根」是偏於主體的生命,「塵」是重在客觀的世界;但是,凡夫以為:離塵無所見,離根無能見,不知道所執者是妄境,能分別者是妄心;於是,妄境薰妄心,妄心取妄境,和合妄生,和合妄死,隨業流轉,真心便因此迷失。

虛妄結處何以在「根」?不在「塵」與「識」?本經卷五云:

---

13. 見《大正藏》冊 19,124 下。

> 根塵同源，縛脫無二，識性虛妄，猶如空華。[14]
> 由塵發知，因根有相，相見無性，同於交蘆。[15]

若從源頭上看，不但「根塵同源」，「識性虛妄」，識性亦同源，根塵亦虛妄，只是文字互略而已。根、塵、識三者彼此相依，都是虛妄；而且，世間萬法，依《楞嚴經》來看，也盡是虛妄。「虛妄」是本無所有，唯有從「相妄」之中，體察「性真」，方才不受生死相續，免於輪迴之苦。

其次，生命之所以流轉生死，是因為起惑造業，因而受報。然而，業是由心識所感所造，而心識的生起，是以六根作為依止，正因為六根面對六塵時，執取愛染，認識不清，未能依戒而行，才招致惡果，因此，根門是「結」之所在，也是結之根元，所謂「六為賊媒，自劫家寶」。[16]

因此，《楞嚴經》主張「修行之要」有二。本經卷四云：

> 汝等決定發菩提心，於佛如來妙三摩提不生疲倦，應當先明發覺初心二決定義。云何初心二決定義？阿難！第一義者：汝等若欲捐捨聲聞，修菩薩乘。入佛知見，應當審觀因地發心與果地覺為同為異？[17]
> 第二義者：汝等必欲發菩提心於菩薩乘，生大勇猛，決定棄捐諸有為相。應當審詳煩惱根本，此無始來，發業潤生，誰作誰受？[18]

---

14. 同注13。
15. 同注13。
16. 同注13。
17. 見《大正藏》冊19，122上–中。
18. 見《大正藏》冊19，122下。

一是「審因地發心」，掌握真修的根本，作為修行的依據。二是「審煩惱根本」，認清煩惱之所在，免受妄心之牽制。

從根解結，要能當下把握「知」的能力，具有能力直接、迅速地融入日常的生活之中，轉六塵為淨土，從生活中體驗虛妄與真實。雖然了別，只是很清楚自己面對的境界，知道如何選擇，不生執著，不生盼望，不生追求。這樣，悟則「相」成為「性」，雖然是在相上起修，但生滅法何嘗不是不生滅法！

（三）慎選圓通

慎選圓通，是選擇一個適合自己的修行法門，因為法門無量，眾生根器不一，所以需要慎加選擇。若依「從根解結」的標準，慎選圓通，是把「塵」與「識」排除在外，只餘六根可作比較。其次，解結是從一門深入，因此，是從六根中揀擇一個作為圓通的法門。

於是，《楞嚴經》比較六根的功德。功德是功能德用，因為根性圓融，本無高下，對塵分別，才有不同的作用，因此需要判定優劣，使人知道下手之處。卷四云：

> 總括始終，六根之中，各各功德，有千二百。阿難！汝復於中克定優劣：如眼觀見，後暗前明，前方全明，後方全暗，左右旁觀，三分之二，統論所作，功德不全，三分言功，一分無得，當知眼唯八百功德。如耳周聽，十方無遺，動若邇遙，靜無邊際，當知耳根圓滿一千二百功德。如鼻嗅聞，通出入息，有出有入，而闕中交，驗於鼻根，三分闕一，當知鼻惟八百功德。如舌宣揚盡諸世間出世間智，言有方分，理無窮盡，當知舌根圓滿一千二百功德。如身覺觸，識於違順，合時能覺，離中不知，離一合雙，驗於身根，三分闕一，當

知身唯八百功德。如意默容,十方三世一切世間、出世間法,惟聖與凡,無不包容,盡其涯際,當知意根圓滿一千二百功德。阿難!汝今欲逆生死欲流,返窮流根,至不生滅。當驗此等六受用根,誰合誰離?誰深誰淺?誰為圓通?誰不圓滿?若能於此悟圓通根,逆彼無始織妄業流,得循圓通與不圓根,日劫相倍。[19]

六根之中,誰是合中知?誰是離中知?鼻、舌、身三根是合中知;眼、耳、意三根是離中知。判定:合知難修,離知易入。再從離知三根作研判,誰性深而難測?誰性淺而易知?判定:意根深隱難修,眼、耳淺顯而易入。最後依眼、耳二根作比較,誰用具而圓通?誰用缺而不圓滿?判別標準:具有一千兩百功德是圓通,八百功德即不圓滿。準此而言,只有「耳根」合乎「圓通本根」的要求。關於六根之「知」,表列如下:

六根	功德	知的方式	評價		是否圓滿
鼻	八百	合中知	合知難修		否
舌	一千二百				否
身	八百				否
意	一千二百	離中知	離知易入	深隱而莫測	否
眼	八百			淺顯而易入	否
耳	一千二百				是圓通根

---

19. 見《大正藏》冊 19,122 下–123 上。

二）「耳根圓通」在《楞嚴經》的修證地位

（一）歸元有二十五法門

《楞嚴經》主張：「歸元性無二，方便有多門。」[20] 法門共有二十五個，楞嚴會上，分別由各個大菩薩以及漏盡大阿羅漢一一陳述入道的因緣，自「聲塵圓通」開始，以迄「耳根圓通」為止，稱為「二十五圓通」法門。[21] 茲據經文分為：塵、根、識，大四方面，而「耳根圓通」仍權放於「六根圓通」之中，列表加以說明。

1. 六塵法門

六塵圓通	二十五聖	修證本因
聲塵圓通	憍陳那	妙音密圓
色塵圓通	優波尼沙陀	妙色密圓
香塵圓通	香嚴童子	妙香密圓
味塵圓通	藥王、藥上二法王子	因味覺明
觸塵圓通	跋陀婆羅並其同伴十六開士	妙觸宣明
法塵圓通	摩訶迦葉及紫金光比丘尼等	妙法開明

六塵是色、聲、味、觸、法六種存在，這是因為接觸而有的境界。接觸的方式有六種：眼睛看到的是「色塵」，耳朵聽到的是「聲塵」，鼻根嗅覺的是「香塵」，舌頭品嚐的是「味塵」，身體碰觸的是「觸塵」，心裏所想的是「法塵」。

---

20. 見《大正藏》冊 19，頁 130 上。
21. 《楞嚴經》「二十五圓通」法門，參胡健財，〈《楞嚴經》「二十五圓通」述義〉。

《楞嚴經》中的六塵圓通，就是自六塵中體悟：「觀相元妄，無可指陳」，「觀性元真，唯妙覺明」，[22] 倘能如此，則是修行的圓滿法門。

2. 六根圓通

六根圓通	二十五聖	修證本因
眼根圓通	阿那律陀	旋見循元
耳根圓通	觀世音菩薩	入流亡所
鼻根圓通	周利槃特迦	反息循空
舌根圓通	憍梵缽提	還味旋知
身根圓通	畢陵伽婆	純覺遺身
意根圓通	須菩提	旋法歸無

六根是眼、耳、鼻、舌、身、意。是五個生理作用加上一個心理作用，所謂：在眼為見，在耳為聽，在鼻為嗅，在舌為嚐，在身為覺，在意為知。

六根圓通是以根門作為修行的途徑，此即體察六根的「相妄性真」，了知而不執著。《楞嚴經》以為：六根是煩惱的根本，也是解脫的關鍵；迷則成流轉，悟則成解脫。迷是對於六根的認識不真，悟是了達六根之本空。

六位聖者修行的法門稱為：旋見、反聞、反息、還味、遺身、旋法，都含有「返流全一」的意思。

---

22. 見《大正藏》冊 19，頁 120 下。

3. 六識法門

六識圓通	二十五聖	修證本因
眼識圓通	舍利弗	心見發光，光極知見
耳識圓通	普賢菩薩	心聞發明，分別自在
鼻識圓通	孫陀羅難陀	我以銷息，息久發明
舌識圓通	富樓那彌多羅尼子	法音降魔，銷滅諸漏
身識圓通	優波離	執身自在，次第執心
意識圓通	大目犍連	我以旋湛，心光發宣

六識是眼識、耳識、鼻識、舌識、身識、意識。依於眼根，了別色塵，名為眼識；依於耳根，了別聲塵，名為耳識；依於鼻根，了別香塵，名為鼻識；依於舌根，了別味塵，名為舌識；依於身根，了別觸塵，名為身識；依於意根，了別法塵，名為意識。前五識是感官經驗界的分析，第六識是心理層面的活動。

小乘佛學分析心法有上述的六種，大乘佛學則再加上末那識與阿賴耶識。六識依六根而分，七識與八識則是意識之細分。凡夫因為以「六識」為心，分別一切，不知虛妄，在生活中，常自迷失。若要分別自在，當知「旋湛」，歸於覺性。旋是回歸；湛是不動。歸於覺性，覺性是心，此心須與「清淨」相應，合於佛法。

4. 七大法門

七大圓通	二十五聖	修證本因
火大圓通	烏芻瑟摩	我以諦觀：身心煖觸，無礙流通，諸漏既銷，生大寶焰，登無上覺。

地大圓通	持地菩薩	我以諦觀：身界二塵，等無差別，本如來藏，虛妄發塵，塵銷智圓，成無上道。
水大圓通	月光童子	我以水性，一味流通，得無生忍，圓滿菩提。
風大圓通	琉璃光法王子	我以觀察：風力無依，悟菩提心，入三摩地，合十方佛，傳一妙心。
空大圓通	虛空藏菩薩	我以觀察：虛空無邊，入三摩地，妙力圓明。
識大圓通	彌勒菩薩	我以諦觀：十方唯識，識心圓明，入圓成實，遠離依他及遍計執，得無生忍。
根大圓通	大勢至法王子與其同倫五十二菩薩	我無選擇，都攝六根，淨念相繼，得三摩地。

　　七大是地、水、火、風、空、識、見。[23] 前四大能造作宇宙一切萬有的物質現象，因為四大依空建立，故立「空大」；十法界見聞覺知，都是寄託在六根之中，總名「根大」，現在是以「根大」為例，說明七大都是週遍圓融，清淨光明，無所不在。此外，六大圓融，離識不顯，所以立「識大」。七義之中，總括色心的存在，含攝一切法。都是不變的如來藏性，隨緣而顯用。

---

23. 見大主要是破除凡夫在「見地」的迷執，因此「見道分」中是以「見大」為例；至於「根大」，則從「修道」的立場發揮，因為根大代表「生理」的層次，從根解結，依根圓修，即從對「根大」有透徹的認識來起修。

　　七大圓通是了知一切物質與精神的現象都是「性真」而「周遍」。性真是「性」中一切皆真，周遍是「性」中一切當空。即性即真即空，一切法的存在，無生無滅，稱為「妙有真空」。

（二）耳根得為圓通本根

　　本經卷五記載阿難請示「圓通本根」，如來曾垂詢聖眾：「吾今問汝最初發心，悟十八界，誰為圓通？從何方便，入三摩地？」[24] 因此，二十五聖眾遂有一一陳述入道的因緣。然而，諸位聖眾的修行方法雖然沒有優劣可言，但初心入修，則有難易遲速的分別；因此，佛敕文殊菩薩揀擇，得出耳根具有「三種真實」的殊勝，不與二十四聖同倫。

1. 圓真實

　　我今啟如來：「如觀音所說，譬如人靜居，十方俱擊鼓，十處一時聞，此　則圓真實。」[25]

圓是不偏。文殊菩薩以為：餘門之用，各有偏蔽，只有耳根於十方一時同擊鼓，十處一時俱聽聞，這是有聲則聞，有聞皆遍，沒有遠近前後的差別。因為周遍皆應，赴感不差，所以是「圓真實」。

2. 通真實

　　目非觀障外，口鼻亦復然，身以合方知，[26] 心念紛無緒。

---

24. 見《大正藏》冊 19，頁 125 下。
25. 見《大正藏》冊 19，頁 130 下。
26. 《正脈疏》以為：「口鼻亦復然，身以合方知」二句經文顛倒。見《卍續藏經》，冊 18，頁 671。

> 隔垣聽音響，遐邇俱可聞，五根所不齊，是則通真實。[27]

通是不隔。因為口、耳、鼻、身諸根有接觸才能有知；意根則是意念紛飛，不易掌握它的端緒，都是局限於塵相，唯有耳根是隔著牆垣可聽聲音，而且遠近可聞，是與其他五根有不同，聞性通達，稱為「通真實」。

3. 常真實

> 音聲性動靜，聞中為有無，無聲號無聞，非實聞無性。聲無既無滅，聲有亦非生，生滅二圓離，是則常真實。縱令在夢想，不為不思無。覺觀出思維，身心不能及。[28]

常是不變。世人以為音有是聞生，音無是聞滅，錯將「聲音」昧作「聞性」。其實，聲無只是無聲，聲有則是有聲，而聞性本來常在，非有亦非無；即使是在夢中，聞性也是常在，不因為缺乏思考而不存在，因此，聞性是超乎思惟之外，不是其他五根所能相提並論，所以是「常真實」。

（三）文殊菩薩獨選耳根

耳根實具有圓、真、常三種殊勝的功德，可以稱為「圓通本根」，依此而修，能達到圓悟智慧的目的。因此，文殊菩薩獨選耳根，以為是合於此土的法門，卷六說：

> 我今白世尊：「佛出娑婆界，此方真教體，清淨在音聞。欲取三摩提，實以聞中入。[29]

---

27. 見《大正藏》冊 19，頁 130 下–131 上。
28. 見《大正藏》冊 19，頁 130 上。
29. 見《大正藏》冊 19，頁 130 下。

今此娑婆國，聲論得宣明。眾生迷本聞，循聲故流轉，
阿難縱強記，不免落邪思，豈非隨所淪，旋流獲無妄。
阿難汝諦聽：我承佛威力，宣說金剛王，如幻不思議，
佛母真三昧。汝聞微塵佛，一切祕密門，欲漏不先除，
蓄聞成過誤。將聞持佛佛，何不自聞聞？聞非自然生，
因聲有名字，旋聞與聲脫，能脫欲誰名？[30]
大眾及阿難，旋汝倒聞機，反聞聞自性，性成無上道，
圓通實如是。此是微塵佛，一路涅槃門。過去諸如來，
斯門已成就；現在諸菩薩，今各入圓明；未來修學人，
當依如是法。我亦從中證，非惟觀世音，誠如佛世尊，
詢我諸方便，以救諸末劫，求出世間人，成就涅槃心，
觀世音為最。自餘諸方便，皆是佛威神，即事捨塵勞，
非是常修學，淺深同說法。頂禮如來藏，無漏不思議。
願加被未來，於此門無惑，方便易成就。堪以教阿難，
及末劫沉淪，但以此根修，圓通超餘者，真實心如是。」[31]

「此方真教體，清淨在音聞」，是說娑婆世界通過「音聞」作為接
觸的方式，聲音是說教之體，聞性才是真正的教體，[32] 因此，「欲
取三摩提，實以聞中入」，「耳根」因為合於此土機宜，聖凡共被，
一門超出，所以是「妙門」。所謂「旋汝倒聞機，反聞聞自性，
性成無上道，圓通實如是」，耳根圓通具有種種的殊勝，是十方
三世微塵諸佛趣入菩提，得證涅槃的正路，過去如來由這個法門
得到成就，現在的菩薩也是經由它而進入圓明的境界，即使未來

---

30. 見《大正藏》冊 19，頁 131 上。
31. 見《大正藏》冊 19，頁 130 下。
32. 娑婆世界的溝通方式，依《楞嚴經》的說法，是以聲音為媒介，透過
聲音傳達意義，因此說：聲音是說教之體，然而，聞性才是真正的教
體，因為離開聞性，聲音只是物理的現象，不具有主觀意義的存在。

想修學的人，也沒有例外，因此，不但觀音菩薩是從耳根門中證得實智，並且普及一切聖凡，無論程度淺深，都可以依它而修，是餘門比不上的修學法門，足以教導阿難以及末劫沉淪的眾生。

三）「耳根圓通」的修證功夫

二十四聖次第述畢自己的圓通法門之後，卷六記敘觀世音菩薩之廣陳，由耳根「從聞、思、修，入三摩地」的法門。

> 爾時，觀世音菩薩即從座起，頂禮佛足，而白佛言：「世尊！憶念我昔無數恆河沙劫，於時有佛出現於世，名觀世音，我於彼佛發菩提心，彼佛教我：從聞、思、修，入三摩地。」[33]

（一）「發菩提心」是學佛的根本

觀音菩薩於佛前發菩提心，並且說：「從聞、思、修，入三摩地。」因為修行若不發心，無論境界多高，盡為魔攝，不得正果。「菩提心」是無上正等正覺之心，依照大乘佛法的說法，菩提心至為重要；這是對菩提佛果與悲濟眾生之了解、深信、嚮往、立志，並努力爭取覺悟的實踐。[34] 印順法師曾說：「菩提心是大乘佛法的核心，可以說，沒有菩提心，即沒有大乘法。儘管修禪、修慧、修蜜、作慈善事業，了生脫死，若不能與菩提心相應，那一切功果，不落小乘，便同凡夫外道。因此，如想成佛度眾生，就必須發菩提心。發了菩提心，便等於種下種子：經一番時日，

---

33. 見《大正藏》冊 19，頁 128 中。
34. 張澄基說：「菩提心應該是指那嚮往和爭取悲智二種圓滿的佛果覺位之心。」換言之，菩提心是包括慈悲與智慧，二者不可偏廢。見《佛學今詮》下冊，頁 239。

遇適當機緣,自然可以抽芽開花,結豐饒的果實。不但直入大乘
是如此,就是回小向大,也還是發菩提心的功德。——所以學佛
者,只怕不發菩提心,一切大乘功德,便都無從生起。」[35]

　　菩提心之所以重要,主要原因,是因為佛法對於痛苦的感受
最為深刻,由於深切盼望脫離苦海,才有努力追求解脫,此即所
謂「出離心」,而菩薩所發的心,不但包括個人的悲哀,而且擴
及其他一切的有情,因此,這是基於「出離」的盼望,只不過,
這種出離並非只是個人之了脫生死,而是從了解痛苦本質之後,
培養一顆體諒、溫柔之心來面對天地萬物,希望別人可以一如自
己,一樣免於災難、壓迫、矛盾等困境;有時,甚至犧牲自己,
成全別人,亦在所不惜。

　　但是,菩提心的發起,並非容易。佛經上提到:發起菩提心,
若要道心不退,而且持之有恆,不辭疲倦,勇猛精進,這是由於
菩薩於大乘行中,能起大悲,悲憫一切,所以能夠圓成佛道,饒
益眾生。正因為菩提心是基於對於痛苦的深切了解—悲心,並且
從一己之悲擴及一切眾生—大悲;因此說菩薩悟道的心源在於培
養菩提心,而菩提心的生起,是依於大悲心而來。

(二)從聞、思、修三慧入三摩地

　　聞、思、修三慧,常途的解釋是有聞、有思、有修,聞是聽
聞,思是思維,修是修行,這是有能有所的相對法。

　　依《楞嚴經》,聞慧是以如幻的觀智,不隨聲塵的生滅而起
分別心,不著於空有,自耳根反聞自性,達到聞無所聞的境界。

---

35. 見《學佛三要》,頁 95–96。

思慧是專注於聞，直究耳根當下的聞性。《楞嚴要解》曰：「注心之謂思。」[36] 即是思慧。修慧是無所造作的正修，雖是翻迷成悟，轉妄為真；但修即無修，修慧並非人天有為著相之修。

因此，聞、思、修雖然分別為三，義實相貫。通達這個法門，不假思維，當下即能遠離意識的分別，直契耳根本有的聞性，也就是以這個不生不滅的佛性作為「正因」，依此正因而修是「了因」，各種助緣是「緣因」。當緣因、了因發揮作用時，正因得以顯現，因此三慧是入道的基礎。

茲以表列方式說明如下：

聞	聞是聞性，止於當下，聞性不動。
思	思是清清楚楚的覺照。
修	修是聞思同時，即聞即思。

（三）「入流亡所」以證「寂滅現前」

三慧是入道的基礎，入流亡所則是證道之關鍵。卷六云：

初於聞中，入流亡所；所入既寂，動、靜二相，了然不生；如是漸增，聞、所聞盡；盡聞不住，覺、所覺空；空覺極圓，空、所空滅；生滅既滅，寂滅現前。[37]

耳根圓通修證的次第，卷五如來曾說：

此根初解，先得人空；空性圓明，成法解脫；解脫法已，俱空不生。是名菩薩從三摩地得無生忍。[38]

---

36. 見《卍續藏經》，第 17 冊，頁 791。
37. 見《大正藏》冊 19，頁 128 中。

因為卷五說：「一根既返源，六根成解脫。」[39] 是說一根當體解脫，六根一時頓得清淨。這六結是指一根的六個結，即動、靜、聞、覺、空、滅。[40] 當一根出現「結」的時候，六根同時成結，乃至六結任何一結出現時也是六根同時成結；至於一結得解的時候，六根之結同時得解，以至於六個結得解時也是六根的六結齊解。因此，解結是從一根而入手，所謂一解一切解，當六根之結一齊超拔，這時候，眾生世界自然沒有纏縛的出現。茲表列六根與六結的關係如下：

六根	六結						說明
眼 耳 鼻 舌 身 意	動	靜	根	覺	空	滅	1.一根具有六結，每一根的六結都是相同。 2.解一根之結時，其他各根的結齊解。 3.乃至六個結齊解，也是六根的六個結齊解。

<hr>

38. 見《大正藏》冊 19，頁 125 中。
39. 見《大正藏》冊 19，頁 131 上。
40. 六結是指一根的六個結，不取喻為眼耳等六根，此說取自《正脈疏》見《卍續藏經》，冊 18，頁 631。

因此，關於六結的解除，依《楞嚴經》所說，其次第如下：

1. 先得人空

經文說「初於聞中，入流亡所」，是解「動結」；「所入既寂，動、靜二相，了然不生」，是解「靜結」；「如是漸增，聞、所聞盡」，是解「根結」。因為塵亡根盡，人無所依，解結的結果，稱為「此根初解，先得人空」。

（1）解動結

「初於聞中」的「聞中」，並非指血肉之軀的肉耳，也不是耳識的分別能力，而是指耳根聞性之中。「亡所」是亡其所聞，「入流」是進入法性之流，當身心放鬆，注意力集中於方法時，在聽聞各種聲音之中，不受外界聲塵的牽引，不攀援追逐，當外塵入耳，便即流去，無有留滯，做到聽而不聞，稱為「解動結」。《指掌疏》曰：「入流功純，觀照不昧，絲竹交陳而常靜，鐘鼓並聲而不接，故曰『亡所』，謂亡其所緣，第一解於動結。」[41] 解動結是解除動塵對我們的影響。

（2）解靜結

經文說：「所入既寂，動、靜二相，了然不生。」是解「靜結」，脫靜塵。因為動、靜相對，當動相寂然不起，若經過一番努力之後，以至於靜相也同時消失，是動靜二塵俱不可得。這時候，聞性是心，靜塵是境。而亡塵功夫，在於了然分明，若能居山居市，入定出定，靜相都是一樣，當反聞功夫深切之時，聞性增明，自可察覺離境失靜，則依然只是境靜而非心靜。然則，體

---

41. 見《卍續藏經》，冊 24，頁 509。

悟心性常靜，與塵相毫無關係，稱為「解靜結」。解靜結是解除對清淨的貪著與追逐。

（3）解根結

經文說：「如是漸增，聞、所聞盡。」是解「根結」，脫聞根。因為遠離一切幻化虛妄的境界，無所取相，所緣已亡，聞相不起，這時仍然依照前述離於動靜的功夫而更加努力，能聞之根與所聞之境同時消失，根結得解，沒有能受與所受的存在。解根結是解除身體主觀的覺受。

2. 成法解脫

（1）解覺結

經文說：「盡聞不住，覺、所覺空。」是解「覺結」。當不再停留於聞根消失的境界之中，根塵雙脫，湛一無邊之境出現，稱為「所覺」，而觀照這個境界的智慧是「能覺」，因為智境相對，能所依然存在，所以必須解覺結。當所覺三相（動、靜、根）被解，能覺之智已滅，這時是第四覺結也得到解除。解覺結是從心有覺悟超越。

（2）解空結

經文說：「空覺極圓，空、所空滅。」是解「空結」。覺是能覺與所覺，空是「覺、所覺空」的空。當能覺與所覺不再停留於空與與所空之中，是「空覺極圓」，這時候，稱為「空性圓明，成法解脫」。解空結是從覺空的境界當中超越。

3. 俱空不生：解滅結

經文說：「生滅既滅，寂滅現前。」是解「滅結」。從以上各個階段來說，初解動滅靜生，次解塵滅根生，三解根滅覺生，四解覺滅空生，五解空滅滅生，到此假如停留於最後的「滅相」，聞性還是被滅相所掩蓋，這是第六滅結。然則，動、靜、根、覺、空、滅六結都是生滅之法，若不解除，永遠停留於俱空的境界，屬於微細的障礙，所以滅結也應當解除，才可以得到圓滿的解脫。解除之後則可以看見本來的面目，稱為「俱空不生」、「寂滅現前」。解滅結是放下一切。

（四）從禪修的精神看「解六結」的現代詮釋

上述耳根圓通的修行功夫，開始於「初於聞中，入流亡所」，結束於「生滅既滅，寂滅現前」。入流即守於真常，亡所是不再生滅。過程之間，雖有動、靜、根、聞、空、滅六結，次第而解；但「寂滅」實屬解結的關鍵，也是證道的旨趣。因為耳根流逸奔聲稱為「出流」，若能「入流」，反聞聞於自性，塵銷根亡，覺空智遣，從此獲得自性本定如來藏心。然則，六結次第而生，次第而滅，生即幻生，滅即幻滅，生固應滅，滅亦當除，生滅俱盡，寂滅現前，即得法眼。因此，「寂滅」並非相對的概念，乃是寂常之妙性，了然朗現，稱為「菩薩從三摩地入無生忍」。

綜合而言，六根初解，明白五陰無我，是先得人空；但法執尚存，空性未能圓明，至於般若圓明，體悟法性空寂，則成為法解脫；也由於雖得人、法二空，而二空未有泯除，正是微細無明尚存，能證、所證之影還在。一直到觀照的本身也空，能、所俱

寂，不見一法生，不見一法滅，俱空不生，寂滅現前，才得到無
生法忍。

　　若以當代禪修大德聖嚴法師對禪的分析，有散亂心、集中
心、統一心、無心四個階段。[42] 本文配合六結的解除，把統一心
分為「身的統一」與「心的統一」，以及增加一個「無心」的超
越。說明解六結的狀態有下列情況：

1. 動結是散亂心

　　是誰在動！心對塵動。凡夫面對六塵的世界會妄念紛飛，稱
為「散亂心」。聖嚴法師說：「禪是從問題的根本著眼，不先從外
在的社會環境及自然環境的征服著手，而是先從對於自我的徹底
認識做起。」[43] 便是認識這個散亂的心。

2. 靜結是集中心

　　對塵不動心是靜的境界，這時，靜是結，因為只是念頭不動，
心集中於靜，這是集中心的呈現。心若集中於靜，不能從靜中超
越，則是境靜而不是心靜。雖然如此，這仍是一個很舒服的境界，
所以讓人著迷。

---

42. 聖嚴法師說：「學禪的的人由散亂心變成單純的心，由單純的心變
　　成統一心，從一心變成無心，這是三個階段，證到阿羅漢果，就是無
　　心，不但是沒有分別心，連統一心也沒有，心統一而不自覺，就是連
　　和「分別心」相對的「統一心」也沒有了，就是無心。」見《禪的生
　　活》頁 21。又說：「我到處指導的禪修方法是：放鬆身心、集中、統
　　一、放下身心世界，超越於有無的兩邊。能夠徹底的超越，便是大徹
　　大悟。」見《禪鑰》頁 3。
43. 見《禪的體驗·禪的開示》頁 157。

3. 根結是身的統一

　　靜結待解，這時，必須回歸自己一根。根有覺受，全身諸受統一於身根，客觀收歸主觀之中，根是實實在在的存在，稱之為「身的統一」，聖嚴法師說：「統一的心念有三種：一、自我身心的統一，二、自我與內外環境的統一，三、自我的前念與後念的統一。」[44] 「身的統一」是要求前述的一、二項的統一，沒有身體的負擔，以及沒有環境的對立，這是禪的基本經驗。

4. 覺結是心的統一

　　必須覺悟身根是空，否則不能超越，根即成為結，如聖嚴法師於上文所說：「自我的前念與後念的統一。」又說：「這已是融入時空無限的禪定境界，但是尚有我在，尚沒開悟，也未見到佛性。」[45] 因為心不統一難以體空，這個覺悟是「心的統一」。

5. 空結是無心

　　體空的心稱為「空覺」，然而，體空之心必須進一步捨棄，否則成為包袱，將成法執，捨棄之後，是「無心」的狀態，稱為「法空」。聖嚴法師說：「虛空粉碎之後、才能進入真正的禪的悟境。若僅止於體驗到虛空，他可能會走上消極、遁世、厭離人生的道路。很多有修行的人，因此而住在山裏，終其一生不想出來；他們不想再接觸紅塵，他們享受安逸的快樂，討厭煩囂的塵世生

---

44. 見《禪的世界》頁 85。
45. 見《禪鑰》頁 103。

活。」[46] 可知「無心」是指不執著於對「虛空」的覺受，稱為「虛空粉碎」，這是超越空有的境界，是進入「無我」的層次。

6. 滅結是「無心」的超越

我空是空生，法空是空滅，空生空滅是相對法，沒有空生也沒有空滅，是超越相對，稱為「寂滅現前」，這是解「生滅之結」，是不可言說的境界，是「無心」的超越，是一切相對的境界都應泯滅的總括說法。

茲以表列說明解除六結的次第及其狀況如下：

修行原理	修行次第	修行階段	所破之陰[47]	心的狀態
初於聞中入流亡所	解動結	此根初解先得人空（我空）	色陰	動結是散亂心解動結是心能集中
所入既寂動靜二相了然不生	解靜結			靜結是集中心解靜結是突破對靜境的迷戀
如是漸增聞所聞盡	解根結		受陰	根結是身的統一解根結是突破身體的主觀感受

---

46. 見《禪的世界》頁 106。
47. 破五陰之說，參圓瑛法師，《大佛頂首楞經講義》，頁 873–877。

盡聞不住覺所覺空	解覺結	空性圓明成法解脫（法空）	想陰	覺結是心的統一解覺結是突破心靈的主觀感受
空覺極圓空所空滅	解空結		行陰	空結是無心解空結是突破對空虛的覺受
生滅既滅寂滅現前	解滅結	俱空不生寂滅現前（空空）	識陰	滅結是「無心」的超越解滅結是解除還有「無心」的超越

三、「耳根圓通」的妙證妙用及其現代意義的探討

觀音法門是自利利他的法門，自利是通過耳根圓通的修行，利他是三十二應，十四無畏與四不思議。學習菩薩的精神就是自利利他，因為自利才能有能力，因為利他，才能實踐自我。自利利他是實際努力的結果，因此，學習觀音法門應當對眾生的苦難時常提起悲憫之心，用真實的智慧觀照，關懷救度。

其次，現代社會需要信心與願力，因為有信心，對社會的紛亂不會失望放棄，而能積極投入，這樣，自利是不斷的自我提升—提升人的品質，利他是不斷的付出—建設人間淨土。[48] 依於大

48.「提升人的品質，建設人間淨土。」是法鼓山的理念。

悲之心，無怨無悔，付出即是收穫，這是觀音法門對現代社會可以提供的啟示。以下，我們即一一說明這個證悟的全體大用。

一）妙證

觀音菩薩具有十方諸佛相同的與樂力量，也具備十方一切六道眾生仰賴拔苦的心願，這是上回向於諸佛，同時下回向[49]於眾生。因此產生無緣大慈與同體大悲。卷六云：

> 忽然超越世、出世間，十方圓明，獲二殊勝。一者，上合十方諸佛本妙覺心，與佛如來同一慈力。二者，下合十方一切六道眾生，與諸眾生同一悲仰。[50]

慈是與樂，悲是拔苦。佛教教義之中，慈悲是經由瞭解痛苦之本質，進而希望眾生均能免於痛苦，因而衍生一顆菩提心。時常想到這個道理，所以能培養體諒，溫柔之心對待別人。缺乏慈悲之心，則嫉妒將引發侵犯、仇恨、憤怒、報復及一連串不正當的情緒。對人對己造成極大之傷害。唯有從慈悲出發，才能修成菩提心，並且真心全力，願為眾生謀取幸福。經由菩提心的覺醒，一切自私自利都被為慈悲所驅逐，進而對天下萬物一視同仁。

佛法論慈悲，是與般若妙智一起談論，因為慈悲之心雖與一般世俗之「愛心」相近，但並非指向於狹隘的「偏愛」；學佛的

---

49. 「上回向」與「下回向」這個觀念得自方東美：「凡是在學問上，精神上面有很高成就的人，必須有一種特別的本領，就是能夠作『下回向』。」「上回向」是指精神向上超昇，到達最高的價值與理想；「下回向」是重新投入現實的世界，幫助大家都能作上回向的功夫，向上發展。見《中國大乘佛學》頁 282–287。

50. 見《大正藏》冊 19，頁 128 中。

目的,是要使人洞察諸法實相而不生染著,培養慈悲心,也是依
於般若智慧之薰陶,才能發揮妙用。換言之,應有利益眾生之悲
心,應有救度眾生的願力,應有不斷努力的實踐,這樣,才有真
正的慈悲。假如只為一己之利益,沒有利他的心願,學佛只為個
人的出離,捨棄大悲與大願,並非大乘之法種。

　　若依《楞嚴經》的說法,智慧是經由實踐而來,且須與「空
性」相應,所以能夠產生「首楞嚴」大定,「耳根圓通」即是此
一法門的實踐。所謂「首楞嚴」,是大定的總名,這是從梵文翻
譯而來,[51] 含有「一切究竟堅固」的意義。《大涅槃經·師子吼
菩薩品》云:

> 佛性者,即首楞嚴三昧,性如醍醐,即是一切諸佛之母,以
> 首楞嚴三昧力故,而令諸佛常樂我淨,一切眾生悉有首楞嚴
> 三昧,以不修行,故不得見,是故不能得成阿耨多羅三藐三
> 菩提。善男子!首楞嚴三昧者,有五種名:一者、首楞嚴三
> 昧,二者、般若波羅蜜,三者、金剛三昧,四者、師子吼三
> 昧,五者、佛性。隨其所作處處得名。……善男子!首楞嚴
> 者,名一切畢竟。嚴者,名堅。一切畢竟而得堅固,名首楞
> 嚴,以是故言首楞嚴定名為佛性。[52]

又,《首楞嚴三昧經》云:

> 佛告堅意菩薩:「首楞嚴三昧,非初地、二地,三地、四地、
> 五地、六地、七地、八地、九地菩薩之所能得,唯有住在十
> 地菩薩,乃能得是首楞嚴三昧。何等是首楞嚴三昧?謂修治
> 心如虛空……(共一百項),首楞嚴三昧,不以一事一緣一

---

51. 「首楞嚴」,Surangama,舊譯為「勇行」或「健行」。
52. 見《大正藏》,冊 12,頁 769。

義可知，一切禪定，解脫三昧，神通如意，無礙智慧，皆攝
在首楞嚴中，如陂泉江河諸流，皆入大海，如是，菩薩所有
禪定，皆在首楞嚴三昧，譬如轉輪聖王，有大勇將，諸四種
兵，皆悉隨從。堅意！如是所有三昧門、禪定門、辯才門、
解脫門、陀羅尼門、神通門、明解脫門、是諸法門悉皆攝在
首楞嚴三昧，隨有菩薩行首楞嚴三昧，一切三昧悉皆隨從。
堅意！譬如轉輪聖王行時，七寶皆從，如是，堅意！首楞嚴
三昧，一切助菩提法，皆悉隨從，是故此三昧，名為首楞嚴
三昧。」[53]

由此可知「首楞嚴」是堅固攝持一切諸法的大定，所有的三昧門
皆在其中，它的深奧，並非一事一緣一義可以測知，不動不壞，
能證一切智，是自心本有的圓定，是「一心」的異稱，不離眾生
當下的一念，究竟而堅固，具有體大、相大與用大，能夠修成這
個大定，即於萬法當處寂滅，即是「常住真心，性淨明體」，也
是得成如來的密因，修證的了義，諸菩薩萬行的根本。然則，佛
教說智慧，是與定力互相結合。《楞嚴經》卷六云：

　　所謂攝心為戒，因戒生定，因定發慧，是則名為三無漏學。[54]

智慧是由定力所發出，這是「定即是慧」、「慧即是定」的「定慧
不二」。因為外道也有修定的功夫，佛教修定是以佛法空性的智
慧為基礎，這是與外道不同。

　　從現代社會來看，現代人努力往外追求，所謂「智慧」，是
世間的聰明才智，以獲得為目的，即使依於佛法而修行，也是基
於「有求之心」，然而觀音菩薩對眾生的付出，是沒有祈求，當

53. 見《大正藏》，冊 15，頁 631–632。
54. 見《大正藏》冊 19，頁 131 下。

凡夫以菩薩為榜樣的時候，應該體會「應無所著而生其心」的深意，因為智慧是放下一切有得的執著，尤其是付出的時候，即使是對「清淨」的盼望，也須放下，因此，從利他中學習超越，便是自利，這是觀音法門殊勝之處，也是給予後人一個很大的啟示。

二）妙用

（一）三十二應，應身無量

觀音菩薩圓應群生，無剎不現，無機不感，不但應化於娑婆，而且遍遊十方，應機而起各種妙用，普度迷情，同登覺地。卷六云：

> 世尊！由我供養觀音如來；蒙彼如來授我如幻聞熏聞修金剛三昧，與佛如來同慈力故，令我身成三十二應，入諸國土。[55]

根據應化對象的不同，可以類分如下：

1. 應聖乘

> 世尊！若諸菩薩入三摩地，進修無漏，勝解現圓；我現佛身，而為說法，令其解脫。[56]
> 若諸有學，寂靜妙明，勝妙現圓；我於彼前，現獨覺身，而為說法，令其解脫。[57]
> 若諸有學，斷十二緣，緣斷勝性，勝妙現圓；我於彼前，現緣覺身，而為說法，令其解脫。[58]

---

55. 同注 50。
56. 同注 50。
57. 同注 50。
58. 同注 50。

> 若諸有學，得四諦空，修道入滅，勝性現圓；我於彼前，
> 現聲聞身，而為說法，令其解脫。[59]

若菩薩志求菩提已入三摩地，可是尚須假借進修之力，才能成就，此時假如尚存「勝解」的觀念，當智證將滿之時，觀音菩薩便顯現佛身，幫助修學菩薩得到解脫。獨覺出現於無佛之世，行將證悟之際，忽然觸境證入，好像可以不需經歷受教過程而實際上受教於多生。緣覺是稟佛教誨，觀察十二因緣而悟道；聲聞是聽聞四諦之教而悟。以上是觀音菩薩隨四聖之機而現身說法，令得成就。

2. 應諸天

> 若諸眾生，欲心明悟，不犯欲塵，欲身清淨；我於彼前，
> 現梵王身，而為說法，令其解脫。[60]
> 若諸眾生，欲為天主，統領諸天；我於彼前，現帝釋身，
> 而為說法，令其成就。[61]
> 若諸眾生，欲身自在，遊行十方；我於彼前，現自在天身，
> 而為說法，令其成就。[62]
> 若諸眾生，欲身自在，飛行虛空；我於彼前，現大自在天身，
> 而為說法，令其成就。[63]
> 若諸眾生，愛統鬼神，救護國土；我於彼前，現天大將軍身，
> 而為說法，令其成就。[64]

---

59. 同注 50。
60. 同注 50。
61. 同注 50。
62. 同注 50。
63. 同注 50。
64. 同注 50。

> 若諸眾生，愛統世界，保護眾生；我於彼前，現四天王身，
> 而為說法，令其成就。[65]
> 若諸眾生，愛生天宮，驅使鬼神；我於彼前，現四王天國
> 太子身，而為說法，令其成就。[66]

天人皆因修行五戒十善而生天，菩薩因為應天人的希求而說法，
令得成就。

3. 應人趣

> 若諸眾生，樂為人王；我於彼前，現人王身，而為說法，
> 令其成就。[67]
> 若諸眾生，愛主族姓，世間推讓；我於彼前，現長者身，
> 而為說法，令其成就。[68]
> 若諸眾生，愛談名言，清淨自居；我於彼前，現居士身，
> 而為說法，令其成就。[69]
> 若諸眾生，愛治國土，剖斷邦邑；我於彼前，現宰官身，
> 而為說法，令其成就。[70]
> 若諸眾生，愛諸數術，攝衛自居；我於彼前，現婆羅門身，
> 而為說法，令其成就。[71]
> 若有男子，好學出家，持諸戒律；我於彼前，現比丘身，
> 而為說法，令其成就。[72]

---

65. 同注 50。
66. 同注 50。
67. 同注 50。
68. 同注 50。
69. 同注 50。
70. 同注 50。
71. 同注 50。
72. 同注 50。

> 若有女人，好學出家，持諸禁戒；我於彼前，現比丘尼身，而為說法，令其成就。[73]
>
> 若有男子，樂持五戒；我於彼前，現優婆塞身，而為說法，令其成就。[74]
>
> 若有女子，五戒自居；我於彼前，現優婆夷身，而為說法，令其成就。[75]
>
> 若有女人，內政立身，以修家國；我於彼前，現女主身及國夫人，命婦、大家，而為說法，令其成就。[76]
>
> 若有眾生，不壞男根；我於彼前，現童男身，而為說法，令其成就。[77]
>
> 若有處女，愛樂處身，不求侵暴；我於彼前，現童女身，而為說法，令其成就。[78]

這是由於眾生於人道各有所求，所以菩薩各為現身說法，應以成就。

4. 應八部

> 若有諸天，樂出天倫；我現天身，而為說法，令其成就。[79]
>
> 若有諸龍，樂出龍倫；我現龍身，而為說法，令其成就。[80]
>
> 若有藥叉，樂度本倫；我於彼前，現藥叉身，而為說法，

---

73. 見《大正藏》冊 19，頁 128 下–129 上。
74. 見《大正藏》冊 19，頁 129 上。
75. 同注 74。
76. 同注 74。
77. 同注 74。
78. 同注 74。
79. 同注 74。
80. 同注 74。

令其成就。[81]

若乾闥婆，樂脫其倫；我於彼前，現乾闥婆身，而為說法，
令其成就。[82]

若阿修羅，樂脫其倫；我於彼前，現阿修羅身，而為說法，
令其成就。[83]

若緊那羅，樂脫其倫；我於彼前，現緊那羅身，而為說法，
令其成就。[84]

若摩呼羅迦，樂脫其倫，我於彼前，現摩呼羅迦身，
而為說法，令其成就。[85]

若諸眾生，樂人修人；我現人身，而為說法，令其成就。[86]

若諸非人，有形無形，有想無想，樂度其倫，我於彼前，
皆現其身，而為說法，令其成就。[87]

上述各科皆應眾生的希求，使他們得以成就世、出世間的願望。
本科則應天龍等八部厭離自己，希望求生人道。

5. 小結

是名妙淨三十二應，入國土身；皆以三昧，聞熏聞修無作
妙力，自在成就。[88]

---

81. 同注 74。
82. 同注 74。
83. 同注 74。
84. 同注 74。
85. 同注 74。
86. 同注 74。
87. 同注 74。
88. 同注 74。

三十二應如大海寂照，湛然不動，隨緣而至，一時頓現，無礙無滯，到處應化而沒有偏私，所以是「妙淨」之應。正因為耳門以如幻之力，改變過去種種習性業力，才可以成就金剛三昧大定。

茲以表列說明「三十二應」的內容如下：

三十二應		特點	說明
應聖乘	現佛身	進修無漏，勝解現圓	應希求
	現獨覺身	寂靜妙明，勝妙現圓	
	現緣覺身	斷十二緣，緣斷勝性，勝妙現圓	
	現聲聞身	得四諦空，修道入滅，勝性現圓	
應諸天	現梵王身	欲心明悟，不犯欲塵	
	現帝釋身	欲為天主，統領諸天	
	現自在天身	欲身自在，遊行十方	
	現大自在天身	欲身自在，飛行虛空	
	現天大將軍身	愛統鬼神，救護國土	
	現四天王身	愛統世界，保護眾生	
	現天王國太子身	愛生天宮，驅使鬼神	
應人趣	現人王身	樂為人王	
	現長者身	愛主族姓，世間推讓	
	現居士身	愛談名言，清淨自居	
	現宰官身	愛治國土，剖斷邦邑	
	現婆羅門身	愛諸數術，攝衛自居	
	現比丘身	好學出家，持諸戒律	
	現比丘尼身	好學出家，持諸禁戒	

	現優婆塞身	樂持五戒	
	現優婆夷身	五戒自居	
	現女主身及國夫人、命婦、大家身	內政立身，以修家國	
	現童男身	不壞男根	
	現童女身	愛樂處身，不求侵暴	
應八部	現天身	樂出天倫	應厭離
	現龍身	樂出龍倫	
	現藥叉身	樂度本倫	
	現乾闥婆身	樂脫其倫	
	現阿修羅身	樂脫其倫	
	現緊那羅身	樂脫其倫	
	現摩呼羅迦身	樂脫其倫	
	現人身	樂人修人	
	現非人身	樂度其倫	

（二）十四無畏，有求必應

菩薩反聞自性，法界全證，上合下同，因而悟得同根一體之慈悲，所以是「無畏」的根本。稱為「無畏」的原因，是因為眾生遭難怖畏，而眾生於危難之中，倘能一心稱名，即蒙救護，因此獲得無畏。

世尊！我復以此聞熏聞修金剛三昧無作妙力，與諸十方三世六道一切眾生同悲仰故，令諸眾生於我身心獲十四種無畏功德。[89]

89. 同注74。

前八種是外在環境的遭遇，後六種是心理的障礙，共有十四種：

1. 八難無畏

八難無畏是遇到八種災難可獲無畏的力量。若能修持觀音法門，即能得到解脫困境。

> 一者，由我不自觀音，以觀觀者，令彼十方苦惱眾生觀其音聲，即得解脫。[90]
> 二者，知見旋復，令諸眾生，設入大火，火不能燒。[91]
> 三者，觀聽旋復，令諸眾生，大水所漂，水不能溺。[92]
> 四者，斷滅妄想，心無殺害，令諸眾生，入諸鬼國，鬼不能害。[93]
> 五者，熏聞成聞，六根銷復，同於聲聽，能令眾生臨當被害，刀段段壞，使其兵戈猶如割水，亦如吹光，性無搖動。[94]
> 六者，聞熏精明，明遍法界，則諸幽暗，性不能全，能令眾生，藥叉羅剎、鳩槃茶鬼及毘舍遮、富單那等，雖近其旁，目不能視。[95]
> 七者，音性圓銷，觀聽返入，離諸塵妄，能令眾生，禁繫枷鎖，所不能著。[96]

---

90. 見《大正藏》冊 19，頁 129 上。
91. 見《大正藏》冊 19，頁 129 上–中。
92. 見《大正藏》冊 19，頁 129 中。
93. 同注 92。
94. 同注 92。
95. 同注 92。
96. 同注 92。

八者，滅音圓聞，遍生慈力，能令眾生，經過險路，
賊不能劫。[97]

第一是苦難無畏，包括一切的苦難。菩薩反聞觀自性，不向外觀
看音塵，所以能令一切苦惱眾生念誦觀音菩薩的名號，即得解
脫。[98]

第二是大火無畏。當聞性復歸之後，眼根不再對外攀援，這
樣，便不再受世間因見而起的各種煩惱之火的影響。

第三是大水無畏。聞性復歸真性，耳根也不再對於世間各種
聲名迷戀追逐，也就能不會沈溺於煩惱的苦海中。

第四是羅剎無畏。羅剎是鬼國，內心沒有妄想則害人之心泯
除，正人不怕鬼，即使進入鬼國，鬼魅也不能加害。

第五是刀兵無畏。耳根受薰反聞，六根也同時回歸真性，根
塵兩寂，這時即使面臨被殺，也如同刀割水面，風吹日光，不受
影響。

第六是諸鬼無畏。聞根受熏之後，發出的光芒能夠照耀整個
法界，破除各種幽暗的境界，所以能令鬼魅不敢接近。

第七是枷鎖無畏。未入聞性以前，是有塵障礙，反聞至於不
生不滅之後，則是脫離塵緣，是真正的解脫。

第八是劫賊無畏。聲塵脫則根性顯，夠能產生慈悲的力量，
隨處攝度眾生，遇賊不被劫奪。

---

97. 同注92。
98. 《楞嚴通議》曰：「由菩薩不自觀音，但觀聞性，根塵頓脫，故令苦
惱眾生觀自稱菩薩之音聲即脫其苦也。觀菩薩音聲者，如眾苦逼急，
忽稱菩薩名號一聲，即此一聲，稱性而發，全體現前，則苦不期脫而
脫矣。」見《卍續藏經》，冊19，頁210。

2. 三毒無畏

　　三毒無畏是遭遇三毒可獲無畏。「貪」是染著為性，唯欲是視，唯利是圖，是諸苦的根本。「嗔」是逆境激心，惱恨成怒，以致於焚功德林，滅菩提種，障慈悲道。「癡」是心性闇昧，迷於事理，起諸邪見，造種種惡。三毒通攝三界一切煩惱，能令眾生戕害法身，傷殘慧命。

> 九者，熏聞離塵，色所不劫，能令一切多淫眾生，遠離貪欲。[99]
>
> 十者，純音無塵，根境圓融，無對所對，能令一切忿恨眾生，離諸嗔恚。[100]
>
> 十一者，銷塵旋明，法界身心，猶如琉璃，朗徹無礙，能令一切昏鈍性障、諸阿顛迦，永離癡暗。[101]

貪是迷失正受，不能自主，如今耳根受熏成真，離開根塵一切色聲等法，所以能令持名眾生於菩薩心中獲得功德，化多淫心為智慧燄，遠離貪欲。「嗔」生於敵對，根境若銷，圓融互用，不分彼此，則嗔無法生起。「癡」是妄塵所蔽，無明所覆，若消除所緣的妄塵，回復本有的自性光明，則身心洞然映徹，猶如琉璃一般，沒有癡暗的發生。

3. 二求無畏

　　二求無畏是應求男求女，消除眾生終生不能得子的疑畏。

---

99. 同注 92。
100.同注 92。
101.同注 92。

> 十二者，融形復聞，不動道場，涉入世間，不壞世界；能遍
> 十方，供養微塵諸佛如來；各各佛邊，為法王子。能令法界
> 無子眾生欲求男者，誕生福德智慧之男。[102]
> 十三者，六根圓通，明照無二，含十方界，立大圓鏡，空如
> 來藏，承順十方微塵如來祕密法門，受領無失，能令法界無
> 子眾生欲求女者，誕生端正福德柔順，眾人愛敬，有相之女。[103]

想求子的人，若能如菩薩以智慧柔順二福德莊嚴法身，修習正
智，更能常念菩薩名號，即生智慧之男與柔順之女。

4. 持名無畏

持名無畏是消除眾生誤以為持一名菩薩的名號不及多個名
號的疑畏。

> 十四者，此三千大千世界，百億日月現住世間，諸法王子，
> 有六十二恆河沙數修法垂範，教化眾生，隨順眾生，方便智
> 慧，各各不同。由我所得圓通本根，發妙耳門，然後身心微
> 妙含容，周遍法界，能令眾生持我名號，與彼共持六十二恆
> 河沙諸法王子，二人福德正等無異。世尊！我一名號與彼眾
> 多名號無異，由我修習得真圓通。[104]

當一多之境通融，菩薩的名號彼此平等，則一亦法界，多亦法界，
一不為少，眾不為多，聞性圓明，便不再妄存一與多的比較分別。

102.同注 92。
103.同注 92。
104.頁 129 中–下。

5. 小結

是名十四施無畏力，福備眾生。[105]

十四種無畏力量能令眾生不但獲得無畏的加持，並且具備福德因緣，此即前十一種專脫怖畏的心情，後三種兼全福德。

茲以表列說明「十四無畏」的內容如下：

十四無畏		內容	說明
八難無畏	苦難無畏	面對苦難，一切無畏	專脫怖畏
	大火無畏	大火不能燃燒	
	大水無畏	大水不能漂溺	
	羅剎無畏	鬼魅不能加害	
	刀兵無畏	刀兵不能殺戮	
	諸鬼無畏	鬼魅不敢接近	
	枷鎖無畏	枷鎖不能束縛	
	劫賊無畏	盜賊不能劫奪	
三毒無畏	貪毒無畏	遠離貪欲	
	嗔毒無畏	遠離嗔恚	
	癡毒無畏	遠離癡暗	
二求無畏	求子無畏	能生智慧之男	兼全福德
	求女無畏	能生柔順之女	
持名無畏		萬德洪名，一多無別	

105.頁 129 下。

（三）四不思議，德用殊絕

前文隨機現化，拔苦與樂，彷彿還可以用語言智力說明，以下則是備陳耳根圓通的全體大用，無可相比，不可思議。

世尊！我又獲是圓通，修證無上道故，又能善獲四不思議無作妙德。[106]

因為兼有二種殊勝，所以能成就四種不可思議的力量。

1. 應化無窮，即一現多

一者，由我初獲妙妙聞心，心精遺聞，見、聞、覺、知不能分隔，成一圓融清淨寶覺，故我能現眾多妙容，能說無邊祕密神咒，其中或現一首、二首、三首、五首、七首、九首、十一首，如是乃至一百八首，千首、萬首、八萬四千爍迦羅首。二臂、四臂、六臂、八臂、十二臂、十四、十六、十八、二十、至二十四，如是乃至一百八臂，千臂、萬臂、八萬四千母陀羅臂。二目、三目、四目、九目，如是乃至一百八目、千目、萬目、八萬四千清淨寶目。或慈或威，或定或慧，救護眾生，得大自在。[107]

第一，當初獲聞性之後，不再妄有聽聞，一根能回歸根源，六根即得同時解脫，根與根之間不再被分隔，只呈現圓融清淨的覺悟，能夠以法身顯現無量的身形、訴說無數的咒語，發揮無礙的大用，救護眾生，獲得大自在。

106.同注 105。
107.同注 105。

2. 鑑機現形，妙作形咒

> 二者，由我聞思脫出六塵，如聲度垣，不能為礙，故我妙能
> 現一一形，誦一一咒，其形其咒，能以無畏施諸眾生，是故
> 十方微塵國土皆名我為施無畏者。[108]

第二，對應不同的眾生，能夠顯現不同的身形，於不同應身之中，妙作不同的咒語，能夠幫助眾生脫離苦惱，滿足心願。因此，十方微塵國土的眾生都稱呼觀音菩薩是「布施無畏的人」。

3. 破除貪欲，求我哀愍

> 三者，由我修習本妙圓通清淨本根，所遊世界，皆令眾生
> 捨身珍寶，求我哀愍。[109]

第三，由於修習耳根圓通清淨無著，能令菩薩游化的世界各個眾生，願意捨棄身上的珍寶，請求菩薩哀愍。因為眾生捨心最難發，求心最不可強求，如今所過即能感動眾生願意布施、哀求加持，這真是不可思議威神力量所導致。

4. 上供諸佛，下應群生

> 四者，我得佛心，證於究竟，能以珍寶種種供養十方如來，
> 傍及法界六道眾生，求妻得妻，求子得子，求三昧得三昧，
> 求長壽得長壽，如是乃至求大涅槃得大涅槃。[110]

第四，由於證得佛心究竟的境界，已能契入如來妙莊嚴佛海，這樣，無邊的寶藏頓開，具足無邊的福德智慧，能夠以無量的珍寶

108.同注 105。
109.同注 105。
110.同注 105。

上供於十方諸佛，並旁及法界六道一切眾生，完全滿足他們的要求，沒有不能達到心願。

茲以表列說明「四不思議」的內容如下：

四不思議		內容	說明
一者	應化無窮，即一現多	發揮無礙的大用	非言智之所能及，兼二種殊勝而成。
二者	鑑機現形，妙作形咒	妙作無窮的形咒	
三者	破除貪欲，求我哀愍	令捨慳心，哀求加持。	
四者	上供諸佛，下應群生	具足福德智慧，上供下應。	

（四）妙證妙用總結

佛問圓通，我從耳門，圓照三昧，緣心自在，因入流相，得三摩地，成就菩提，斯為第一。世尊！彼佛如來歎我善得圓通法門，於大會中，授記我為觀世音號。由我觀聽十方圓明，故觀音名遍十方界。[111]

菩薩總結圓通之因，是反聞成功，六根之結解除，真性得以顯現，三昧之力因此圓滿照耀，所以隨緣應化，得到大自在。又因為入流亡所，獲得三摩地大定，成就菩提心願，因此，耳根圓通是第一法門。

111.同注 105。

四、結論

　　現代社會是一個價值失衡的時代，科技雖然發達，帶來物質文明的進步，但人心卻是空虛，對生命是沒有目標，對生活是缺乏瞭解；迷失在各種的追求之中，忙碌、盲目、迷惘。宗教過去是被視為「迷信」的產物，佛教則是具有悠久傳統的宗教，有它的特殊內容。通過本文的介紹，藉知「觀音法門」是智慧與慈悲的法門，智慧是以慈悲為內涵，慈悲則以智慧為導向，觀音菩薩因為看到眾生的苦難，不忍捨離，給予幫助，便是悲智的流露，千處祈求千處應，到處應化，從不拒絕眾生的哀求，各種災難的無畏布施，給予眾生各種救濟，因此，學習觀音法門，對世間的苦難，自當如菩薩聞聲救苦，參與社會建設，實踐菩薩道精神，悲智交融，定慧不二。

　　其次，宗教以「信」為基礎，但佛教的信仰是智信而不是迷信，稱為「信智一如」。[112] 因為智慧經得起考驗，通過深刻的行證而加強信解，信心與智慧不但沒有衝突，而且交互滲透，彼此支持。從《楞嚴經》當中，我們看到觀音菩薩具有無邊的力量，可以三十二應，化身救度苦難的眾生，也有十四無畏給予布施，這些神奇不可思議的境界，都可以加以說明。例如：十四無畏中

112.印順法師說：「在聲聞法中，初學或重信心（信行人），或重慧解（法行人）；但到證悟時，都能得四證信—於佛法僧三寶及聖戒中，獲得了清淨真實信心，也即是得真實智慧，成就證智，這即是小乘的信智一如。大乘經裡的文殊師利，是大智慧的表徵，他不但開示諸法法性之甚深義，而且特重勸發菩提心，起大乘信心，所以稱文殊為諸佛之師。依大乘正信，修文殊智，而證悟菩提，這是大乘法門的信智一如。」見《學佛三要》，頁163。可見「信智一如」通於大小乘的教法。

提到大火無畏、大水無畏等妙用，這在現實的世界是不可能發生的事，但通過修行，一方面遠離世俗的牽引，另一方面，即使當下面對，也能以超越的心情，接受眼前的一切，不受生死的威脅。

由於信心建立在智慧的實踐，因此，努力修行是十分重要，缺乏體證，信心便會動搖，換言之，通過利他，完成自利的目標，觀音菩薩即是一個榜樣，通過菩薩，找到信仰，並且建立無比的信心與願力，這個信願不是外在神明的崇拜，而是內心的自性流露。因此，觀音法門具有信願的精神。信是信心，最初是以信心啟發智慧，而後更以智慧助長信心。願是願力，願力是願望與力量，「願」因為有力，才不是空願，願望不離實踐，是從自利利他中不斷滋長。

觀音法門，甚深微妙，是上聖下凡共修之妙法。信仰觀音菩薩，是要發心學習菩薩無緣大慈、同體大悲的精神，一方面成就無上正等正覺之菩提佛果，另一方面，參與社會建設，造就人間淨土。

參考文獻

一、歷代註疏

《大佛頂如來密因修證了義諸菩薩萬行首楞嚴經》,《大正藏》冊 19（台北：新文豐出版公司）。

《首楞嚴經義疏注經》,長水子璿,《大藏經》冊 39。

《楞嚴經正脈疏》與《楞嚴經正脈疏懸示》,交光真鑑,《卍續藏經》冊 18（台北：新文豐出版公司）。

《楞嚴經指掌疏》與《楞嚴經指掌疏懸示》,達天通理,《卍續藏經》冊 24。

《楞嚴經要解》,溫陵戒環,《卍續藏經》冊 17。

《楞嚴經懸鏡》與《楞嚴經通議》,憨山德清,《卍續藏經》冊 19。

《楞嚴經宗通》,南岳曾鳳儀,（台北：新文豐出版公司,1975）。

《楞嚴經貫珠》,金陵戒潤,（台北：新文豐出版公司,1980）。

《楞嚴經研究》,太虛大師,（台北：文殊出版社,1989）。

《大佛頂首楞嚴經講義》,圓瑛法師,（台北：佛教出版社）。

《大佛頂首楞嚴經妙心疏》,守培法師,（南洋：佛教書局印行,1984）。

《楞嚴經表解》,白聖法師,（台中：南普陀佛學院,1981）。

二、佛教經論

《首楞嚴三昧經》,鳩摩羅什譯,《大正藏》冊 15。

《妙法蓮華經》,鳩摩羅什譯,《大正藏》冊 9。

《金剛般若波羅蜜多經》,鳩摩羅什譯,《大正藏》冊 8

《大乘起信論》,真諦譯,《大正藏》冊 32。

《大乘起信論》,實叉難陀譯,《大正藏》冊 32。

三、當代著述

方東美
　　1984　《中國大乘佛學》。台北：黎明文化事業有限公司。
印順法師
　　1992　《學佛三要》。台北：正聞出版社。
張澄基
　　1992　《佛學今詮》上下冊。台北：慧炬出版社。
張曼濤主編
　　1978　《大乘起信論與楞嚴經考辨》。台北：大乘文化出版社。
聖嚴法師
　　2004　《聖嚴法師教默照禪》。台北：法鼓文化。
　　2001a　《探索識界》。台北：法鼓文化。
　　2001b　《禪門》。台北：東初出版社。
　　1996a　《禪的生活》。台北：東初出版社。
　　1996b　《禪鑰》。台北：東初出版社。
　　1996c　《禪的世界》。台北：東初出版社。
　　1996d　《聖嚴法師教禪坐》。台北：東初出版社。
　　1994a　《拈花微笑》。台北：東初出版社。
　　1994b　《禪的體驗・禪的開示》。台北：東初出版社。
　　1994c　《禪與悟》。台北：東初出版社。
聖嚴法師口述、梁寒衣整理
　　2003　《聖嚴法師教觀音法門》。台北：法鼓文化。
望月信亨
　　1998　〈關於《大佛頂首楞嚴經》傳譯之研究〉，《佛典研究初編》，如實譯。台北：華宇出版社。

四、期刊論文

于君方

　1995　〈「偽經」與觀音信仰〉,《中華佛學學報》第 8 期。

胡健財

　2003　〈《楞嚴經》「四科七大」之會融與「常住真心」之體認〉。台北：華梵大學中文系第二屆「生命實踐」學術研討會。

　2002a　〈從《楞嚴經》「十番辨見」試論真心之體認〉。台北：華梵大學哲學系第六屆儒佛會通學術研討會。

　2002b　〈《楞嚴經》「二十五圓通」述義〉。台北：華梵大學中文系第一屆「生命實踐」學術研討會。

　2001　〈從《楞嚴經》「七處徵心」試談佛法之修證〉。台北：華梵大學哲學系第五屆儒佛會通學術研討會。

　1997　〈從《楞嚴經》論禪修對身心管理的啟示〉。台北：華梵大學工管系第二屆禪與管理學術會議。

　1996　〈《大佛頂首楞嚴經》「耳根圓修」之研究〉。台北：國立政治大學中國文學系博士畢業論文。

房山千句大悲咒擬聲詞初探

林光明

台灣・佛光大學宗教所
佛教研究中心副主任

摘　要

佛教咒語若從梵文解讀，會發現大部份的咒語內容其實是有意義的。但咒語中還有些內容是無法解讀的，包括一些具有規律性的重複音節。

本文借用語言學的術語「擬聲詞」，來描述咒語中無字面意義的音節重複現象。並以《房山石經》的〈千句大悲咒〉為例，分析其中最常見的「三組四言型」與「一句七言型」兩種「擬聲詞」典型。

經由分析發現，〈千句大悲咒〉中的「擬聲詞」具詩歌的特性，能產生節奏明快、悅耳、順口、易於記誦受持等作用。

又，〈千句大悲咒〉的「擬聲詞」與漢文及日文擬聲詞，都具有第二、四組聲母大量使用邊音（l）以及 r 的現象，說明三者之間可能有共同性與關聯性。又由其他咒語中「非擬聲詞」的重疊反覆文句之用法，輔助說明擬聲詞也有「強調」或「不斷」的意思。

一、前言

　　佛教咒語向來有翻音不翻義的傳統，不管是藏譯或漢譯皆然。但是如果將佛典中以古梵文所書寫的咒語，轉寫為現代通用的羅馬字，並解讀其內容，會發現咒語的大部份內容其實是有意義的。

　　從梵文解讀咒語，還會發現一些現象，如咒語中的種子字及一些具規律性的重複音節，有些是無法解讀的。關於咒語的梵文解讀及種子字的來源、象徵意義，已有許多相關著作。而咒語中無法解讀之具規律性的重複音節現象，如〈大悲咒〉中的「娑囉娑囉，悉哩悉哩，蘇嚕蘇嚕」（sara sara siri siri suru suru），筆者將之稱為「擬聲詞」，目前相關的研究資料不多，筆者常參考的有 Frits Staal 的 *Ritual and Mantras: Rules Without Meaning*，該書中以鳥鳴與咒語作比較，並撰有專章介紹：Mantras and Bird Songs（咒語與鳥鳴）。Frits Staal 教授還於該書中提到「AAABBBCCC」[1] 的架構，對照〈千句大悲咒〉中的 sara sara siri siri suru suru，我們可稱後者為 AABBCC 的架構。

　　筆者於筆者於 2005 年 11 月的「第一屆兩岸三地佛教傳統與當代文化學術研討會」中，發表了〈試論大悲咒的幾個問題〉，文中提出如下概念：

　　（1）觀音系統的咒語有：千手觀音、十一面觀音、不空羂索觀音……等。

　　（2）千手觀音咒，中心內容之一是 sara sara siri siri suru suru。

---

1. 參 Staal, Frits (1996, 280)。

（3）十一面觀音咒，中心內容之一是 dhara dhara dhiri dhiri dhuru dhuru。

（4）不空羂索觀音咒，中心內容之一是 cara cara ciri ciri curu curu。

該文中也提到六種〈大悲咒〉中，《房山石經》[2] 的 924 句〈青頸大悲大心陀羅尼〉（後簡稱〈千句大悲咒〉[3]），使用了四次的 sara sara siri siri suru suru，而通行的 84 句〈千手千眼無礙大悲心陀羅尼〉（後簡稱〈84 句大悲咒〉）中只使用一次 sara sara siri siri suru suru。

通行本〈84 句大悲咒〉中，筆者認為從第 24 句開始至 47 句為止，是咒語中心內容，當中也使用了大量有規律的重複音節，不過那些字句多半具有文字意義，因此在〈84 句大悲咒〉中，筆者只將 43、44、45 三句的 sara sara siri siri suru suru，歸類為無文字意義的擬聲詞現象。

─────────────────────

2. 1956 年開挖出土的《房山石經》中，共有十二部絕世珍本的佛教經典，其中與密教咒語有關的是《釋教最上乘秘密藏陀羅尼集》，集錄者為晚唐比丘行琳。其中有一個超長咒〈青頸大悲大心陀羅尼〉，即是本文所說的〈千句大悲咒〉。

3. 本文將《房山石經》第 28 冊《釋教最上乘秘密藏陀羅尼集》卷 13〈青頸大悲大心陀羅尼〉稱為〈千句大悲咒〉，是根據好友王海權先生的說法。就筆者所知，他是最早提出〈千句大悲咒〉這一名稱的人，時間約於 1989 年十方禪林自大陸進口《房山石經》之後不久。他首先發現：924 句的〈青頸大悲大心陀羅尼〉若再加入下一個具 76 句的〈觀自在大悲陀羅尼〉（又名〈聖觀自在菩薩廣大圓滿無礙大悲心大陀羅尼〉），則總合恰為「千句」，所以稱之為「千句大悲長咒」。

筆者仔細讀了〈千句大悲咒〉後，發現〈千句大悲咒〉中的擬聲詞現象非常豐富，因此以〈千句大悲咒〉中的重複音節──特別是 sara sara siri siri suru suru 為中心，探討咒語中的擬聲詞現象。

二、擬聲詞的定義

「擬聲詞」又稱象聲詞、摹聲詞、狀聲詞，是指摹擬自然界聲音的詞彙。其英文為 onomatopoeia，此字源於希臘字 onomatopoii，為「創造、命名」之意。

因為擬聲詞常用來描繪、形容，所以有人將之歸類為形容詞，但語言學上則有明確的區分。也有人把主觀的感情、情緒所興發的聲音（例如唉！啊呀！嗚乎！）歸入擬聲詞，在語言學上也不認同這種作法。[4]

中文和日文也有不少擬聲詞，而英文是個擬聲詞不太發達的語文。在各種語言中，有關擬聲詞的探討，就研究的數量而言，日文高居第一位。日文不只擬聲，還有擬態的用法，各家語言學者，對此二者的定義不同。大體言之，擬聲詞概指模仿自然的聲音，而擬態詞則指描述事物的狀態。

「擬聲詞」在語言學上是有其專門的定義，而本文係借用語言學上的「擬聲詞」，用來指咒語中可能不具字面意義，並且類似模仿自然聲音的詞彙。

---

4. 參竺家寧（1995, 1–13）。

三、〈千句大悲咒〉中的擬聲現象

　　〈千句大悲咒〉中，有非常多具有某種規律，念起來富有韻律感的重複音節現象，筆者不知如何稱呼這種現象。為了行文方便，姑且借用「擬聲詞」這個語言學名詞，稱呼咒語中常見的、連串的、具有規律與音韻的音節現象。

　　〈千句大悲咒〉中的擬聲詞非常多，本文為了方便比較，只針對類似「娑囉娑囉，悉哩悉哩，蘇嚧蘇嚧」（sara sara siri siri suru suru）及「弭理，弭理，弭弭理」（mili mili mimili）等的三組擬聲詞情形分析。至於如「醯利，醯利」（hiri hiri）等兩組擬聲詞的情形，則不勝枚舉，限於篇幅，在此不贅述，留待日後再作分析討論。

　　本文探討〈千句大悲咒〉中的六種典型擬聲詞範例，這六種情形可以分成兩類：一、三組四言型，二、一句七言型。

一）三組四言型

　　茲將 927 句（〈千句大悲咒〉）的句數及其擬聲詞內容，分類列出如下（以下用英文大寫 X 代表梵文某一子音）：

句型	編號	千句大悲咒中句數	漢譯	轉寫
1-1 sara sara siri siri suru suru	1-1-1	055, 056, 057	娑囉娑囉 悉哩悉哩 蘇嚧蘇嚧	sara sara siri siri suru suru
	1-1-2	100, 101, 102	娑囉娑囉 悉哩悉哩 蘇嚧蘇嚧	sara sara siri siri suru suru

句型	編號	千句大悲咒中句數	漢譯	轉寫
	1-1-3	503, 504, 505	娑囉娑囉 悉哩悉哩 蘇上嚕蘇上嚕	sara sara siri siri suru suru
	1-1-4	658, 659, 660	娑囉娑囉 悉哩悉哩 蘇上嚕蘇上嚕	sara sara siri siri suru suru
1-2 Xara Xara Xiri Xiri Xuru Xuru	1-2-1	226, 227, 228	嚩囉嚩囉 尾哩尾哩 舞嚕舞嚕	vara vara viri viri vuru vuru
	1-2-2	234, 235, 236	迦囉迦囉 枳哩枳哩 矩嚕矩嚕	kara kara kiri kiri kuru kuru
	1-2-3	586, 587, 588	迦囉迦囉 枳哩枳哩 矩嚕矩嚕	kara kara kiri kiri kuru kuru
	1-2-4	703, 704, 705	迦囉迦囉 枳哩枳哩 矩嚕矩嚕	kara kara kiri kiri kuru kuru
	1-2-5	707, 708, 709	左囉左囉 唧哩唧哩 祖嚕祖嚕	cara cara ciri ciri curu curu
1-3 Xala Xala Xili Xili Xulu Xulu	1-3-1	222, 223, 224	左攞左攞 唧理唧理 祖虜祖虜	cala cala cili cili culu culu
	1-3-2	230, 231, 232	迦攞迦攞 枳理枳理 矩虜矩虜	kala kala kili kili kulu kulu

句型	編號	千句大悲咒中句數	漢譯	轉寫
	1-3-3	494, 495, 496	賀攞賀攞 呬理呬理 護嚧護嚧	hala hala hili hili hulu hulu
	1-3-4	509, 510, 511	曩攞曩攞 嬭理嬭理 努嚧努嚧	nala nala nili nili nulu nulu
	1-3-5	690, 691, 692	賀攞賀攞 呬理呬理 護嚧護嚧	hala hala hili hili hulu hulu
	1-3-6	693, 694, 695	迦攞迦攞 枳理枳理 矩嚧矩嚧	kala kala kili kili kulu kulu
1-4 Xaṭa Xaṭa Xiṭi Xiṭi Xuṭu Xuṭu	1-4-1	205, 206, 207	怛吒怛吒 底致上底致上 覩跓同上覩跓	ṭaṭa ṭaṭa ṭiṭi ṭiṭi ṭuṭu ṭuṭu
	1-4-2	479, 480, 481	吒吒吒吒 致上致致致 跓跓跓跓知古反	ṭaṭa ṭaṭa ṭiṭi ṭiṭi ṭuṭu ṭuṭu
	1-4-3	484, 485, 486	捴吒捴吒 唧致上唧致上 祖跓祖跓	caṭa caṭa ciṭi ciṭi cuṭu cuṭu

　　上表中，1-1 的主要聲母為 S 和 R，然後分別配上主要韻母 a, i, u[5]，即 1-1=SaRa SaRa SiRi SiRi SuRu SuRu。

---

5. 惠敏法師於其《大悲懺教學 DVD》(2005)中，解說 sara sara siri siri suru suru 時提到：a, i, u 是梵文的三個主要母音，而 e 與 o 中的 e，在梵

1-2 的主要聲母為 X 和 R，然後分別配上主要韻母 a, i, u，即
1-2=XaRa XaRa XiRi XiRi XuRu XuRu。

1-3 的主要聲母為 X 和 L，然後分別配上主要韻母 a, i, u，即
1-3=XaLa XaLa XiLi XiLi XuLu XuLu。

1-4 的主要聲母為 X 和 Ṭ，然後分別配上主要韻母 a, i, u，即
1-4=XaṬa XaṬa XiṬi XiṬi XuṬu XuṬu。

二）一句七言型

2-1

句型	編號	千句大悲咒中句數	漢譯	轉寫
2-1	2-1-1	023	弭理　弭理　弭弭理	mili mili mimili
Xili Xili	2-1-2	037,038	枳理　枳理　枳枳理	kili kili kikili
XiXili	2-1-3	048,049	額理　額理　額額理	nili nili ninili
	2-1-4	074	唧理　唧理　唧唧理	cili cili cicili
	2-1-5	214,215	地理　地理　摩賀引地地理	dhili dhili (mahā) dhidhili（變化形）

2-1 的主要聲母為 X 和 L，然後分別配上主要韻母 i，即 2-1=XiLi XiLi XiXiLi。

文中可看成是 a＋i；同理，o 可看成是 a＋u，因此此二字可看成是
a, i, u 的組合。本文從其看法，將 a, i, u 稱作三個主要母音。

2-2：接近 2-1 的七種形式

句型	編號	千句大悲咒中句數	漢譯	轉寫
(1) hili hili Xihili	2-2-1	432	呬理 呬理 弭呬理	hili hili mihili（變化形）
(2) Xali Xāli XaXāli	2-2-2	130,131	迦理 迦引理 迦迦引理	kali kāli kakāli（變化形）
(3) Xule Xule XuXule	2-2-3	203	矩黎 矩黎 矩矩黎	kule kule kukule（變化形）
(4) Ximi Ximi XiXimi	2-2-4	525	地弭 地弭 地地弭	dhimi dhimi dhidhimi（變化形）
(5) Xiri Xiri XiXiri	2-2-5	052,053	底哩 底哩 底底哩	tiri tiri titiri
	2-2-6	119,120	弭哩 弭哩 弭弭哩	miri miri mimiri
(6) Xuru Xuru XuXuru	2-2-7	078,079	努嚕 努嚕 努努嚕	duru duru duduru
(7) Xunu Xunu XuXunu	2-2-8	395	輸努 輸努 輸輸努	śunu śunu śuśunu

　　上面 2-2 的型式，與 2-1 的 XiLi XiLi XiXiLi 類似，但主要聲母或韻母，略有變化。

　　而 sara sara siri siri suru suru 中的 sara sara 是「四言型」（四個音節），整個六句是 AABBCC 等三組的型態，本文稱之為「三組四言型」。而「七言型」（七個音節）是 Xili Xili XiXili，共七個音節，它只有一句，因此稱為「一句七言型」。

以上兩類型式中，1-1 至 1-4 的母音順序都是 aa, aa, ii, ii, uu, uu；而 2-1 的母音都是 ii, ii, iii，2-2-1 的母音為 ii, ii, iii，2-2-2 為 ai, āi, aāi，2-2-3 為 ue, ue, uue，2-2-4 至 2-2-6 為 ii, ii, iii，2-2-7 為 uu, uu, uuu，2-2-8 為 uu, uu,uuu。由此可知，所有母音都具規律性，而且除一個使用長音 ā 的例子，其餘皆用主要母音 a, i, u。茲將全部範例及其母音順序對照製表如下：

母音順序	編號	小計
aa, aa, ii, ii, uu, uu	1-1-1~1-1-4, 1-2-1~1-2-5, 1-3-1~1-3-6, 1-4-1~1-4-3	18
ii, ii, iii	2-1-1~2-1-5, 2-2-1, 2-2-4~2-2-6	9
uu, uu, uuu	2-2-7~2-2-8	2
ai, āi, aāi	2-2-2	1
ue, ue, uue	2-2-3	1

其次由節奏性分析，全部 31 例中，「三組四言型」的節奏為 AA-BB-CC，「一句七言型」的節奏為 AB-AB-AAB。

又全部例句中，除 2-2-1（hili hili mihili）是三個子音，其他例句都是只有兩個子音，然後再配合母音作重疊反覆。例如 1-1-1 是用 s 與 r，然後再重疊、反覆；或先重疊再反覆；或反覆但變換母音。如 mili mili mimili、sara sara siri siri 等。

擬聲詞的現象，在以上所選房山〈千句大悲咒〉的內容中，主要有上述二種典型：「三組四言型」和「一句七言型」，它們呈現出語音上的規律性、節奏性、重疊反覆的特色。

接著從詩歌、語文等角度探討〈千句大悲咒〉中的擬聲詞。

四、詩歌與擬聲詞

音樂是人類共通的語言，而音樂詞曲中常會見到使用重疊反覆的文句。大陸的吳超先生就這種重複現象，解釋為：

> 構成民歌音樂美的條件，除了形體規範、韻律和諧、音調鏗鏘、節奏明快、旋律優美、聽之入耳、念著順口、易記易傳等等因素外，還有一個重要因素就是講究重疊、反覆。所謂「重疊反覆」，就是通過字、詞、句、段的重疊和反覆，起到強調感情、突出事物、貫通氣勢、協和音律的作用，造成一種回旋往復、跌宕起伏的節奏感和抒情氣氛，引起人們的共鳴。[6]

以中、日、梵文為例，四個音節的型式與七個音節的型式，可能都是最適合人類唱誦或述說的音節組合。四個音節的型式，中文如「辟里啪拉」、日文如「ぺらぺら」（pera pera），梵文如「sara sara」，這些都是四言型的例子。

「三組四言型」，基本上類似上述的 sara sara siri siri suru suru。茲舉《詩經》中的例子，如「關關雎鳩，在河之洲，窈窕淑女……」，「碩鼠碩鼠，無食我黍……樂土樂土……」。還有，曹操〈短歌行〉中「月明星稀，烏鵲南飛，繞樹三匝……」。

「一句七言型」的型式，類似上述的 mili mili mimili，如李白〈將進酒〉的「黃河之水天上來」，或者歐陽修〈玉樓春〉的「漸行漸遠漸無書」。

---

6. 見吳超（1989, 157）。感謝吳翠華教授提供寶貴意見。

　　有關七言詩，日本有一位禪門俳句名家芭蕉，他的名句「か
わず（かえろ、かえる）とびこむ」，也是個七音節型的詩詞歌
謠的例子，該句被吳怡教授譯為「青蛙躍入水中央」。[7]

　　英文民歌與情歌中，也常見這種七言的例子，如耳熟能詳的
民歌 "Still five hundred miles to go," 或情歌中的 "Love me
tender love me more," 也是七音節型。

　　由此段討論可知，〈千句大悲咒〉中的擬聲詞，具備了詩歌
的「形體規範」、「韻律和諧」和「重疊反覆」等特性，所以在唸
誦時能產生節奏明快、悅耳、順口、易於記誦受持等作用。

五、從中日文探討擬聲詞的語音結構

　　梵文〈大悲咒〉中 sara sara 的擬聲現象，中、日文也有類似
的情形，以下簡單介紹。

一）中文

　　竺家寧教授於〈論擬聲詞聲音結構中的邊音成分〉中，提到
中文擬聲詞的情形，茲引文如下：[8]

現代漢語的擬聲詞聲音結構，普遍存在著夾帶邊音成分的現
象，如：

希里嘩啦	淅瀝淅瀝	嘟嚕嘟嚕	叮零咚隆	樸隆樸隆
辟里啪拉	嗶里嗶里	呼嚕呼嚕	丁鈴當郎	當郎當郎

7. 見吳經熊著‧吳怡譯，《禪學的黃金時代》（1999, 257）。
8. 見竺家寧（1995, 1–13）。

嘰里咕嚕	唰拉唰拉	嗚里哇啦	啪拉啪拉	唭里硠嚨
卡拉卡拉				

竺教授以上面例子，說明 ABCD 的型式中，第二字（B）與第四字（D）都是所謂的「邊音」（Lateral Sound），亦即"l"的音，所舉的例子有：la, li, lu, ling, long, lang。由此可知，中文擬聲詞使用「邊音」的情形很普遍。

再回到〈大悲咒〉中的 sara sara siri siri suru suru，其對應音在中文的常用語中，只有淅瀝淅瀝（siri siri），而無 sara sara 與 suru suru。

二）日文

日文的擬聲詞「ABAB」型也很多，如下表中的範例，其中サラサラ（sara sara）意為乾爽不黏膩狀；而スルスル（suru suru）則有事情進行順利與滑溜溜的意思。以「ABAB」型的 B 為例，在擬聲詞中出現的頻率第一位為ラ（ra），第二位是促音，第六位是リ（ri），第十二位是ル（ru）；從此也可看出ラ（ra）、リ（ri）、ル（ru）作擬聲詞的情形很多。

日文	羅馬拼音	意義
がらがら	gara gara	1.物體碰撞聲 2.空蕩蕩
さらさら	sara sara	平滑乾爽
するする	suru suru	滑溜溜
ぺらぺら	pera pera	說話流暢

日文	羅馬拼音	意義
ぱりぱり	pari pari	1.輕薄的物品破裂　2.變硬[9]
いらいら	ira ira	生氣、不冷靜
ぎりぎり	giri giri	1.於期限內努力　2.勉強（通過）
もりもり	mori mori	豪爽吃東西
ゆらゆら	yura yura	輕柔搖擺樣

　　從上文可見，日文的擬聲詞中，以 ra、ri 作結尾的情形非常多。相較於中文有淅瀝淅瀝（siri siri）的對音，而無 sara sara 與 suru suru 的對音，日文剛好相反，有さらさら（sara sara）與するする（suru suru），而無 siri siri 的對音。

　　又檢視上表所舉日文擬聲詞範例，可發現它和中文擬聲詞大量使用邊音(l)的特色不同，其第二、四音節的子音，都使用 r。不過，因為日文沒有 l 音，其 r 音即兼具 l 的特性。若從這一點來看，日文擬聲詞還是與中文擬聲詞大量使用邊音(l)的特色相近，只是 l 都為 r 所取代了。

三）千句大悲咒擬聲詞的邊音現象

　　相較於中、日文擬聲詞的語音結構使用「邊音」(l) 與 r 的情形，佛教咒語中的擬聲詞，是否也有類似情形？茲再整理比較

---

9. 語言的傳遞與互相影響的現象，其實很有趣。在台灣，pari pari 也是個常用詞，意即：很帥氣的樣子。很多人以為此字來自日文，就像描述語言說得很流利的 pera pera 一樣。不過我仔細查閱所有的日文資料，也問過不少日本友人，對他們而言，pari pari 在日文的使用方法中，都沒有帥氣的意思，所以將 pari pari 當作很帥氣的樣子，應該是台灣人自創的用法。

前面所舉「三組四言」及「一句七言」型，共 31 個範例，其第二、四組聲母轉寫對照製表如下：

第二、四組聲母轉寫	擬聲詞範例	數目
l （邊音）	1-3-1, 1-3-2, 1-3-3, 1-3-4, 1-3-5, 1-3-6, 2-1-1, 2-1-2, 2-1-3, 2-1-4, 2-1-5, 2-2-1, 2-2-2, 2-2-3	14
r	1-1-1, 1-1-2, 1-1-3, 1-1-4, 1-2-1, 1-2-2, 1-2-3, 1-2-4, 1-2-5, 2-2-5, 2-2-6, 2-2-7	12
ṭ	1-4-1, 1-4-2, 1-4-3	3
m	2-2-4	1
n	2-2-8	1

上表中，梵文咒語擬聲詞的第二、四組聲母，使用 l 和 r 的情形大約各佔一半，還有少數使用 ṭ、m、n。茲計算其比例為：有 14 個用 l（佔總數 45％），12 個用 r（佔總數 39％），因此使用 l 與 r 的範例共 26 個，佔總數 84％；其餘使用 ṭ、m、n 佔 16％。

由以上中、日文及梵文咒語擬聲詞的第二、四組聲母，大量使用「邊音」(l)，其次是 r 的情形，可知這是擬聲詞中普遍的現象。因為古代中、日兩國都受佛教影響很深，所以兩國的擬聲詞中的邊音現象，有可能是受到佛教的影響。這部份則有待音韻學專家進一步研究。

此外，邊音與「四流音」r, r̄, l, l̄ 的發音接近，關於四流音的探討，前輩學者饒宗頤教授及季羨林教授，以及王邦維教授等皆

有專文可參考。另外饒教授還撰有專文，說明唐代以後南戲戲神咒中的「囉哩嗹」現象，在佛教、道教及民間的流布情形。[10] 按「囉哩嗹」的聲母皆為「邊音」，該文正說明「邊音」隨佛教影響漢地的情形。

六、咒語中重疊反覆字句的作用

咒語用字中，重疊反覆的現象很多，筆者認為咒語中重疊反覆的字詞，除了是一種語音現象，應該還是一種發揮或執行咒語力量的聲符，代表該段咒語正在進行加持或淨除等作用。茲舉其他咒語中，非擬聲詞的重疊反覆現象為例，如〈佛頂尊勝陀羅尼〉的內容（為方便閱讀，筆者將非擬聲詞的重疊反覆字句，以加底線方式標明）：[11]

（佛頂尊勝陀羅尼）oṃ bhrūṃ svāhā/ oṃ namo bhagavate/ sarva trailokya prativiśiṣṭāya buddhāyate namaḥ/ tad yathā/ oṃ bhrūṃ bhrūṃ bhrūṃ/ śodhaya śodhaya/ viśodhaya viśodhaya/ asama samanta avabhāsa spharaṇa/ gati gagana svabhāva viśuddhe/ abhiṣiñcantu māṃ/ sarva tathāgata sugata vara vacana amṛta abhiṣekair/ mahā-mudrā mantra padaiḥ/ āhara āhara/ mama āyur saṃdhāraṇi/ śodhaya śodhaya/ viśodhaya viśodhaya/ gagana svabhāva viśuddhe/ uṣṇīṣa vijaya

---

10. 參饒宗頤（1993, 209–220）。
11. 此處所列梵文〈尊勝咒〉，是依據法鼓山的《瑜伽焰口》本中的〈尊勝咒〉所作的重建梵文本，其內容筆者曾以〈瑜伽焰口尊勝咒梵文重建本試作—以法鼓山瑜伽焰口本為例〉一文，發表於「明復法師圓寂一週年紀念研討會」。此版本〈尊勝咒〉的內容，與藏傳佛教近年來在台灣大為盛行的〈尊勝長咒〉內容幾乎相同。

pariśuddhe/ sahasra raśmi saṃcodite/ sarva tathāgata avalokani/ ṣaṭ-pāramitā paripūraṇi/ sarva tathāgata māte/ daśa-bhūmi pratiṣṭhite/ sarva tathāgata hṛdaya adhiṣṭhāna adhiṣṭhite/ mudre mudre mahā-mudre/ vajra kāya saṃhatana pariśuddhe/ sarva karma āvaraṇa viśuddhe/ pratinivartaya mama āyur viśuddhe/ sarva tathāgata samaya adhiṣṭhāna adhiṣṭhite/ oṃ maṇi maṇi mahā-maṇi/ vi-maṇi vi-maṇi mahā-vimaṇi/ mati mati mahā-mati/ ma-mati su-mati/ tathāgata bhūta koṭi pariśuddhe/ visphuṭa buddhi śuddhe/ he he/ jaya jaya/ vijaya vijaya/ smara smara/ sphara sphara/ sphāraya sphāraya/ sarva buddha adhiṣṭhāna adhiṣṭhite/ śuddhe śuddhe/ buddhe buddhe/ vajre vajre mahā-vajre/ su-vajre/ vajra garbhe/ jaya garbhe/ vijaya garbhe/ vajra jvālā garbhe/ vajrodbhave/ vajra saṃbhave/ vajra vajriṇi/ vajraṃ bhavatu mama śarīraṃ/ sarva satvanāñ ca kāya pariśuddhe bhavatu/ sadā me/ sarva gati pariśuddhiś ca/ sarva tathāgatāś ca/ māṃ samāśvāsayantu/ buddhya buddhya/ siddhya siddhya/ boddhaya boddhaya/ viboddhaya viboddhaya/ mocaya mocaya/ vimocaya vimocaya/ śodhaya śodhaya/ viśodhaya viśodhaya/ samanta mocaya mocaya/ samanta raśmi pariśuddhe/ sarva tathāgata hṛdaya adhiṣṭhana adhiṣṭhite/ mudre mudre mahā-mudre/ mahā-mudrā mantra padaiḥ/ svahā

〈佛頂尊勝陀羅尼〉的重疊反覆的文句中，有時是「不斷地」意思，有時是「強調」之意。如「śodhaya śodhaya viśodhaya viśodhaya」，是「清淨、清淨、更清淨、更清淨」之意（此處之「更」字，原文為 vi，是強調語詞）；「mudre mudre mahā mudre」是「手印、手印、大手印」之意；「vajre vajre mahā vajre」是「金剛、金剛、大金剛」之意。

七、結論

　　本文借用「擬聲詞」一詞來描述咒語中無字面意義的音節重複現象。並以《房山石經》的〈千句大悲咒〉為例，分析其中的「三組四言型」與「一句七言型」兩種「擬聲詞」典型，指出其中的規律性、節奏性與重複性。

　　就詩歌的角度探討，於〈千句大悲咒〉的「擬聲詞」中，可發現它具有詩歌的特性，能產生節奏明快、悅耳、順口、易於記誦受持等作用。

　　其次由語音結構看，〈千句大悲咒〉的「擬聲詞」與漢文及日文擬聲詞，都具有第二、四組聲母大量使用邊音（l）與 r 的現象，說明三者之間的共同性與關聯性。中、日、梵文的擬聲詞中，第二、第四，乃至第七音節，使用 r 或 l 開頭，後接主要母音 a, i, u 三字的機會最多。

　　再者，由其他咒語中「非擬聲詞」的重疊反覆文句之用法，可以輔助說明擬聲詞也有「強調」或「不斷」的意思。

　　經由本文分析，筆者認為咒語中的「擬聲詞」，具有運用音節的規律性、節奏性和重疊反覆的特性，以達到方便憶持、傳誦及強化等效果。

　　限於時間與能力，本文僅初步探討咒語中的擬聲詞現象。相關課題或許還能從梵文聲明學的角度，或是從印度現有口語習慣中找出類似的擬聲詞現象，再加以歸納整理，而這是進一步研究的方向。

參考文獻

一、藏經、古籍、工具書

《台北版·西藏大藏經》。台北：南天書局。第 18 冊，第 594 經（de bzhin gshegs pa thams cad kyi gtsug tor rnam par rgyal ba zhes bya ba'i gzungs rtog pa dang bcas pa，佛說一切如來烏瑟膩沙最勝總持經），頁 240–242。

《釋教最上乘秘密藏陀羅尼集》，〔唐〕釋行琳。《房山石經》冊 28。北京：華夏出版社。

《藏密真言寶典》，中國藏語系高級佛學院研究室、中國佛教文化研究所編。北京：宗教文化出版社，2002 年 12 月，一版四刷。

二、中文專書、論文（期刊、論文集）：

竺家寧

　　1995　〈論擬聲詞聲音結構中的邊音成分〉《國立中正大學學報·人文分冊》6-1。嘉義：國立中正大學中國文學系。頁 1–13。

吳超

　　1989　《中國民歌》。杭州：浙江教育出版社。

吳經熊

　　1999　《禪學的黃金時代》，吳怡譯。台北：商務印書館。

釋惠敏

　　2005　《大悲懺教學 DVD》。台北：西蓮淨苑出版社。

饒宗頤

　　1993　〈南戲戲神咒「囉哩嗹」之謎〉《梵學集》。上海：上海古籍出版社，頁 209–220。

三、西文專書、論文：

Staal, Frits

　1996　*Ritual and Mantras: Rules Without Meaning*. Delhi: Motilal Banarsidass.

觀音顯化與變形

—觀音在古典小說中的藝術形象

金明求（Kim Myung Goo）

韓國·國立釜山大學

人文學研究所　研究教授

摘　要

　　中國古典小說的觀音研究，大多著重於觀音靈驗與救難故事，而由文學角度來考察觀音形象之顯化與變形者實不多見。本文擬以零散的觀音描寫片段為基本資料，分別從作者、讀者和人物的角度來考察觀音形象之變化，此舉有助於暸解觀音信仰與民間文化之融合，並且對於認識其中所反映的民間思想與宗教意識，以及小說作品中豐富的藝術特點，均具有重要的意義。

一、前言

　　觀音信仰自三世紀傳入中國以後，很快地便在各地蓬勃發展，並且熱烈而持久地風行於各個社會階層。觀音信仰牽涉十分重要、複雜與廣泛的課題，因此在許多佛教經典和傳說故事集裡，保存了豐富的觀音故事史料。

　　這些觀音故事裡各有不同的觀音形象，依據觀音信仰的內容與性質，可分為佛教觀音、密教觀音和中國化觀音三大類。[1]其中中國化觀音形象以觀音靈應集、寶卷、話本和傳奇為依憑，其形象多受民間文學影響，較常見者有楊柳觀音、白衣觀音、送子觀音、魚籃觀音、南海觀音和水月觀音等，上述觀音皆具有和善、秀美與仁慈的相貌。

　　關於觀音之形象，在佛教經典中已有佛陀稱觀音為「善男子」，足見觀音本來應是男身，然而觀音在中國化過程中卻逐漸由男身變為女身。[2]觀音究竟是男性還是女性，歷來許多學者頗多爭論，因為民間所見的觀音像與觀音畫，幾乎都是女身，但在

---

1. 佛教觀音形象是以《法華經》、《華嚴經》、《觀無量壽佛經》等佛教經典為根據，其形象為一首二臂，頭戴化佛寶冠，手中多持蓮花、楊枝、淨瓶等。密教觀音形象以《十一面觀音經》、《千手千眼觀世音菩薩大悲心陀羅尼經》、《七胝佛母准提大明陀羅尼經》等密教經典為基礎，其形象為一首多臂，或多首多臂，手中往往執持不同的器物，來協助信眾解除種種的災厄與困難。參考國立故宮博物院，〈觀音特展〉，《中國文物世界》第 184 期，2000 年 12 月，頁 101。

2. 參考顏素慧編，《觀音小百科》（長沙：岳麓書社，2003 年 4 月），頁 44–45。

敦煌壁畫中許多觀音像卻屬男性，甚有出現蓄髭鬚者。宋代觀音
信仰在結合民間信仰之後，觀音形象更普遍地以女性樣貌出現，
而文學作品中所描繪的觀音形象也多為慈悲的女性。

　　觀音信仰到宋代以後發生較大變化，它逐漸與民間信仰融
合，進而創造出許多不同的觀音形象，據說能變化出的形象多達
三十三種，是即種謂「三十三身」。在古典文學作品中也明顯反
應了此一現象，宋代以後的文學作品中出現許多不同的觀音形
象，而且在描寫技巧上也有詳細、簡略、含蓄與象徵等多種手法。

　　在古典小說作品中，觀音故事與傳說實屬不少，主要是觀音
本緣、因緣、救難和感應故事，但直接描寫觀音形象與相貌者則
較為罕見。大部分觀音故事之敘述重心，不在於觀音形象之呈
現，而在於廣泛宣揚經典教義與訓話，如此一來自然就限縮與簡
化了對觀音形象的直接描述。但有些古典小說片段裡仍然保存著
多樣的觀音形象，如《夷堅志》中的馬頭觀音和白衣觀音；《太
平廣記》與《法苑珠林》中的鎖骨觀音；《龍圖公案》、《西湖二
集》和《西遊記》中的魚籃觀音；以及《聊齋志異》中的觀音化
身等。雖然觀音在古典小說中經常出現，然其描寫之內容、形式
與重點並不一致，但從這些零散片段的描繪中，均可看出觀音變
化多端的藝術形象與顯現形式。

　　至於小說作品中出現的觀音形象，主要表現之樣態有五：
一、作為供奉禮敬的聖像；二、夢中所見的觀音形象；三、依循
整個故事中的人物特徵而構思的觀音形象；[3] 四、透過觀音像與

---

3. 林淑媛在《慈航普渡─觀音感應故事敘事模式析論》一書中，提到
　觀音故事中所出現的觀音形象可分為三種，但筆者分析觀音登場作

觀音畫間接刻畫出之觀音形象；五、在其他不同的情節、場景之下的觀音化身形象。夢中所見的觀音形象與依循整個故事架構的觀音形象，皆屬觀音感應故事中的常見類型。這些作品的敘述重點並不在於觀音形象之刻畫，而是在宣揚佛教教義、弘揚觀音信仰。故而雖有觀音之出現，然觀音形象並未被具體直接呈現。雖然小說作品中經常出現作為供奉禮敬的聖像與夢中所見的觀音，但作者之目的大多僅在於藉由觀音登場勾畫作品的場景、氣氛和佈局而已，與觀音形象之描繪並無直接關聯。

對於觀音的研究，已有針對觀音圖像畫作之變化、觀音信仰的教義、觀音與民間信仰等不少面向，相關資料十分豐富。中國文學中的觀音研究，大多也著重於靈驗和救難故事，[4] 古典小說的觀音研究亦不例外。而經由文學角度考察觀音形象之研究實不多見。筆者認為，若不由宗教藝術和經典教義出發，而直接改由文學角度出發之觀音形象研究，將有助於瞭解觀音信仰與民間文化之融合情狀，對於認識其中所反映的民間思想與意識，和佛教

品中的形象描繪後，認為並不限於這三類，尚有更多類型；但為了維持本文的有機條理性，歸納為五個主要類型。參考林淑媛，《慈航普渡—觀音感應故事敘事模式析論》（臺北：大安出版社，2004 年11 月），頁 165。

4. 參考傅世怡，《法苑珠林六道篇感應錄研究》，臺灣師範大學國文研究所博士論文，1987 年；高禎霙，《魚籃觀音研究》，中國文化大學國文學所碩士論文，1991 年；方鄒怡，《明清寶卷中的觀音故事研究》，國立花蓮師範學院民間文學研究所碩士論文，2001 年；王儷蓉，《普門化紅顏—中國觀音變女神之探究》，臺灣大學中國文學研究所碩士論文，2003 年；呂和美，《漢傳觀音信仰之形成及其對唐、宋佛教婦女生活的影響》，玄奘人文社會學院宗教學系碩士論文，2004 年等。

文學豐富的藝術特點，更具有重要的意義，故決定在論述上採行此一途徑。

　　此外，本文不擬從觀音信仰理論與本緣敘述方面切入，僅以觀音的登場與顯像場面為中心，並以觀音形象之直接或間接描繪為主要研究對象，進行詳細的研討。取材方面，本文以宋代以後小說作品為主要研究範圍，以零散的觀音描寫片段為基本資料，分就作者、讀者、人物等角度考察觀音形象之顯現與變化。在中國古典小說中，觀音形象之出現，各時代都有數量不少的作品，其中描繪觀音形象之代表作品約有 19 部 33 篇（參考附錄）。本文即以此 33 篇的作品為主要素材，探究觀音形象之多惟展現。此為理解觀音信仰中國化過程中，觀音形象變化及其藝術內涵所不可忽略的因素。

二、觀音形象之正面顯化

　　中國古典小說中專為描繪觀音形象者，乃以觀音為主角的本緣故事為主，[5] 其他相關描繪散見於為數不多的各類作品之中。但在佛教故事、志怪小說和民間故事裡，則仍然保存著觀音形象描寫的相關資料。其中以觀音為題材的作品，多為觀音靈驗和報應等感應故事。小說作品中刻畫之觀音形象並不全面，部分作品

5. 以觀音為主角的觀音本緣故事如下：小說作品有《香山傳》、《觀世音菩薩傳略》、《南海觀音全傳》等；戲劇有《觀世音修道香山記》、《海潮音》、《觀音魚籃記》等；寶卷有《香山寶卷》、《千手千眼菩薩報恩寶卷》、《觀音普濟本願真經》、《魚籃寶卷》等。參考孫昌武，《中國文學中的維摩與觀音》（天津教育出版社，2005 年 1 月），頁 317–320。

以片段方式描寫觀音之外貌、服裝、體態等，手法簡略而含蓄；亦有對觀音姿容、神情、品格加以詳細描繪者，其中兼可觀看觀音之正反面描摹及其藝術特徵。

　　作品中所出現的觀音以幾個特定形象為主，尤其是宋代以後小說作品中的觀音，大部分為有著仁慈、和善、溫和特質的女性觀音，[6] 如魚藍觀音、白衣觀音、水月觀音、楊柳觀音等。有些民間故事裡也出現千手觀音、送子觀音、馬郎婦觀音、鎖骨觀音等女性觀音。這些小說作品與民間故事裡所出現的各類觀音形象，有時只為使用不同稱呼的同一個觀音；有時佛典中的觀音也被轉化為具有民俗特徵的觀音形象。無論如何，宋以後在小說與民間故事裡所出現的觀音都有婦女形象。

　　觀音形象之描寫中最常見的就是「魚籃觀音」。魚籃觀音，又可稱馬郎婦觀音、鎖骨觀音等有不同稱呼，[7] 雖然這些觀音形象之間有所區隔，但基本的人物形象是幾乎相同的。[8] 眾多觀音形象中最為流行者，首推魚籃觀音，其獲得了廣泛民眾的喜愛。在此一社會情境下，該形象自然地融入小說作品故事內容之中；

6. 佛典上都說觀音是「善男子」，在長期歷史演變過程中，觀音變相很容易地就成了女性相。因為女性的形象，較能象徵慈悲、善良、聰敏和美麗，與觀音菩薩「大慈大悲」的德行相吻合。參考羅偉國、張德寶，《圖說觀音菩薩・前文》（合肥：黃山書社，2000年10月），頁4。

7. 參考于君方著、釋自衍譯，〈魚籃提向風前賣與誰？—魚籃觀音〉，《香光莊嚴》61期，2000年3月，頁67–68。

8. 參考童瓊，《觀音信仰與女神崇拜—明清通俗文學的一種文化研究》，湖南師範大學中國古代文學學科碩士論文，2002年3月，頁14–16。

是以出現在小說作品中的觀音多顯示為魚籃觀音之形象,讀者於
閱讀過程之中,心中亦深刻引入「端嚴姝麗」的婦女與「手提魚
籃」的魚婦等樣貌。

對魚籃觀音之描寫存有不同的形式結構與內容含意。就觀音
之正面描寫而言,魚籃觀音為主要描繪圖象,其描寫形式與內容
可分為「簡單直敘」、「錯綜浮繪」、「觀音畫像」諸類。這些都是
宋以後小說作品中經常出現的形式與內容,「簡單」的描寫方式
乃以一至四句的短句來作描寫其人物形象,「詳細」的描寫方式
便以五句以上的長句描繪之,而「觀音畫像」之描寫則是在作品
中直接提及觀音畫與觀音像之內容。

一)簡單直敘之素描

在古典小說中出現之觀音形象的正面描寫僅有少數幾條,除
了專為弘揚佛法與觀音救濟故事者外,直接表現出觀音形象之作
品並不多。少數明顯描寫觀音形象的作品有《太平廣記》和《夷
堅志》等,而這些作品中呈現的形象描繪較為簡單,除了沒有具
體刻畫觀音形象之外,人物描繪的篇幅也未超過四句以上。雖然
這些簡單的人物描寫在形式結構與內容意含上,與詳細的描寫方
式有所差別,但為其簡單字句所涵蓋的內容、意涵、含蓄之象徵
意味亦十分豐富。首先看《太平廣記》〈彭子喬〉:

> 忽有雙白鶴集子喬屏風上。有頃,一鶴下至子喬邊,時復覺
> 如美麗人。

這個故事始原於南朝《觀世音應驗記》,後被收入《法苑珠
林》。《觀世音應驗記》中的「或復如似是人,形容至好」字句

於此被改為「如美麗人」。許多小說作品中的觀音形象描寫都是如此，十分簡略、模糊，甚而雖有觀音之出現，卻未有半句具體描繪。雖然這些句子並無詳細說明觀音的具體形狀，但其中已涵蓋觀音形象之整體概略輪廓，可看出觀音是具有美貌別趣的女身。有時簡略、代表性之描繪比具體、詳細之描繪更富含神秘意味，並推促讀者進入想像的空間。美麗動人的觀音形象，蘊含著足以引起諸人注目的特殊性，反映出當時民眾想望之美人典型，同時也顯現出對觀音不變的審美意識。反面言之，若觀音形象威嚴而兇惡，則勢必與讀者之期待有所扞格；作品中的觀音樣貌亦可說是滿足了人們心中對富有慈悲與溫柔特質之女性的盼望。

　　有時在欠缺對人物外貌之具體描繪的情狀下，讀者卻能透過情節的進展而自行塑造人物，這就是人物的藝術化、審美化過程，藉由想像力之引發使觀音的藝術面貌浮現出來。若已詳細描寫人物形象，讀者之感受恐限於特定形象特徵，而削弱其藝術效果，神秘感也轉為單調。因此有時刻畫人物時不能直接表達，而改採暗示、概略的描寫手法，或者交代含蓄、象徵的描繪形式，進而提高人物之藝術效果、增加濃厚的神秘感。《夷堅志》〈餘干譚家蠶〉中的馬頭觀音就是表達這些觀念的最好例證：

> 凡七晝夜，馬不見。忽得小佛相，似入定觀音，蒙頭趺坐。（《夷堅志》支丁卷7〈餘干譚家蠶〉）

　　這一段是對馬頭觀音的簡單描繪。[9] 馬頭觀音原是條蠶，長大後異於其他同類，繼而被置於佛堂，其中生出馬形的動物，再

---

9. 羅偉國等認為：「到了公元前三世紀，大乘佛教產生，將婆羅門教中的善神雙馬童，吸收並改變為佛教慈善菩薩—馬頭觀音，其職責就

過七日而化為觀音。這一段描述雖未直接體現觀音形象,單憑「佛相」、「入定」、「趺坐」等幾個暗示性詞彙概略而象徵地描繪馬頭觀音,仍能看出觀音之雛形與變形。觀音開始並不是人形,從蠶形而馬形,再由馬形化為人形。若非以「簡潔」、「淡化」之手法描寫,勢必因細節過多而顯得繁瑣,若不採此方式,恐將失其藝術魅力。雖然這些對觀音形象之描繪十分簡略,然而卻也因其帶有含蓄、象徵之意義,乃進而引發讀者的深入感受,確有其積極作用。前開陳述堪為人物形象刻畫之代表,與其他具體、詳細之描繪相較,毫無損色,甚而表現出更為強烈的藝術感然力,可謂入木三分。

二）錯綜浮繪的描摹

作品中的觀音形象,對相貌、神情、姿容和體態方面皆描寫得相當細膩,並皆呈現美麗女性的形貌。在許多女性觀音中以魚籃觀音最為常見,相關作品包括《夷堅志》、《太平廣記》、《西湖二集》與《西遊記》等。在這些作品中,觀音雖出現頻仍,然除《西遊記》以外,其他作品所作之正面描寫實為不多。多數情況下,觀音只是在作品中登場的人物之一,作者大多不另作詳細描寫,因為其敘述角度著重於作意好奇和賦予驚奇幻想,觀音之出現僅得依循著情節佈局登場,並未特立篇幅作細部描寫。不過,

---

是解救眾生苦難,安撫眾生之心。然而,這位慈善菩薩的形象還是一匹可愛的小馬駒。公元前一世紀,佛教才將馬頭觀音改為人的形象。」有關馬頭觀音變化為人形過程可以參考羅偉國、張德寶,《圖說觀音菩薩・前文》(合肥:黃山書社,2000年10月),頁1–2。

其中仍有以詩詞浮現觀音外貌與體態之筆，並評論其人品與精神：

> 深願弘慈無縫罅，乘時走入眾生界，窈窕丰姿都沒賽，提魚賣，堪笑馬郎來納敗。清冷露濕金欄壞，茜裙不把珠瓔蓋，特地掀來呈捏怪，牽人愛，還盡幾多菩薩債。」這一隻詞兒是壽涯禪師詠魚籃觀音菩薩之作。(《西湖二集》第 14 卷〈邢君瑞五載幽期〉)

這些描繪比起簡單描繪形式與內容，具有複雜、全面的特徵，但比其他通俗小說中的一些人物描寫，仍具簡化與概略化的特徵。[10] 不過，《西遊記》中觀音形象描寫，比起《夷堅志》、《太平廣記》和《西湖二集》中的片段描繪，確有詳細與細膩的描摹內容：

> 遠觀救苦尊，盤坐襯殘箬。懶散怕梳妝，容顏多綽約。散挽一窩絲，未曾戴纓絡。不掛素藍袍，貼身小襖縛。漫腰束錦裙，赤了一雙腳。披肩繡帶無，精光兩臂膊。玉手執鋼刀，正把竹皮削。(《西遊記》第 49 回〈三藏有災沉水宅觀音救難現魚籃〉)

---

10. 在通俗小說中的女性描寫豐富多樣，所描繪對象人物大部分是在作品中扮演十分重要的角色。這些比較詳細、長篇的描寫方式，如鬢、眉、眼、手、唇、齒等，皆是運用夸飾、譬喻、象徵的技巧作詳細的描繪，如「只見一簇青衣，擁著一箇仙女出來，生得：盈盈玉貌，楚楚梅粧。口點櫻桃，眉舒柳葉。輕疊烏雲之髮，風消雪白之肌，不饒照水芙蓉，恐是淩波菡萏。一塵不染，百媚俱生。」(〈鄭節使立功神臂弓〉)、「希白即轉屏後窺之，見一女子：雲濃紺髮，月淡修眉，體欺瑞雪之客光，臉奪奇花之艷麗，金蓮步穩，束素腰輕。一見希白，嬌羞臉黛，急挽金鋪，平掩其身，雖江梅之映雪，不足比其風韻。」(〈錢捨人題詩燕子樓〉)等。

　　這一段描寫，係孫悟空因唐僧「身落天河」而到南海求助，悟空性急而直入紫竹林睜眼偷覷。對於描繪觀音，運用比較詳細、長篇的描寫方式，如體態、服裝、外貌等，皆是以直敘技巧作細膩描述。觀音描繪開始從「姿勢」往身體的細部移轉，如「容顏」、「腰」、「臂」、「手」、「腳」等，分就身體的每一個部分與裝束加以描述，並運用平淡、素描的描寫方式，呈現出觀音之姿態與本領、性情與人品以及服裝配飾。此易於引起讀者對觀音之深入理解與關照，以及對於作品中之豐富描繪與敘述形式的注目。

　　在《西遊記》中的觀音就是人們內心中所注定的「魚籃觀音」，具有聖潔、和善的氣色。[11] 也有民俗、藝術的品格，[12] 體現著讀者的思想願望與審美情趣。這種能引起讀者「內面反應」，易於擴展讀者的想像空間，使他們成為意識觀念中的理想「女神」。然這些人們心中的魚籃觀音形象，亦生有變化。初步的魚籃觀音，是美貌清秀、多媚多嬌的美女形象；後來變成為救眾救濟、大慈大悲的慈母形象。這是當時民眾的心中盼望，作品中也充分反映如此現象：

> 理圓四德，智滿金身。纓絡垂珠翠，香環結寶明。烏雲巧迭盤龍髻，繡帶輕飄彩鳳翎。碧玉紐，素羅袍，祥光籠罩；錦絨裙，金落索，瑞氣遮迎。眉如小月，眼似雙星。玉面天生喜，朱脣一點紅。淨瓶甘露年年盛，斜插垂楊歲歲青。解八難，度群生，大慈憫：故鎮太山，居南海，救苦尋聲，萬稱

---

11. 參考歐陽健，〈從《觀世音應驗記》到《西遊記》〉，《漳洲師院學報》，1998 年第 2 期，頁 45。

12. 參考彭錦華，《〈西遊記〉人物的文字與繡像造形—李卓吾批評〈西遊記〉為主》，輔仁大學中國文學研究所碩士論文，1991 年，頁 190。

萬應，千聖千靈。蘭心欣紫竹，蕙性愛香藤。他是落伽山上
慈悲主，潮音洞裏活觀音。(《西遊記》第 8 回〈我佛造經傳
極樂　觀音奉旨上長安〉)

　　觀音行近佛前表示願往東土尋找取經人時，充分透露她的功
德與住處。[13] 這一段描寫，觀音的各個方面，如裝飾、眉毛、眼
睛、神情等描繪得淋漓盡致，把觀音形象描繪成一位天生麗質、
端莊嫵媚、秀美可親及高雅雍容的婦女形象，一位大慈大悲、救
苦救難的觀音乃被描繪的平易近人、親切感人。[14]

　　唐代的觀音具有男女混合的形狀，[15] 雖有姿容綽約的美麗外
貌，卻同時也在容顏上出現鬍子；縱然身形豐滿、姿態優美，但
胸部沒有乳線。宋代以後，觀音的男性特質逐漸消逝，變為較固
定的美貌女性形象，後來復由美麗女子之樣貌，代轉為性情溫
柔、滿顏寬心的慈母形象。[16] 這樣的形象變化與民眾的心理撫慰
有密切關係。當時社會因變化而產生動亂，易於失去人性而感到
迷惘，從而產生對可靠精神安慰之歸屬的需求，此亦為引致女相
變化的因素。[17] 女性觀音雛形著重於姿態與容貌，塑造與眾不同

---

13. 參考張靜二，〈論觀音與西遊故事〉，《國立政治大學學報》第 48 期，
　　1983 年 2 月，頁 158。

14. 參考王海梅，〈《西遊記》與觀音信仰〉，《濰坊學院學報》，2003 年 9
　　月，頁 83。

15. 參考賀嘉，〈民間傳說中的觀音〉，《民間文學論壇》，1996 年第 3 期，
　　頁 30。

16. 于君方著、釋自衍譯，〈魚籃提向風前賣與誰？—魚籃觀音〉，《香光
　　莊嚴》61 期，2000 年 3 月，頁 77–78。

17. 對於觀音從男變女的形象變化原因，宗教、文化、民俗等許多方面，
　　都已有不少的研究成果，但罕有著眼於人性、本能方面之探討。筆

的「天神」形象，但經過社會薰陶漸染之後，此一著重外貌的敘述特點漸漸移轉到氣質、品格方面的顯化。觀音面貌從此開始變為和善、仁慈的婦女。

> 八戒與沙僧看見道：「師兄性急，不知在南海怎麼亂嚷亂叫，把一個未梳妝的菩薩逼將來也。」說不了，到於河岸。二人下拜道：「菩薩，我等擅干，有罪，有罪。」菩薩即解下一根束褲的絲絛，將籃兒拴定，提著絲絛，半踏雲彩，拋在河中，往上溜頭扯著，口念頌子道：「死的去，活的住。死的去，活的住！」念了七遍，提起籃兒，但見那籃裏亮灼灼一尾金魚，還斬眼動鱗。（《西遊記》第 49 回〈三藏有災沉水宅觀音救難現魚籃〉）

這是孫悟空到南海求助唐僧，觀音即時救濟唐僧，未梳妝便提起籃兒前去通天河界，收金魚精的片段。她這一次隨意入俗的打扮中，使人感到真實的女人美。女人特有的嫵媚與靈氣在未梳妝的隨意中表現出來。梳妝意味著莊重、脫俗，與人的遠距離；未梳妝，意味著隨意、入俗，與人的貼近。女人美並不在於濃豔的裝扮和華麗的服飾，而在其柔美的體態。[18] 這次樸素溫柔的觀音，與「胭脂點唇」、「身瑩瓊環」的梳妝美女不同，展示出真實

者從與其他研究者不同角度，著重於「回歸母懷的本性」分析觀音變女相的原因，這也揭示觀音變女現象的主要動力之一。有關觀音形象變化的原因方面資料可以參考羅偉國、張德寶，《圖說觀音菩薩·前言》（合肥：黃山書社，2000 年），頁 4-5。

18. 參考童瓊，《觀音信仰與女神崇拜—明清通俗文學的一種文化研究》，湖南師範大學中國古代文學學科碩士論文，2002 年 3 月，頁 24。

動人的美感，並有及時救世救人的「善神」形象。[19] 在宋代以後文學作品中出現的許多觀音，皆化為婦女、老婦、魚婦，就能佐證這一點。

三）觀音畫像與造形之揣摩

在作品中經常出現觀音畫與觀音像，未扮演重要角色，亦無生動、人情的人物特徵。若單就人物之形象存在與否而言，觀音像與觀音畫在作品中的空間性、立體性及內涵意義，僅僅顯示觀音的圖像、陰影而已。但這些淡墨素形的「救神」、「保神」在作品中的作用與上述全然不同，可回應人們之求福救難、解脫苦海，實為具有生命活力的形體。在觀音題材的小說、故事中並無直接描繪觀音畫像，但當中部分作品所呈現的觀音畫像，遠比直接描繪更形逼真、生動，表現出觀音形象之多面向藝術特色。

（一）觀音像

在作品中的觀音像面貌多樣，直接呈現出觀音形象、外貌、體態等，比平面的描繪更生動活躍。透過對觀音像的描繪能看出不同的藝術表現。作品中的觀音像具有立體性，塑造形式就是坐像或立像，比觀音畫本身或其他藝術更具豐富的空間感。

> 場眾往視，無復踪跡，滿穴皆龜鱉螺蚌。或於蚌內作觀音像，姿相端嚴，珠琲纓絡，楊枝淨瓶，無不備具。（《夷堅志》支景卷6〈楚陽龍窩〉）

---

19. 參考歐陽健，〈從《觀世音應驗記》到《西遊記》〉，《漳洲師院學報》，1998 年第 2 期，頁 45。

在蚌內的觀音像描繪上，描述角度皆集中在特定的姿勢、裝配、體態，就帶珠琲纓絡的配飾，就有楊枝與淨瓶等。雖然這些觀音像沒有全方位的形象描繪，僅只出現平面、簡化的描摹，但所運用的直接描繪手法，與觀音一樣生動而逼真。這些對觀音體態、配飾特徵的描繪，如「姿勢端嚴」、「珠琲纓絡」、「楊枝淨瓶」等，在其他觀音形象描寫中也時常出現。再看另一對觀音像之描繪：

> 忽大聲從釜起，光焰相屬，舟人大恐，熟視之，一大蚌裂開，現觀世音像於殼間，傍有竹兩竿，挺挺如生，菩薩相好端嚴，冠衣瓔珞，及竹葉枝幹，皆細真珠綴成者。（《夷堅志》乙志卷 13〈蚌中觀音〉）

從蚌中出現的觀音像，其形象依姿態、衣裝、珠格、配物等的順序而描繪，「相好端嚴」、「冠衣瓔珞」等多有著共同的描繪傾向。

作品中的觀音像並不是主角，自然不需要全面的描繪，僅描寫其概略輪廓即可。這些老套、僵化的觀音像描繪的主要目的，不在於同時呈現觀音的多重面向，而在簡化觀音形象之固定面貌，使讀者容易接受。

事實上，從創作人物而言，點出讀者心中觀音的某個部分即可，只呈現出幾個句點，即外貌、姿容、服飾、配物等，就能使讀者心中的觀音形象與作者所構想的觀音形象容易接合，[20] 無須

---

20. 未就人物的性格加以描寫，而僅著重於外貌和姿容。對人物的詳細描繪在塑造人物形象的過程中有著相當重要的意義，讀者也得以更深入理解作者的用意。作者運用優美的修辭技巧塑造理想的小說人物，易於引起讀者的想像空間，與讀者意識觀念中的理想人物相配

多費篇幅詳細描繪觀音形象。這些現象於作品意義與內容的傳達
方面，是最具成效的表現方式。不過，就藝術形象之呈現而言，
並未充實表現出多面、複雜、立體的藝術形象，且固定、平面之
形象描繪方式的過度運用，使藝術形象之描繪手法更加僵化而呆
板，不能充分表現本領、性情與人品等多面的藝術內涵。

（二）觀音畫

作品中的觀音畫是透過作品人物之口述直接地描繪觀音形
象。這些方式不同於其他描寫方式，雖採取直接描繪卻未完全呈
現出觀音形象之整體面貌，僅以作品人物之視角與感受加以評
斷。作者沒有進行直敘形式，但形象描寫與直接描繪方式卻十分
相似，具有簡化、概括的特徵。然而值得注意的是，這些觀音畫
之描寫與其他人物直接描繪仍有不同，它集中於特定部位或象徵
部分，並未將描繪視角擴及全身：

> 那老僧把這一具黃金鎖子骨將錫杖橫挑在肩上，聳身駕雲，
> 騰空而去。眾人方知是羅漢臨凡，合掌向空禮拜，始信前日
> 紫竹林就是南海之像。自此之後，陝右多皈依三寶、誦經念
> 佛之人。馬氏一家篤信佛法，都成正果。因此，有人彷彿那
> 日形容，畫成「魚籃觀音」之像，流傳於世。(《西湖二集》
> 第 14 卷〈邢君瑞五載幽期〉)

在對觀音畫之描繪中沒有詳細闡述其細部，只是簡單交代：
「有人彷彿那日形容，畫成魚籃觀音之像」。其實這些觀音形象，
扼要點出一些特有、別緻的部分，使讀者易於接受，達到作者想

合。這種「內面反應」活動，容易引起讀者對作品人物的深入理解
與關照，以及理解作品中人物之複雜性格與心理意識。

要的敘述目標。這些形象描繪具有概略性與抽象性,雖然運用直接描繪之方式,但在描繪內容上卻有間接、模糊的描述特徵。

另一方面,觀音畫正式出現之前,在情節的進行與展現敘述過程中,已經由作者刻意安排初步體現該形象及提供觀音出現之線索,亦成為情節進行的副線,暗示觀音在作品中的角色,因此在結局或某些佈局上不需要再描繪觀音形象。

> 時都下有一鄭某,平素好善,家中掛一張淡墨素妝的觀世音像,日日敬奉無厭。……將錢回家,請精工繪水墨觀音之像,手提竹籃,京都人效之,皆相傳繪,此即今所謂魚籃觀音是也。(《龍圖公案》第 51 則〈金鯉〉)

觀音畫之出現,並未一次突然顯出,在情節一開始即有簡單描摩,給讀者提供明確的線索與暗示。因此進入觀音之描繪時,便不再詳細處理,僅以「水墨觀音」、「手提竹籃」幾個句子啟動讀者心中的觀音,產生生動活躍的藝術形象。這些描繪手法與讀者所塑造的觀音形象相接合,完成了觀音之全面認識與深入理解。

在作品中的觀音畫像描繪,雖有簡略、樸素與概略的特徵,但仍獲致不少藝術效果。[21] 作品中的觀音畫像,表面上運用直接描繪方式,但實以間接描繪為主要形式。這可能是觀音不在作品中擔任重要角色的原因。不過,在情節進行、主題呈現和場景轉

---

21. 宋代以後的觀音像與唐代相比更具藝術性,在形像、裝飾、繪事、雕塑等方面較淡化、樸素。在文學作品裡也十分反映如此現象。對觀音像之藝術變化可以參考林福春,〈論觀音形相之遞變〉,《宜蘭農工學報》第 8 期,1994 年 6 月,頁 203–204。

換過程中，則有不可或缺的重要意義，尤其是在呈現主題內涵與賦予幻象氛圍上，具有關鍵的作用。

三、觀音化身之多元展現

　　在古典小說中的觀音經常化為許多不同的形象，但大可分為男身與女身。在佛教經典裡觀音就是男身，進入中國後產生從男身到男女合身的變身，經過唐代的男女合身，可到宋以後觀音造型專有女身的外貌，服裝、配飾、體態也完全適合女身。[22] 雖然觀音形象多直接顯現為女相，但作品中的觀音化身，卻照著情節進行、人物塑造的影響等自由幻化為老少男女。在作品中所見之觀音顯聖情景亦不盡相同，有的看到的是女性，而塑成或畫成為女像；有的看到的是男性，而塑成或畫成為男像，[23] 不過，觀音化身中變化為女身的情形較多。

　　在古典小說中的觀音化身並不像佛經所說的那樣化為三十三身。[24] 雖然由故事情節的進行與節奏而變化為不同形象，但大

---

22. 參考童瓊，《觀音信仰與女神崇拜—明清通俗文學的一種文化研究》，湖南師範大學中國古代文學學科碩士論文，2002 年 3 月，頁 7–8。

23. 毛一波認為觀音變形不變性，《法華經》中的三十三身，女身少男身多，觀音三十三身，亦稱為應身。對應「應以何身得度者，即現何身而為說法。」因此觀音是在尋聲救苦，化為不同形象顯現，這是變形而已，並非「變性」。參考毛一波，〈觀音變形不變性〉，《海潮音》第 61 期，1980 年 3 月，頁 23–24。

24. 觀音化身之說，見於《法華經‧普門品》中的三十二種，或《楞嚴經》中的三十三種觀音化身。計為：（一）楊柳觀音、（二）龍頭觀音、（三）持經觀音、（四）圓光觀音、（五）遊戲觀音、（六）白衣觀音、（七）蓮臥觀音、（八）瀧見觀音、（九）施藥觀音、（十）魚

致可歸納為幾種人物類型：在女身方面，大部分變化為婦人、女郎、漁婦、佳人、妓女、老嫗和老丐等。這除了體現觀音「多化多變」特徵之外，亦是受到多種多樣的民間文化影響之結果。婦人和女郎形象大部分是感應故事中白衣觀音之轉身；漁婦、佳人與妓女形象則是馬郎婦故事中的魚籃觀音之變身；至於觀音傳奇故事中的千手觀音則化身為老嫗或老丐的形象。觀音也往往變化為年老的僧人、道人，化為男身的情形中尤以宗教人物居多，這與佛教教義、傳教對象有密切關係。

　　在古典小說中的觀音化身描寫，無論詳略都偏重女身形象；反而化為男身較為罕見，描寫內容也只限於身份、服裝、器物等。女身描繪主要在容貌、表情、動作方面，比正面顯化的詳細描繪簡單得多。正面顯化之描繪有針對外貌、服飾和配件等的仔細闡述，皆集中在外型和服飾方面；但女身描繪則著重姿態、本領、神情、人品、表情與動作等，對外貌、容顏、服飾雖亦有若干描繪，卻相當簡化，僅具象徵意義耳。

籃觀音、（十一）德王觀音、（十二）水月觀音、（十三）一葉觀音、（十四）青頸觀音、（十五）威德觀音、（十六）延命觀音、（十七）眾寶觀音、（十八）岩戶觀音、（十九）能靜觀音、（二十）阿耨觀音、（二十一）阿麼提觀音、（二十二）葉衣觀音、（二十三）琉璃觀音、（二十四）多羅尊觀音、（二十五）蛤唎觀音、（二十六）六時觀音、（二十七）普慈觀音、（二十八）馬郎婦觀音、（二十九）合掌觀音、（三十）一如觀音、（三十一）不二觀音、（三十二）持蓮觀音、（三十三）灑水觀音。于君方認為諸類觀音，與經典的來源無甚關聯，例如在中國文化與藝術上很有名的水月觀音與白衣觀音，卻未在經典中被提到。其他三種觀音，如魚籃觀音、蛤唎觀音、馬郎婦觀音，都來自中國的傳說。可以參考于君方著、徐雅慧譯，〈多面觀音—觀音的多重定位〉，《香光莊嚴》59 期，1999 年 9 月，頁 73–74。

一）女相之姿容勾勒

對女身描繪可分為簡略描繪與詳細描繪兩個部分。簡略描繪是以一至四句概括觀音化身之整體形象,詳細描繪則以五句以上的句子刻畫化身形象。雖然化身的詳細描繪與正面顯化中的詳細描繪在篇幅和內容上俱有差別,但對觀音化身仍然維持仔細刻畫人物的描寫形式。

觀音化身形象,無論詳略都作婦女和女郎形。在觀音化身之美貌的描寫內容與技巧方面,比起一般描繪美人形象作品來說,總是難求完足。因為觀音化身描繪的重點並不在於讚美容貌和浮現嬌態,而更須呈現觀音行善、慈悲的人品與精神,而這也反映出人們對觀音形象的要求。

（一）概略賦予人物的輪廓：簡略描繪

在作品中經常出現對觀音化身的簡略描繪,其具有含蓄與簡化的藝術特徵。觀音化身之簡略描繪有幾種類型,分別是「概略輪廓」、「描寫服裝」和「行為顯示」,茲述之如下:

其一,「概略輪廓」是古典小說描寫女人最常見的形式,經常出現「生得美貌」、「十分臉色」等字樣,觀音化身之描繪也不例外。

> 天早起來,只見一個婦人走到船邊,將一個擔桶汲水,且是生得美貌。(《初刻拍案驚奇》第 24 回〈鹽官邑老魔魅色會骷山大士誅邪〉)

有時「生得美貌」字句前後亦有對美人姿容、體態和裝飾的敘述。描繪觀音化身,就其內容與形式而言,與正面顯化中的簡

單描繪具有相似處。然二者區別在於正面顯化的簡單鋪敘中，觀音形象直接出現，而觀音化身之簡單描寫中，則未如此直接顯現，而是依循情節的進展、背景的轉換來顯現不同的化身。

其次，「描寫服裝」並未對外貌進行詳細描繪，而以服裝與配件描寫來代替人物刻畫。在許多作品中的觀音形象描寫，皆以服裝與配飾來代替仔細的外貌、體態和神情等。《龍圖公案》之〈金鯉〉描述：

> 鄭某醒來，次早到河邊看，果見一中年婦人，手執竹籃，內放小小金色鯉魚，立在楊柳樹下，等著鄭某來到。（《龍圖公案》第 51 則〈金鯉〉）

雖然此處未直接鋪敘婦人之容貌和姿態，但仍得以透過舉止、配件和器物推測其概略的形象特徵及身份。這些以配物描繪呈現人物形象之作法，不比直接描繪人物深入、透徹，但從此可略見形象的全面特徵，能鋪構人物的概略圖像，並推測人物的立體輪廓。

其三，「行為顯示」，是透過人物之行為能知道人物的不同面貌與複雜的心理狀態。這些描寫「行為」就是間接刻畫人物的形式，有時比直接描繪更具藝術效果。行為描繪與其他描繪方式不同，其依照內容結構而調整其形式與內容，故而乃依憑情節的進展軸線刻畫人物行為，或預示產生如此行為之線索。雖然這些間接描繪方式較直接刻畫方式模糊而含蓄，但彌補了直接描寫的單調和偏向局面，亦有利於顯現出人物之複雜多樣的面貌。

觀世音菩薩卻仍舊化為一個窮苦老嫗，下山到得城市，一路求化飲食，大家反沒有留意。(《觀音菩薩傳奇》第 27 回〈觀自在南海清修憫苦厄中原化度〉)

法空長老道：「當初觀音大士見塵世欲根深重，化為美色之女，投身妓館，一般接客。凡王孫公子見其容貌，無不傾倒。一与之交接，欲心頓淡。」(《喻世明言》第 29 卷〈月明和尚度柳翠〉)

自見夢之後，因在喪中，時時對著聖像祈禱，未十日，門外來了一布衣婦人，手敲木魚，口誦六字真言。(《通天樂》第 7 種〈除魔魅〉)

　　通過這些人物之「行為」、「舉止」的描繪，就可看出人物之身份、心理，以及多樣、立體的人物形象。在〈觀自在南海清修憫苦厄中原化度〉中的觀音化為窮苦老嫗，從山上到城市「求化飲食」，透過老嫗的求食行為就可理解她處於窮苦、懊惱的情況。在〈月明和尚度柳翠〉與〈除魔魅〉中的「投身妓館，一般接客」、「手敲木魚，口誦六字真言」上，可以得知她們的身份地位、容貌體態，並影射出人物內心層面的性格、人品和神情等。若運用詳細與簡略兩種方式補充「行為」，往往原本在描繪人物形象時所忽視的部分，或無法全面呈現出的人物之真實面貌，竟得以因此表現出內面與外面的立體、活躍與多面形象。

　　「行為」是人物性格與行動的充實紀錄，也能浮現出人物心中的用意與想法等種種內在反應。無論外形的具體行為，或心中隱然藏起的非實的心緒，都可表達在行為上。因此從行為的簡單描寫中，亦可看出人物多樣而複雜的心理趨向。不過，這些行為的方式也受限制。因為在作品中的人物行為會因循故事的進展而

改變，有時可能引致前、後行為的不同，單憑其一不足以涵蓋人物之全部性格。故需宏觀地分析出現於整個作品中的各類不同舉止，才能詳知其形象之多面性。因此人物描繪中的「行為顯示」也是認識人物之外面環境與內面心理的重要方式。

在古典小說作品中，觀音化身常以簡單面貌出現。除了以觀音為主角的作品之外，觀音化身鮮少全面呈現；大部分作品中的觀音化身，多在短時間出現後旋即消失，具有神奇、幻象的氛圍。但在具體的行為描寫中則得見形象之真實面貌。觀音化身出現的作用在情節進行中彌補了主角之外的空隙，並具調節整個情節的進展、人物配置以及場面轉換之功能；是以作品中對觀音化身之描繪，多不以大篇幅敘述。故「簡單描摹」與「暫時顯化」在情節中扮演著不同功能，從其形象之描繪中能理解複雜多樣的藝術面貌。

（二）鋪敘扮演角色的多樣形象：詳細描繪

作品中對觀音化身之詳細描寫也偏重於女性，其中以魚籃觀音、白衣觀音之化身最多。這些人物描繪，從臉部開始依循身體、服裝、裝飾、性情、腳步和姿容次序進行。不同於一兩句的描繪方式，為細膩、多面、複雜的形象描寫。就描寫篇幅而言，多者十數句，少者沒有一定的規律。篇幅長短雖有差別，內容描繪、人物體現、修辭運用等各方面都十分精巧。大部分的描繪形象，多在五句以上，描繪部位也在兩個以上。就描寫部分而言，有姿態、舉止、性情、配件、裝飾等，十分多樣。

人物描寫形式方面，有簡單敘述方式，也有複雜、多樣的描寫。從化身描繪的形象而言，可分為「美人」、「魚婦」、「老媼」。

觀音化身為美人，具有「紅妝艷麗」、「端嚴姝麗」的特徵。其描繪重點在於與眾不同的美女容貌與姿態，以簡化的詞句來描繪美貌的典雅與聖潔。觀音化身之形象，具有與俗人不同的體態與人品，若像針對一般美女一樣運用夸飾、譬喻、象徵等修辭技巧描繪[25] 化身俗人的觀音，實與觀音形象不合，且缺少其個性與精神。因此在作品中不常以描寫美女的「標準」來描述觀音化身形象。

> 內一婢，乘小駟，容光絕美。稍稍近覘之，見車幔洞開，內坐二八女郎，紅妝艷麗，尤生平所未睹。目炫神奪，瞻戀弗舍，或先或后馳數里。(《聊齋誌異》卷1〈瞳人語〉)

> 忽然一日，不知那裡來了一個絕色女子，年紀不過十七八歲之數，雲鬢堆鴉，丹霞襯臉，唇若塗朱，肌如白雪，手裡提著一個籃子，走到市上賣魚為生。(《西湖二集》第14卷〈邢君瑞五載幽期〉)

在作品中描繪觀音化為美女，與具有豔情、嬌態的其他美女描寫相較，顯得簡略而典雅。該類描述不依循身體各部份作細膩描寫，而集中幾個特定部位與配飾，如「雲鬢堆鴉」、「丹霞襯臉」、「手裡提著一個籃子」等。若以夸飾來描寫美麗的形貌，反將削弱原有的高雅、神聖的氣質，與描繪俗世女子無異。魚籃觀音化為美人，但不同於俗世美人，其為兼具純潔典雅、溫和人情的生動人物。

---

25. 參考金明求，〈宋元話本小說中「人物描寫」之敘述形式—小說修辭學之適用〉，《修辭論叢》第6輯，2004年11月，頁236–237。

因魚籃觀音故事的影響，觀音化身多為「魚婦」形象。描寫魚婦觀音之共同點，就是「手提魚籃」、「市上賣魚」等配物與動作，並有「生得美麗」、「端嚴姝麗」的美貌與姿態。在這些魚婦描寫中也出現衝突現象：雖是描繪魚婦形象，但其服裝、配件卻與魚婦實態不盡相符；尤其是「身瑩瓊環」、「芳豔襲人」之容貌。

> 唯我大士，慈憫眾生，耽著五欲，不求解脫。乃化女子，端嚴姝麗，因其所慕，導入善門。一剎那間，遽爾變壞；昔如紅蓮，芳豔襲人；今則臭腐，蟲蛆流蝕。世間諸色，本屬空假，眾生愚癡，謂假為真。類蛾趨火，飛逐弗已，不至隕命，何有止息！當知實相，圓同太虛，無媸無妍，誰能破壞？大士之靈，如月在天，不分淨穢，普皆照了！凡皈依者，得大饒益，願即同歸，薩般若海。（《西湖二集》第 14 卷〈邢君瑞五載幽期〉）

人物描繪從對人物界評、論定的角度開始到闡述觀音外貌與人品特徵，並接合世俗對容貌美醜、好壞、假真之斷定標準，呈現解脫世俗的空虛而皈依觀音。雖然這並非對觀音特質的多樣顯示，但已具體敘述其姿態與本領、性情與人品，最後附加對觀音思想的意念。

另一種形象就照著魚婦形象真實描繪其服裝、配件等，符合魚婦形象與身份，但在描繪容貌、體態方面，與其他美人描繪相較雖略顯單薄，但仍然保存著對觀音的細部描繪。

> 菩薩知道那邊半屬漁民，故就化成一漁婦模樣，挽著叉兒髻，穿著藍布裙褲，依舊赤著雙趺，生得美麗非常，手中提著魚籃，中間放著幾條鮮活的魚兒，雜在眾漁人中，入市賣魚。市人因為這位漁婦，生長得十分美麗，故爭著都去買她

的魚。(《觀音菩薩傳奇》第 28 回〈灑甘霖救濟旱災賣鮮魚
感化下士〉)

從這些描繪可看出觀音化為魚婦形象,具有與一般的魚婦相
似的外貌與服裝,如「挽著叉兒髻」、「穿著藍布裙襖」、「依舊赤
著雙趺」等。「頭」、「裝依」、「體態」方面充分呈現出觀音化為
真實魚婦的形象。在作品中出現的觀音化身之形象多為魚婦,然
或有樸素的婦人形象,或有典雅的美人形象,具有不同的表現。
作者塑造的樸素魚婦,不但具備與一般村落的婦女不同的美貌、
氣質,同時又有別於窈窕丰姿、眉秀垂楊的俗世美人,而顯現出
溫和、慈祥的品格。

有時觀音化身為老媼、老嫗,這些形象皆是照著情節內容而
出現。所以對於老媼,沒有作詳細描繪,僅只簡單交代而已。這
些老媼的描繪就與美人、魚婦不同,其形象描繪相當簡化。化為
老媼的角色在作品中扮演著引致情節以及促進新佈局的作用。

> 平江民徐叔文妻,遇金人破城,獨脫身賊手。……半途,迷
> 所向,有白衣老媼在岸,呼之令上,指示其路曰:「遇僧即
> 止。」(《夷堅志》甲志卷 10〈佛還釵〉)

> 那時觀世音菩薩卻仍舊化為一個窮苦老媼,下山到得城市,
> 一路求化飲食,大家反沒有留意。(《觀音菩薩傳奇》第 27
> 回〈觀自在南海清修憫苦厄中原化度〉)

在整個人物描繪上對她沒有進行詳細的服裝、外貌描寫,確
與其他觀音化身人物不同,但與美人、婦女化身描繪相比,具有
切合其本身、角色的用意。

二）男相之形貌刻畫

在觀音化為形象中大多是女身而缺少男身，[26] 這是觀音信仰、傳教對象、佛法傳授等許多原因所造成。但有些作品中仍然見到觀音化為男身的情形。這些男身的形象，皆是作者在情節創造過程中自然所塑造的，其實與教義宣揚、思想強調毫無關係，所以都收錄於民間傳說故事集。雖然化為男身的例子不多，但描寫十分清楚。這些男子化身，都限於僧人與道人。觀音化為僧人、道人的情形，雖與佛教教義沒有關聯，但其人物塑造過程中具有宗教意義。

（一）施惠眾生的僧人形象

在男身觀音人物中，比較普遍的形象就是「僧人」。關於這些僧人之年齡、性格、內心方面雖無詳細的交代，但依整個情節的內容與敘述過程看來，可推測為年齡較高的老和尚。觀音化為僧人之現象反映著與婦女信徒的關係。若觀音故事情節裡觀音化為老和尚，容易為女性信徒所接受。這些僧人之描繪，不似較著重抽象形態的女身，以舖張細緻的服飾配件來具體描寫，而僅就服裝、外貌等方面集中描述。這是除了烘托氣勢以外，也暗示其身分、職業；並以穿載衣飾的方式與特徵，透露人物性格的層次。

---

26. 觀音能夠適應中國文化的需要，由男相改為女相，在小說作品中多為女相出現，但在民間，常以男相出現。在《菩陀山志》，《洱海叢談》等文獻裡，有男相觀音的紀錄。尤其是《洱海叢談》中的觀音可以七化，都以僧人的形象出現，但其形象、手中執物、行為方式、服飾裝扮都不盡相同。參考刑莉，《華夏諸神—觀音卷》，臺北：雲龍出版社，1999 年 6 月，頁 74–77。

雖然作者未在這些人物初次出現時作詳細描寫，但從其服裝與配件的描寫方式可知一二。

> 見一僧左手持錫杖，右手執淨瓶，徑到茅舍，以瓶內水付余飲之。(《夷堅志》三志己卷 2〈余觀音〉)

> 妙善化作一個老和尚，頭戴皮疃冒，身穿百納袈裟，腳穿四耳麻鞋，腰懸盛藥葫蘆，走到城邊，轉過迎和門下，將求醫榜文讀罷，隨而揭在手中。(《南海觀世音菩薩出身修行傳》卷 3〈妙善揭榜入國〉)

觀音化為僧人之描繪重點不在外貌、體態，而在外觀、服裝、裝備上。僧人化身已有觀音的痕跡，「右手執淨瓶」更凸顯僧人與觀音混合的特徵，並容易推測這和尚就是觀音之化身。妙善化為老和尚也是以服裝、配件為敘述主軸，間接表達他的身份、職業特徵。男身觀音之描繪都集中服飾、裝扮方面，沒有像女身一樣針對姿態、容貌、神情方面的描述，形成明顯對比。

除了如此詳細描繪和尚的服裝、裝備以外，也有僅只簡單描繪僧人之形象：

> 秀州魏塘鎮李八叔者，患大風三年，百藥不驗。忽有遊僧來，與藥一粒令服。(《夷堅志》甲志卷 10〈李八得藥〉)

> 當夜夢一僧喚曰：「賀汝有緣，苟不至此，終身定成廢疾，我故攜藥救汝。」(《夷堅志》三志辛卷 7〈觀音救目疾〉)

這些遊僧、僧人（藥僧）都是觀音化身而來，找來的遊僧、夢中的藥僧，都帶來藥物，服用後立即藥到病除。僧人觀音之描繪中，未有半句直接刻畫僧人，但於描寫過程中很容易發現其為

觀音所化之事實，而且這些僧人都像觀音一樣具有救濟和慈悲的品格。

（二）煉丹救病的道人形象

除了觀音化為僧人之外，也有化為道人的情形。這也是在民間傳說故事中常見的現象。這道人的化身形狀，與僧人形象描繪十分相似。雖身著道服、裝扮配飾，然其舉止、處事、風貌均與僧人相去無幾。

> 菩薩即時出了紫竹林，縱起祥光，來到西湖，化作募緣道人，手持木魚，一路來到公甫門首。叫聲：「化齋。」公甫正坐在廳上納悶，聽得門外化齋聲音，步出門來，見一道人身穿道服，手持木魚，足踏草履，神氣飄然。（《新編雷峰塔奇傳》第 5 卷〈法海師奉佛收妖觀世音化道治病〉）

由道人化身可見僧人與觀音特徵融合現象。「手持木魚」可代表魚籃觀音的象徵；「足踏草履」、「神氣飄然」則是在描寫僧人過程中常出現的人物特徵。這可說明道人雖是道教人物，但作品中確與佛教及民間文化具有密切關係。作品中的道人形象不能完全脫離已定下之觀音特質描繪模式，這或是作者給讀者提供觀音化身和佛道合一的線索。無論如何，這些化身在情節進行過程中，依照情節的變化顯現不同的角色風貌，並提高了觀音多樣的藝術特色。

四、結　語

　　宋以後小說作品中的觀音形象變化與描寫,除了以觀音為主角的本緣、成道和報應故事之外,餘皆散見於許多作品,並且數量亦不多。雖然在這些作品中僅有觀音形象描寫之片段,卻對觀音之外貌、服裝和體態各方面均有具體地刻畫和描繪,並將觀音姿容、神情與品格呈現出不同的藝術形象。

　　在上述作品中,作者運用詳細、簡略或含蓄等多種手法,將觀音進行正面與化身之描摹。首先,透過「直敘」、「錯綜」以及「畫像」之多樣形式來描繪形象,觀音大多有仁慈、和善和溫和的婦女形象,其中僅只魚籃觀音就廣泛流行,獲得絕大多數民眾的喜愛。因此在作品中觀音多顯示為魚籃觀音的形象,但卻有不同的形式結構與內容含意,讀者也深刻感受「端嚴姝麗」的婦女與「手提魚籃」的魚婦之多面形象。

　　其次,除了體現觀音「正面顯化」的特徵之外,也有經常化為許多不同形象的描述,雖然觀音形象多直接顯現為女相,但觀音化身卻照著情節進行、人物塑造的影響可變為男女身。在女身方面變化為婦人、漁婦和老嫗等;男身方面往往變化為僧人和道人。不過,觀音化身的描寫,無論簡略、詳細描繪都偏重於化為女身形象,化為男身反而比女身寡少,描寫內容也只限於服裝和器物方面。

　　這些觀音顯化與變形都受到了多樣的民間文化影響,也反映出人們心中的多變的觀音形象。這些觀音顯現與化身描繪,顯示出當時的社會風氣與文化現象,也表露人們心中的觀音形象之藝

術內涵。大部分的小說作品中的觀音形象，較固定為婦女和慈母形象，而早期的佛典與畫像的男身或男女合身，至此已有巨大的變化，這已深刻受到民間信仰與民俗文化影響，而這或許是人們將蓄鬍的男相轉變為仁慈、良善婦女的盼望直接顯現的結果。

（附錄）

古典小說中觀音藝術形象分類

	作品／篇名	觀音形象	正面顯現			化身顯現	
			簡單直敘	錯綜浮繪	觀音畫像	女相	男相
宋	《海錄碎事》卷13〈馬郎婦〉	魚婦				○	
	《太平廣記》卷101〈彭子喬〉	魚藍	○				
	《夷堅志》志補〈賀觀音〉	乞丐				○	
	《夷堅志》支丁卷7〈餘干譚家鼉〉	馬頭		○			
	《夷堅志》支景卷6〈楚陽龍窩〉	菩薩		○	○		
	《夷堅志》支癸卷10〈安國寺觀音〉	白衣	○		○		
	《夷堅志》乙志卷13〈蚌中觀音〉	菩薩		○	○		
	《夷堅志》甲志卷10〈佛還釵〉	老嫗				○	
	《夷堅志》三志己卷2〈余觀音〉	僧人					○

	《夷堅志》甲志卷 10〈李八得藥〉	僧人					○
	《夷堅志》甲志卷 10〈觀音醫臂〉	白衣				○	
	《夷堅志》三志辛卷 7〈觀音救目疾〉	僧人					○
明	《喻世明言》第 29 卷〈月明和尚度柳翠〉	妓女				○	
	《初刻拍案驚奇》第 24 回〈鹽官邑老魔魅色 會骸山大士誅邪〉	婦女				○	
	《西湖二集》第 14 卷〈邢君瑞五載幽期〉	婦女/魚婦			○	○	
	《三寶太監西洋記通俗演義》第 49 回〈國師親見觀世音〉	菩薩	○				
	《西遊記》第 49 回〈三藏有災沉水宅 觀音救難現魚籃〉	魚藍		○			
	《西遊記》第 8 回〈我佛造經傳極樂 觀音奉旨上長安〉	魚藍		○			
	《龍圖公案》第 2 則〈觀音菩薩托夢〉	菩薩	○				

	《龍圖公案》第51則〈金鯉〉	南海,婦人	○		○	○	
	《天妃濟世出身傳》第32回〈觀音佛點化二郎〉	南海	○				
	《四遊記》之《八仙出處東遊記》	菩薩	○				
清	《大漢三合明珠寶劍全傳》	道姑	○				
	《觀音菩薩傳奇》第27回〈觀自在南海清修　憫苦厄中原化度〉	老媼				○	
	《觀音菩薩傳奇》第28回〈灑甘霖救濟旱災　賣鮮魚感化下士〉	魚婦				○	
	《炎涼岸》第3回〈夢觀音苦中作樂　縛和尚死裡逃生〉	白衣				○	
	《通天樂》第7種〈除魔魅〉	婦女				○	
	《鋒劍春秋》第57回〈西方朔在陣搶兄屍　觀世音賜瓶救仙命〉	菩薩	○				
	《新編雷峰塔奇傳》第5卷〈法海師奉佛收妖　觀世音化道治病〉	道人					○

《聊齋誌異》第 1 卷〈瞳人語〉	女郎				○	
《聊齋誌異》第 5 卷〈上仙〉	觀音	○		○		
《聊齋誌異》第 9 卷〈小梅〉	觀音	○		○		
《南海觀世音菩薩出身修行傳》第 3 卷〈妙善揭榜入國〉	和尚					○

參考文獻

于君方

2000a 〈中國的「慈悲女神」觀音—觀音的中國女性形象〉，釋自衍譯，《香光莊嚴》61 期。

2000b 〈空花水月鏡中像—水月觀音〉，釋自衍譯，《香光莊嚴》61 期。

2000c 〈白衣大士送子來—白衣觀音〉，釋自衍譯，《香光莊嚴》61 期，2000 年 3 月。

2000d 〈魚籃提向風前賣與誰？—魚籃觀音〉，釋自衍譯，《香光莊嚴》61 期。

2000e 〈現身南海度化善財、龍女—南海觀音〉，釋自衍譯，《香光莊嚴》61 期。

1999a 〈多面觀音—觀音的多重定位〉，徐雅慧譯，《香光莊嚴》59 期。

1999b 〈智慧為母、慈悲為父—觀音和其性別〉，徐雅慧、張讀心譯，《香光莊嚴》59 期。

1999c 〈觀音在亞洲—觀音深植亞洲的原因〉，徐雅慧、王慧蓮譯，《香光莊嚴》59 期。

1999d 〈閃現光與慈悲的菩薩—印度的觀音〉，徐雅慧、張讀心譯，《香光莊嚴》59 期。

1999e 〈尋找女性觀音的可能前身—觀音和中國的女神〉，徐雅慧、張讀心譯，《香光莊嚴》59 期。

1999g 〈大悲咒與大悲觀音—千手千眼觀世音菩薩成為大悲觀音〉，徐雅慧譯，《香光莊嚴》60 期。

方鄒怡

2001 《明清寶卷中的觀音故事研究》，國立花蓮師範學院民間文學研究所碩士論文。

毛一波
  1980 〈觀音變形不變性〉,《海潮音》第 61 期。

王海梅
  2003 〈《西遊記》與觀音信仰〉,《濰坊學院學報》。

王儷蓉
  2003 《普門化紅顏—中國觀音變女神之探究》,臺灣大學中國
        文學研究所碩士論文。

玉花堂主人
  1997 《新編雷峰塔奇傳》。沈陽:春風文藝出版社。

石成金
  1990 《通天樂》。上海古籍出版社。

西大午辰走人
  1997 《南海觀世音菩薩出身修行傳》。瀋陽:春風文藝出版
        社。

刑莉
  1999 《華夏諸神—觀音卷》。臺北:雲龍出版社。

佛教小百科、全佛編輯部編
  2003 《佛菩薩的圖像解說—菩薩部、觀音部、明王部》。北京:
        中國社會科學出版社。

李昉
  1987 《太平廣記》。臺北:文史哲出版社。

周楫
  1998 《西湖二集》。臺北:三民書局。

吳承恩
  1999 《西遊記》。臺北:三民書局。

呂和美

　　2004　《漢傳觀音信仰之形成及其對唐、宋佛教婦女生活的影響》，玄奘人文社會學院宗教學系碩士論文。

林淑媛

　　2004　《慈航普渡—觀音感應故事敘事模式析論》。臺北：大安出版社。

林福春

　　1994　〈論觀音形相之遞變〉，《宜蘭農工學報》第 8 期。

金明求

　　2004　〈宋元話本小說中「人物描寫」之敘述形式—小說修辭學之適用〉，《修辭論叢》第 6 輯。

洪邁

　　1982　《夷堅志》。臺北：明文書局。

國立故宮博物院

　　2000　〈觀音特展〉，《中國文物世界》第 184 期。

高禎霙

　　1991　《魚籃觀音研究》，中國文化大學國文學所碩士論文。

凌濛初

　　1993　《初刻拍案驚奇》。臺北：三民書局。

孫昌武

　　2005　《中國文學中的維摩與觀音》。天津：天津教育出版社。

曼陀羅室主人

　　1997　《觀音菩薩傳奇》。北京：大眾文藝出版社。

賀嘉

　　1996　〈民間傳說中的觀音〉，《民間文學論壇》。

張靜二

　　1983　〈論觀音與西遊故事〉，《國立政治大學學報》第 48 期。

童瓊

2002 《觀音信仰與女神崇拜—明清通俗文學的一種文化研究》,湖南師範大學中國古代文學學科碩士論文。

彭錦華

1991 《〈西遊記〉人物的文字與繡像造形—李卓吾批評〈西遊記〉為主》,輔仁大學中國文學研究所碩士論文。

傅世怡

1987 《法苑珠林六道篇感應錄研究》,臺灣師範大學國文研究所博士論文。

蒲松齡

1962 《聊齋志異》。臺北:世界書局。

馮夢龍

1998 《喻世明言》。臺北:三民書局。

趙杏根

2004 《佛教與文學的交會》。臺北:學生書局。

歐陽健

1998 〈從《觀世音應驗記》到《西遊記》〉,《漳洲師院學報》第 2 期。

顏素慧編

2003 《觀音小百科》。長沙:岳麓書社。

劉秋霖等編

2005 《觀音菩薩圖像與傳說》。北京:中國文聯出版社。

釋道世

1973 《法苑珠林》。臺北:新文豐出版社。

羅偉國

2003 《花雨繽紛—佛教與文學藝術》。上海:上海古籍出版社。

羅偉國、張德寶

　　2000　《圖說觀音菩薩》。合肥：黃山書社。

聽五齋評定

　　1974　《龍圖公案》。臺北：天一出版社。

回鶻觀音信仰考

楊富學

中國·敦煌研究院

民族宗教文化研究所所長、研究員

摘　要

　　在敦煌、吐魯番出土的回鶻文文獻中，有不少內容都與觀音信仰有關。首先是《妙法蓮華經·觀世音菩薩普門品》。在存世的 15 件回鶻文《法華經》寫本中，《觀世音菩薩普門品》就占去了三分之一。其內容與鳩摩羅什漢譯本基本吻合，但不無差異。從存世寫本看，《觀世音菩薩普門品》在回鶻中應有著廣泛的傳播，影響深遠，敦煌出土的回鶻文寫本《觀音經相應譬喻譚》中的授記對《觀世音經》的稱頌及吐魯番出土回鶻文《觀世音經》的印經題記都充分地證明了這一史實。

　　其次，密教觀音信仰在回鶻中也有流播，如《法華經觀音成就法》、《大乘大悲南無聖觀音陀羅尼聚頌經》、《千眼千手觀世音菩薩陀羅尼神咒經》和《千手千眼觀世音菩薩廣大圓滿無礙大悲心陀羅尼經》等也都有回鶻文寫本問世。在吐魯番發現的回鶻文印經題記中，更是多次述及這些經典，體現出對觀世音菩薩的崇拜之情。

　　在敦煌、吐魯番等地發現的回鶻文佛教詩歌和藝術品中，觀音也是人們稱頌和描繪的對象。從譯經、藝術品和頌詩看，回鶻中流行的觀音，既有顯宗的，也有密宗的，既有漢傳佛教的影響，也有藏傳佛教的影響，同時又不乏自己的民族特色（如頌贊觀音的「頭韻詩」），體現出回鶻文化的多樣性。

　　作為一種流傳極廣的宗教文化現象，觀音信仰對中國的社會歷史和文化都產生了巨大的影響，故而長期以來一直深受國內外學術界的重視。遺憾的是，學術界對於這種現象的重視似乎主要局限於中原漢族地區和西藏地區，對周邊少數民族古往今來的觀音信仰狀況卻關注不多。例如，今天新疆維吾爾族與甘肅裕固族的共同祖先——古代回鶻人信奉觀世音菩薩的歷史情況，學術界即一直少有問津。

　　回鶻本為北方草原遊牧民族，最初信奉萬物有靈的原始宗教——薩滿教，[1] 大致于七世紀初開始與佛教有所接觸。《舊唐書·回紇傳》載，隋末唐初回鶻有一首領名為「菩薩」。此人智勇雙全，作戰時身先士卒，所向披靡，戰功顯赫。從他開始，回鶻逐步強大起來，成為北方地區具有較強大軍事力量的一個民族。這裏的「菩薩」，即梵語之 Bodhisattva，佛教中指上求菩提、下化眾生之仁人。說明早在七世紀初，菩薩信仰在回鶻中就產生了一定的影響。

　　那麼，本文所述的觀音菩薩信仰在那個時代是否有所傳播呢？因史書缺載，我們不得而知。有幸的是，我們在敦煌、吐魯番發現的回鶻文文獻和壁畫中，卻找到了古代回鶻人信仰觀音菩薩的蛛絲馬跡。

　　古代回鶻文文獻對回鶻的觀音信仰狀況多有反映，其中最能說明問題的就是《妙法蓮華經》第二十五品《觀世音菩薩普門品》在回鶻中的盛行。

---

1. 詳見楊富學，〈回鶻宗教史上的薩滿巫術〉，《世界宗教研究》第 3 期，2004 年，第 123–132 頁。

　　吾人固知,《妙法蓮華經》是大乘佛教所推崇的最重要的經典之一,是隨著大乘佛教的出現而產生的。該經並非由某一位作者在一時完成的,其形成過程經歷了漫長的階段,最初出現於西元前 1 世紀,直到西元 1 世紀末或 2 世紀初才最終定型。[2] 中土僧俗對此經極為重視,曾先後八次譯之為漢語,今存比較完整的譯本有西晉太康七年（286）竺法護所譯《正法華經》十卷廿八品；姚秦弘始八年（406）鳩摩羅什所譯《妙法蓮華經》七卷（或八卷）廿八品；隋仁壽二年（601）,闍那崛多共達摩笈多所譯《添品妙法蓮華經》七卷廿七品,其中以羅什本最為流行。依吐魯番等地出土的回鶻文《法華經》寫本的內容及用詞看,不難發現,回鶻文本是以羅什本為底本而轉譯的。

　　《觀世音菩薩普門品》見於鳩摩羅什譯《妙法蓮華經》卷七第二十五品,若就整個《法華經》之內容觀之,該品似乎與《法華經》之核心內容關係不大,具有獨立性,所以,學界推定其出現的時代也應是較晚的。

　　《觀世音菩薩普門品》把觀世音描寫為大慈大悲的菩薩,遇難眾生只要誦念其名號,他即時就可觀其聲音,前往拯救解脫。令人感興趣的是經中對其神通的種種描寫,如大火燃燒,不能傷身；大水漂沒,淺處逢生；海風顛船,化險為夷；刀杖加身,段段自折；惡鬼惱人,不能加害；枷鎖披身,斷裂自損；富商行旅,安然無恙；淫欲過度,得離惡念；愚癡低能,恢復智慧；婦女求育,得生男女。凡此種種功德勝利,都會對信眾產生巨大的吸引

---

2. 楊富學,〈《法華經》胡漢諸本的傳譯〉,《敦煌吐魯番研究》第 3 卷,北京大學出版社,1998 年,第 23-24 頁。

力。且持法修功簡捷可行，易為人們所接受。故在存世的 15 件回鶻文《妙法蓮華經》寫本中，《觀世音菩薩普門品》（也有可能是單行本《觀世音經》，詳後）就占去了三分之一。

A. 迪雅科夫（A. A. Djakov）收集品，獲於吐魯番，現藏聖彼德堡東方學研究所。原件為卷子式，長 285 釐米，寬 27 釐米，共存 224 行。

B. 橘瑞超收集品，發現於吐魯番，梵篋式，殘存 1 葉（2 頁），長 41 釐米，寬 21.3 釐米，正面存 21 行，背面存 22 行，第 3–5 行間有一穿繩用的圓孔。

C. T Ⅱ Y 32、39、60，是德國第二次吐魯番探察隊於交河故城獲得的，現藏梅因茨科學與文學研究院，館藏號為 Mainz 733，卷子式，長 103 釐米，寬 30.5 釐米，有文字 61 行，開頭與中間部分殘損較少，後部損毀嚴重。

D. T Ⅱ Y 51-a，德國第二次吐魯番考察隊獲於交河故城，現藏梅因茨科學與文學研究院，館藏號為 Mainz 289，卷子式，長 17 釐米，寬 16 釐米，存文字 11 行。

E. 另有一件文書，編號為 TⅡY 10 + TⅡY 18，原件紙質呈黃褐色，墨書，現存 2 葉，共 64 行。1911 年，德國學者繆勒將其研究刊布，德譯了全文書，並與漢文本作了對照。[3] 惜刊布者未能就其他情況對該寫本做出更詳盡的報導。據推測，它可能也出自吐魯番。

---

3. F. W. K. Müller, *Uigurica* II, Abhandlungen der Preussischen Akademie der Wissenschaften, Berlin 1910, Nr.3, S. 72–78.

在上述諸寫本中，惟 A 本內容基本完整，僅 4-5 行有殘缺，是目前所存諸寫本中保存最好、內容最完整的一份。1911 年，俄國學者拉德洛夫在他的《觀世音菩薩》一書中研究釋讀了該文獻，附有德譯及詳細的疏證和原文模擬。[4] 以拉德洛夫所刊布的 A 本為底本，土耳其學者特肯將上述 5 種寫本歸為一帙，進行了系統的整理研究，[5] 內容全面準確，為回鶻文《妙法蓮華經·觀世音菩薩普門品》寫本的研究提供了比較可信的藍本。在此之後，又有另外一些殘片被認定同屬該品，但內容與上述所引諸寫本差異不大。近期，我國學者張鐵山重新研究了上述 5 種寫本。除了拉丁字母轉寫、疏證、漢譯外，他還盡可能地介紹了《法華經》在回鶻人中的譯傳情況。可以參考。只是需提醒的一點是，由於受資料所限，他沒有注意到該經的其他寫本，以致於誤認為「回鶻文《妙法蓮華經》保留至今者，均為該經的《觀世音菩薩普門品》。」[6] 其實，在敦煌、吐魯番等地出土的回鶻文《妙法蓮華經》中，另有屬於《普賢菩薩勸發品》、《藥王菩薩本事品》及《陀羅尼品》等多種內容的寫本 10 件。

4. W. Radloff, *Kuan-ši-im Pusar.* Eine *türkische übersetzung des XXV. Kapitels de Chinsischen Ausgada des Saddharma-pundarīka* (Bibliotheca Buddhica XIV), St. Petersburg, 1911 (Repr. Taipei 1984; Delhi 1992).

5. Ş. Tekin, *Uygurca Metinler, I: Kuanši im Pusar* (ses Işiten Ilâh), Erzurum 1960.

6. 張鐵山，〈回鶻文《妙法蓮華經·普門品》校勘與研究〉，《喀什師範學院學報》第 3 期，1990 年，第 56-68 頁。

　　在上述《觀世音菩薩普門品》回鶻文寫本中，出現有大量的漢文借詞，如第 1 行的 sang，借自漢語的僧，未採用梵語的 saxgha；第 2 行將觀世音菩薩譯作 quanši im pusar，而未採用梵文的 avalokiteśvara，顯然直譯自漢語；第 28 行出現的 tsun，顯然借自漢語的「寸」；第 120 行出現的毗沙門，直接採用漢語音譯 bïsamn，而不採用梵語 vaiśramaza。這些說明，回鶻文本當是以漢文本為底本的。更有意思的是，在 A 件回鶻文本的第 2–3 行出現有 quanši im pusar alqudïn sïngar ät'öz körkin körgitip tïnlïylarqa asïy tosu qïlmaqï biš otuzunč 字樣，意為「觀世音菩薩普門品第二十五」。《觀世音菩薩普門品》在梵文本及竺法護譯《正法華經》、闍那崛多共達摩笈多譯《添品妙法蓮華經》中同屬第二十四品，惟在鳩摩羅什譯《妙法蓮華經》中被列為第二十五品。各種因素互相映證，可以確定，回鶻文《觀世音菩薩普門品》當轉譯自羅什漢譯本。

　　這裏必須指出，回鶻語《觀世音菩薩普門品》譯本是以鳩摩羅什譯本為底本的，但就具體內容言，二者尚存在著一定的差異，主要表現在，與漢文本相比，回鶻文偈頌（gāthā）部分缺了一些段落，而這些內容又是與前文所述觀世音的名號來源及其廣大神通的敍述是一致的，這種情況的出現，原因不明，當系回鶻文譯者的主觀行為。

　　《妙法蓮華經·觀世音菩薩普門品》曾以單行本流行，這就是後世所說的《觀世音經》（又作《佛說高王觀世音經》），首見於道宣于麟德元年（664）編集的《大唐內典錄》卷二。唐人僧詳在《法華傳記》卷一中記載說：

唯有什公〈普門品〉，於西海而別行。所以者何？曇摩羅懺，此云法豐，中印度婆羅門種，亦稱伊波勒菩薩。弘化為志，遊化蔥嶺，來至河西。河西王沮渠蒙[遜]，歸命正法，兼有疾患，以語菩薩，即云：觀世音此土有緣，乃令誦念，病苦即除。因是別傳一品，流通部外也。[7]

這一記載說明，《觀世音經》的出現與流傳與北涼河西王沮渠蒙遜的信奉與推崇有著密切的關係，是因為沮渠蒙遜特別推重《妙法蓮華經·觀世音菩薩普門品》，才有意將其另列出來，使之成為在《妙法蓮華經》之外的一部單行佛經。沮渠蒙遜在位於永安元年至義和二年（401–432），而鳩摩羅什是在弘始八年（406）譯完《妙法蓮華經》的，二者相距甚近。《觀世音經》如此之快地被作為單行本流傳，除卻沮渠蒙遜的個人因素，我認為應系時人對《妙法蓮華經·觀世音菩薩普門品》重視程度非同一般所致。

在敦煌出土的魏晉隋唐至宋初的發現物中有很多《觀世音菩薩普門品》和《觀世音經》寫、刻本，其中有些還附有精緻的插圖，可謂圖文並茂；在敦煌石窟壁畫中，也有大量的《觀世音菩薩普門品》及由之變化而來的《觀音經變》的變相存在，[8] 說明在那個時代，《觀世音菩薩普門品》和《觀世音經》是非常受民眾歡迎的。這種插圖本文獻、石窟壁畫、《妙法蓮華經·觀世音菩薩普門品》和獨立的《觀世音經》都在敦煌一帶廣為流傳。流

---

7. [唐]僧詳，《法華傳記》卷一，《大正藏》第 51 卷，No. 2068，第 133 頁下欄。

8. 藤枝晃，〈敦煌冊子本《觀音經》〉，《墨美》第 177 號，1968 年，第 3–44 頁；羅華慶，〈敦煌藝術中的《觀音普門品變》和《觀音經變》〉，《敦煌研究》第 3 期，1987 年，第 49–61 頁。

風所及，回鶻人不僅推重《妙法蓮華經・觀世音菩薩普門品》，
而且也將《觀世音經》作為單行本流傳，最明顯的證據就是在敦
煌出土的回鶻文寫本《觀音經相應譬喻譚》中出現有用漢字書寫
的「觀音經」三字。此外，在吐魯番出土的編號為 U 4707 (T III M
187) 的回鶻文《觀音頌》印本殘卷中也提到，1330 年，元政府
派駐雲南的回鶻高級官員躍裏帖木兒（Yol Tämür）之妻沙拉奇
（Šaraki）為保佑丈夫平安，曾出資命人印製了《觀世音經》。[9]

　　既然回鶻文文獻不只一次地提到回鶻文本《觀世音經》的存
在，那麼，我們前文所述的 5 件回鶻文《妙法蓮華經・觀世音菩
薩普門品》寫本有沒有可能其實就是單行本的《觀世音經》呢？
我認為這種可能性是存在的，因為，在 5 種《觀世音菩薩普門品》
寫本中，僅有 A 件注明為「觀世音菩薩普門品第二十五」，其餘
幾件都無這種文字。至於是殘缺還是原本就無這種文字，因本人
無法目睹原件，而且也無法找到這些文獻的照片，無法斷言。

　　從出土文獻看，《觀世音經》在回鶻中應有著廣泛的傳播，
並贏得了相應的聲望，上引回鶻文《觀音經相應譬喻譚》中的授
記以大量的篇幅對《觀世音經》進行了極力的稱頌，可從一個側
面反映這一史實。

---

9. G. Hazai, Ein buddhistisches Gedicht aus der Berliner Turfan-Sammlung,
Acta Orientalia Academiae Scientiarum Hungaricae 23:1, 1970, S.
1–21; 小田寿典，〈1330 年の雲南遠征餘談〉《内陸アジア史研究》創
刊 号 ， 1984 年 ， 第 11–24 頁； P. Zieme, *Buddhistische
Stabreimdichtungen der Uiguren* (=Berliner Turfantexte XIII), Berlin
1985, nr. 20, S. 122–126.

　　回鶻文《觀音經相應譬喻譚》寫本，現存倫敦大英圖書館，編號為 Or. 8212 (75A)，共計 15 葉，346 行，多夾寫漢字。寫本由三篇授記（Vyākarana）組成，每篇授記前都寫有「今此以後說相應義」八個漢字，後跟回鶻文譯文 nom tözingä yaraši awdan（意為「與〔觀音〕經義相應的譬喻」）。這是一種有關佛對發心之眾生授與當來必當作佛之記的預言性文書。[10] 寫本在結構上的特點為押頭韻的四行詩形式，內容與《觀世音菩薩普門品》密切相關，似應為古代回鶻人在講說《觀音經》之後的唱詞，以大量的譬喻故事勸誡人們虔誠信佛。

　　三篇授記中的每一篇都按傳說的時間順序進行排列，並考慮到聽眾的需要進行分段，希望通過積累功德和智慧以求在未來「超證佛果」，文中對《觀世音菩薩普門品》（即回鶻文文獻所謂的《觀音經》）之殊勝多有稱頌，現摘引第三篇授記中的相關內容如下：

　　335. tuš//ta ačuq adïrtlïy äšidip :: maitrï 佛 -lïy paramart činkirtü baxšï-nï bu oq

　　336. sudur ärdinig//nomlaḍyalï öḍünüp : tüz-kärinčsiz yig üsḍünki 佛 quḍïnga alqïš alïp :/

　　337. ol alqïš-taqï-ča qaḍïylanu tavranu asankï-larïy ärḍürüp

10. 庄垣内正弘，《ウイグル语・ウイグル語文献の研究 I—〈觀音経〉に相応しい三篇の Avadāna 及び〈阿含経〉について》（神戸市外国語大学研究叢書 12），神户市：外国語大学外国学研究所，1982 年，第 42–89 頁；M. Shōgaito, Drei zum Avalokiteśvara-sūtra passende Avadāna, *Der türkische Buddhismus in der japanischen Forschung*, Wiesbaden 1988, S. 56–99.

338. parmït-larïɣ büḍ//-kärip : buyan-lï bilgä bilig-li yivig-lärig toɣurup tošɣurup: :/

339. 等覺妙覺 tigmä 二 törlüg tüš käzig-lärdin ärḍip käčip :

340. tüpgärmäk//atlɣ tuš-ta tüzü köni tuymaq burxan quḍïn bulup :

341. kälmädük öd-lär-ning//uči qïḍïɣï tükäkïnčä-käḍägi :

342. tuḍčï ulalïp üzülmädin käsilmädin mänggün//ärip :: alqu tïnlɣ-lar-qa asïɣ tusu qïlu :

343. 大自在天宮 tigmä//uluɣ ärksinmäk-kä täggülük : ayïšvarasḍan atlɣ orun-ta:

344. abamuluɣ//ödün ornašmaq-lar-ï bolɣay ärti::

345. 善哉 善哉 娑土 //qayu-ma 大乘 sudur-lar-qa söz-läsär : qasïnčïɣ tangïsuq uz bolur ::/

346. 觀音經 sudur-nung 相應是

請求真諦之師彌勒佛給你講解這一寶典經文（即《觀音經》——引者），你們將得到深不可測的至高無上的佛法；按照佛法去努力追求，你們將渡過無量時和完善波羅蜜多，完成功德和智慧的修煉；你們將通過被稱為次第的「等覺」和「妙覺」，並在被稱為「完善」的時間裏達到真正認識佛陀；直至完成無量劫的末尾，你們將不斷精進，並將成為永恆；為眾生創造利益，你們將在被稱為「大自在天宮」的地方，即至高無上的彌勒佛居處，永遠居住下去。善哉！善哉！

娑土！人們常談的大乘經文完全是奇妙的和壯麗的！觀音經相應。[11]

這段文字集中反映了回鶻觀音信仰的如下幾個方面的內容：

1.《觀音經》是大乘佛教無上法寶，常念頌之，可深刻體悟佛法；

2. 依《觀音經》修行，可獲得大功德，成就大智慧；

3. 以觀音慈悲心利樂有情，可往生「大自在天宮」（此處應指兜率天宮），與彌勒佛相會。

值得注意的是，這裏將觀音信仰與往生大自在天宮，與彌勒佛相會的思想聯繫在一起了。

曹魏天竺三藏康僧鎧譯《佛說無量壽經》有偈頌稱：

大士觀世音，整服稽首問，白佛何緣笑，唯然願說意。
梵聲猶雷震，八音暢妙響，當授菩薩記，今說仁諦聽。
十方來正士，吾悉知彼願，志求嚴淨土，受決當作佛。[12]

在該經中，觀音是與「淨土成佛」思想聯繫在一起的。中土僧徒依據自己的重視人生、重視現實的意識，把清淨的佛土發展為人們死後可以「往生」的另一個幸福美滿的世界。對比著被神仙方術化的，只能解救現世苦難的救苦觀音，淨土觀音能夠接引

---

11. Peter Zieme, *Religion und Gesellschaft im Uigurischen Königreich von Qočo. Kolophone und Stifter des alttürkischen buddhistischen Schrifttums aus Zentralasien* (=Rheinisch-Westfälischen Akademie der Wissenschaften 88), Opladen 1992, S. 92.

12.《大正藏》第 12 卷《寶積部》下，No. 360，第 273 頁上欄。

眾生「往生」，解決人們的「生死大事」，因而另具備一種宗教意義。[13] 這樣信仰在中國長期得到了廣泛的流傳。

　　而在回鶻文寫本《觀音經相應譬喻譚》中，彌勒信仰被提高到至高無上的地位。文中不僅多次提到彌勒佛，而且稱之為「真諦之師」。信徒門通過念頌觀音，以其慈悲之力，人們死後可以「往生」彌勒佛的居處—大自在天宮/兜率天宮，與彌勒佛相會。這種信仰在其他地區是見不到的，是回鶻觀音信仰所特有的內容。在古代回鶻社會中，彌勒信仰頗為盛行，故而敦煌、吐魯番出土的回鶻文文獻有大量的寫經題記和發願文都將與往生兜率天宮，作為信仰的終極目的。[14]

　　上文所說的《妙法蓮華經·觀世音菩薩普門品》及其單行本《觀音經》屬於漢傳大乘佛教系統，除此之外，密教系統的觀音信仰在回鶻中也有流播，突出表現在《觀音成就法》、《千手千眼觀世音菩薩廣大圓滿無礙大悲心陀羅尼經》、《大乘大悲南無聖觀音陀羅尼聚頌經》及《千眼千手觀世音菩薩陀羅尼神咒經》與等密教經典在回鶻中也有所傳譯。

　　《觀世音成就法》是藏傳佛教經典之一，柏林收藏有相關文獻 5 件，均出自吐魯番地區，其中 4 件為印本殘片，另一件為草體寫本殘片，系《觀世音成就法》中與觀想相關的文獻，當系元代遺物。其中，編號為 T III M 192 b（U 4710）的寫本殘片題跋稱：

13. 夏廣興，〈觀世音信仰與唐代文學創作〉，《上海師範大學學報》第 5 期，2003 年。
14. 楊富學，〈回鶻彌勒信仰考〉，《中華佛學學報》（臺北）第 13 期（上），2000 年，第 21–32 頁。

99. kinki karmau-a baxšï-nïng
100. yaratmïš bo sadana-nï sapdati
101. ačari qatïn qatïn yalvaru
102. ötümiš-kä : mn puny-a širi
103. ävirü tägintim :: :: ::

在撒普塔啼阿闍梨（Sapdati Ačari）的反復請求之下，我必蘭
納識理把噶瑪拔希上師的著作努力翻譯完畢。[15]

這裏的噶瑪拔希（回鶻文作 Karmau-a Baxšï，1203–1282）系
藏族著名佛教大師，藏傳佛教噶瑪噶舉派第二代祖師。從噶瑪拔
希起開始創立了活佛轉世制來繼承法位。回鶻文本譯者必蘭納識
理（回鶻文作 Punyaširi，13 世紀末至 14 世紀中葉）則為元代著
名的回鶻高僧，精通回鶻語、漢語、蒙古語、梵語與藏語，在皇
慶年間（1312–1313）曾受命翻譯過多種佛教經典，見於記載的有
《楞嚴經》、《大乘莊嚴寶度經》、《乾陀般若經》、《大涅槃經》、《稱
讚大乘功德經》和《不思議禪觀經》。[16] 從出土文獻看，他還曾
根據漢文佛典創作回鶻文詩歌《普賢行願贊》，[17] 譯龍樹著《大
般若波羅蜜多經》頌詞、密宗經典《佛說北斗七星延命經》、[18]《吉

15. G. Kara-P. Zieme, *Fragmente tantrischer Werke in Uigurischer Übersetzung* (=Berliner Turfantexte VII), Berlin 1976, S. 66.

16. 《元史》卷 202，〈釋老傳〉，北京：中華書局標點本，1976 年，第 4520 頁。

17. R. R. Arat, *Eski Türk Şiiri*, Ankara 1965, Nr. 15, S. 72–78.

18. L. Ligeti, Notes sur le colophon du "Yitikän Sudur," *Asiatica. Festschrift Friedrich Weller zum 65. Geburtstag gewidmet von seiden Freunden Kollegen und Schiilern*, Leipzig 1954, pp. 397–404.

祥勝樂輪曼陀羅》[19] 和這裏所敘述的《觀世音成就法》皆為回鶻文。[20]

特別值得注意的是，在吐魯番發現的回鶻文印經題記中，也曾不只一次地提到《觀世音成就法》這一經典，如：

1. 癸酉年（預計是 1333 年），大都普慶寺的和尚們（回鶻文寫作 Šilavandi-lar）接受了一項任務，即要把回鶻文《觀世音成就法》印製成冊。全寺和尚們齊心協力，順利完成了印刷任務。僧侶們在題記中寫到，通過這一活動，他們不僅得到了鍛煉，而且也為傳播佛法做了功德。[21]

2. 丙子年（估計應是 1336 年），俗人勃裏不花（Böri Buqa）又重新印製了《觀世音成就法》。[22]

上述這些回鶻文《觀世音成就法》寫本、印本的發現，以及多種回鶻文印經題跋對該經的記載，體現出回鶻佛教徒對《觀世音成就法》及觀世音菩薩的崇拜之情。

《大乘大悲南無聖觀音陀羅尼聚頌經》同屬藏傳佛教系統的典籍，是佛教徒對大慈大悲觀世音菩薩的頌贊，以祈求觀世音菩

---

19. G. Kara und P. Zieme, *Fragmente tantrischer Werke in Uigurische Übersetzung* (= *Berliner Turfan-Texte* Vll), Berlin 1976, S. 31–63.

20. R. R. Arat, *Eski Türk Siiri*, Ankara 1965, Nr. 15, S. 154–161; Margit Koves, A Prajñāpāramitā Hymn in Uigur, *Papers on the Literature of Northern Buddhism*, Delhi 1977, pp. 57–67.

21. G. Kara-P. Zieme, *Fragmente tantrischer Werke in Uigurischer Übersetzung* (=Berliner Turfantexte VII), Berlin 1976, S. 66, B 101 ff.

22. G. Kara-P. Zieme, *Fragmente tantrischer Werke in Uigurischer Übersetzung* (=Berliner Turfantexte VII), Berlin 1976, S. 66–67.

薩的保佑和庇護。現存寫本小殘片二件,均藏柏林德國國家圖書
館,編號分別為 U 5461(T I D 609)和 U 5880(T III M 219. 505),
其中,前者出自吐魯番高昌故城,存文字 11 行;後者出自吐魯
番木頭溝遺址,僅存文字 10 行。在漢文佛經中無此經典,回鶻
文本當譯自藏文。[23]

　　除了譯自藏文的密教經典外,也有不少與千手千眼觀音相關
的經典卻是從漢文翻譯過來的,如吐魯番出土的回鶻文寫本《千
眼千手觀世音菩薩陀羅尼神咒經》和《千手千眼觀世音菩薩廣大
圓滿無礙大悲心陀羅尼經》即是。前者現知寫本 7 件,均藏聖彼
德堡,編號分別為 SI Kr. II/29-1、SI Kr. II/29-3、SI Kr. II/29-7、SI Kr.
II/29-10、SI Kr. II/29-15、SI Kr. II/30-14、SI Kr. II/30-16。[24] 後者亦
有 7 件寫本出土,編號分別為 T I D 668 (U 2363)、T I D (U 2297)、
T I D 93/502 (U 2309)、T II 647 (U 2510)、T I D 93/505 (Mainz
213)、T I D (U 2304),均由羅伯恩刊佈。[25] 其中編號為 T I D 93
/505 (Mainz 231) 的回鶻文寫本題記稱:

> ymä qutluγ uluγ tavγač ilintä…atlγ-γ sängräm-däki…üč aγïlïq
> nom ötgürmiš čitung samtso atlγ ačarï änätkät tilintin tavγač
> tilinčä ävirmiš basa yana alqatmïs on uyγur ilintä kinki

23. P. Zieme, *Buddhistische Stabreimdichtungen der Uiguren*
　　(=Berliner Turfantexte XIII), Berlin 1985, nr.20, S. 130–131.

24. 庄垣内正弘,《ロシア所藏ウイグル語文獻の研究―ウイグル文字表
　　記漢文とウイグル語佛典テキスト―》,京都:京都大學大學院文學
　　研究科,2003 年,第 181–199 頁。

25. K. Röhrborn, Fragmente der uigurischen Version der "Dhāraṇī
　　Sūtras der grossen Barmherzigkeit," *Zeitschrift der Deutschen
　　Morgenlandischen Gesellschaft* 126, 1976, S. 87–100.

bošyutluɣ bišbalïqïïɣ sïngqu säli tutung...tavɣač tilintin...
ikiläyü türk tilinča aqtar-mïš...ming közlüg min iliglig amduq...
aryavlokidšvr bodistv-nïng qïlmïš ili//...birlä...uqtu nomlamaq
atlɣ üčünč tägzinč tükedi (...)

時幸福的、偉大的桃花石國（即中國—引者）中有名叫……
寺中的洞徹三藏的名叫智通的法師從印度語譯為桃花石
語，又受讚頌的十姓回鶻的後學別失八裏人勝光法師再由桃
花石語譯為突厥語，命之曰《千手千眼觀世音菩薩〔廣大圓
滿無礙大悲心陀羅尼經〕》第三品終。[26]

　　該經的譯者是古代回鶻著名學者、譯經大師勝光法師（Sïngqu
Säli Tutung），除了該經外，他還用回鶻文翻譯了《玄奘傳》、《金
光明最勝王經》、《觀身心經》和《大唐西域記》（？）等。回鶻
文《千手千眼觀世音菩薩廣大圓滿無礙大悲心陀羅尼經》寫本的
發現，證明勝光法師對密宗經典也不無興趣。

　　《千眼千手觀世音菩薩陀羅尼神咒經》和《千手千眼觀世音
菩薩廣大圓滿無礙大悲心陀羅尼經》的中心內容同樣是講觀世音
菩薩的法力。文中間有藥方和宗教禮儀之類的內容，它們是治療
中毒、蛇咬、眼疾、失聰、中風、致命心絞痛、家庭災難，甚至
蒼蠅飛進眼睛後的處理辦法。其中，《千手千眼觀世音菩薩廣大
圓滿無礙大悲心陀羅尼經》是宋人四明知禮（960–1028）所作《大
悲懺法》的所依經。此《大悲懺法》自宋代始，一直是中國佛教
界最流行的懺儀之一，內含佛教信眾每天所誦念之《大悲咒》，
對觀音信仰的普及與流行居功甚偉。特別值得注意的是，《千手

---

26. S. Tekin, Uygur Bilgini Singku Seli Tutung'un Bilinmeyen Yeni
Ceririsi üzerine, *Türk Dili Araştirmalari Yillgi Belleten* 1965, S. 31.

千眼觀世音菩薩廣大圓滿無礙大悲心陀羅尼經》中還有不少內容
述及千手千眼觀音為信徒開示的達到心願或躲避災禍之方法，故
而受到回鶻佛教徒特別的崇敬。

　　上述這些回鶻文佛教經典都出自敦煌、吐魯番一帶，其數量
儘管不少，但仍然遠遠不是相關回鶻文佛經的全部。有趣的是，
與觀音信仰密切相關的幾部經典，不少都有回鶻文寫本流傳。除
了前文已敍述過的《妙法蓮華經》和《千手千眼觀世音菩薩廣大
圓滿無礙大悲心陀羅尼經》之外，值得注意的還有唐人佛馱跋陀
羅譯《大方廣佛華嚴經》，該經在卷五十一《入法界品》中闡述
了觀世音的神力。觀世音向善財童子自稱：

> 我已成就大悲法門光明之行，教化成熟一切眾生，常于一
> 切諸佛所住，隨所應化普現其前，或以惠施攝取眾生，乃至
> 同事攝取眾生。顯現妙身不思議色攝取眾生，放大光明，除
> 滅眾生諸煩惱熱，出微妙音而化度之，威儀說法，神力自在，
> 方便覺悟，顯變化身，現同類身，乃至同止攝取眾生。[27]

　　這一記載說明，大慈大悲的觀音在救苦救難時為方便起見可
「顯變化身，現同類身」，根據需要變成各種不同的角色。從男到
女，從僧到俗從鬼怪到動物，達三十三種之多，即後世所謂的「三
十三面觀音」或「三十三身」。該經現有二種回鶻文譯本存在，
一為四十華嚴，一為八十華嚴。前者出土於吐魯番，後者發現于
敦煌。[28]

---

27. 《大正藏》第 9 卷《華嚴部》上，No. 278，第 718 頁上欄。
28. 詳見楊富學，《回鶻之佛教》，烏魯木齊：新疆人民出版社，1998
　　年，第 105–108 頁。

　　此外，《楞嚴經》很可能也曾被譯入回鶻文，在敦煌出土的
回鶻文《說心性經》寫本中，即多處引用與《楞嚴經》、《華嚴經》
相關的文字。[29]《元史》在提到回鶻喇嘛僧、著名佛經翻譯家必
蘭納識裏時稱：

> 其所譯經，漢字則有《楞嚴經》，西天字則有《大乘莊嚴寶
> 度經》、《乾陀般若經》、《大涅槃經》、《稱讚大乘功德經》，
> 西番字則有《不思議禪觀經》，通若干卷。[30]

　　從這一記載看，元朝時期必蘭納識裏曾根據漢文將《楞嚴經》
譯入回鶻文。對觀音信仰而言，《楞嚴經》第六卷《觀世音菩薩
耳根圓通章》是非常重要的文獻，其內容對觀音所修持禪法有細
緻描寫，具體包括修行功夫、修證次第與全體大用等諸多方面，
對「觀音法門」之禪修具有特殊意義。

　　這些經典的翻譯與流行，無疑會進一步推動觀音信仰在回鶻
中的普及與興盛。吾人固知，佛教在回鶻中的興盛主要在宋元時
期，以後便逐步走向衰落，至 15 世紀基本上已讓位於伊斯蘭教
的統治。與之相應，西來的阿拉伯文也被確定為官方文字。回鶻
文逐步被棄用，最終成了不為人知的「死文字」，回鶻文佛經也
自然地被人們遺棄。尤其嚴重的是，在伊斯蘭教傳入吐魯番等地
後，出於宗教上的原因，人們有意識地對那裏原來流行的回鶻文
佛教經典進行了大規模的銷毀，所以，吐魯番出土的回鶻文文獻
大多都是那些因被埋藏於地下才得以倖存的劫後餘孤，多數都屬

---

29. 庄垣內正弘，〈ウイグル語寫本·大英博物館藏 Or. 8212–108 につ
　　いて〉，《東洋學報》第 57 卷，1–2 號，1976 年，第 17–35 頁。
30. 《元史》卷 202，〈釋老傳〉，第 4520 頁。

於小殘片，只有敦煌莫高窟發現的回鶻文文獻保存比較完好，但數量有限。以理度之，當有更多的與觀音信仰相關的經典曾被譯成回鶻文字流傳於世。

隨著相關經典的翻譯與流傳，觀音信仰在回鶻社會中得到廣泛傳播，進而對回鶻的文化藝術產生了深刻的影響。在敦煌、吐魯番等地發現的回鶻藝術品中，觀音繪畫是十分常見的，大致可分為以下幾種情形：

1. 漢風影響下的回鶻觀音像，比較典型的例子可見於敦煌莫高窟第 97 窟和在庫車庫木土拉石窟第 45 窟，後者還有用漢文書寫的「南無觀世音菩薩」或「南無大慈大悲救苦觀世音菩薩」之類的榜題，庫木土拉石窟第 42 窟中還出現有「南無大慈大悲般若觀世音菩薩」榜題，都明顯帶有漢風特點。也正是因為如此，在西域、敦煌等地眾多的觀音畫像中，我們很難確定到底有哪些作品應出自回鶻藝術家之手。

2. 送子觀音像，比較典型的是吐魯番木頭溝遺址出土的回鶻式坐姿觀音像，榜書回鶻文題記，[31] 時屬 9–10 世紀的遺物，懷抱一子，有可能就是最早的送子觀音像。[32] 從其身著白衣這一現象看，似乎曾受到了回鶻人長期信奉的摩尼教的影響。在回鶻於

---

31. D. Siren, *Chinese Sculpture from the Fifth to the Fourteenth Century*, London 1925, p. 577.

32. [美]葛霧蓮著，楊富學譯，〈榆林窟回鶻畫像及回鶻蕭氏對遼朝佛教藝術的影響〉，《1994 年敦煌學國際研討會文集·石窟考古卷》，蘭州：甘肅民族出版社，2000 年，第 292 頁。

840 年由蒙古高原西遷新疆與河西走廊之前，摩尼教一直享有回鶻國教的地位。[33]

3. 水月觀音。可見于敦煌莫高窟第 237 窟的回鶻壁畫中，觀音坐於水邊岩石之上，身光為白色，如月輪，天邊則繪一彎新月。

4. 多手觀音像。這種題材的作品在回鶻石窟中最為常見，如在榆林窟第 39 窟繪有六臂觀音；吐魯番柏孜克裏克石窟第 41 窟和新疆庫車縣庫木土拉石窟第 42 窟中繪有千手千眼觀音；在在吉木薩爾縣北庭高昌回鶻佛寺遺址中，也發現有千手觀音。

5. 馬頭觀音。在庫車庫木土拉石窟第 38 窟的主室地面所繪敷曼陀羅兩側，各繪有一尊袒上身、披帛、頭戴有馬頭寶冠的神，應是馬頭觀音，系密教六大觀音之一。[34] 此外，在吉木薩爾北庭高昌回鶻佛寺遺址中，也發現有馬頭觀音繪畫殘片。

上文所述的多手觀音與馬頭觀音均屬於密教內容。在密教觀音繪畫中，觀音手中所持的法器寓含的含義非常廣泛，既表示朋友的相聚，又表示將眾生從統治者的壓榨下解救出來的屬斧，是智慧之鏡，是誕生在神殿的蓮花，是達到梵境的神音，是祈禱好收成的香柱等等。

在繪畫之外，觀世音菩薩更是每每出現于回鶻文佛教詩歌中。除了前述敦煌本回鶻文《觀音經相應譬喻譚》寫本外，現知的尚有以下十種：

---

33. 楊富學、牛汝極，〈牟羽可汗與摩尼教〉，《敦煌學輯刊》第 2 期，1987 年，第 86–93 頁。
34. 賈應逸，〈庫木土拉回鶻窟及其反映的歷史問題〉，《1994 年敦煌學國際研討會文集·石窟考古卷》，第 311 頁。

1. U5103 (T III, TV 57)，寫卷 1 葉，面積 14.3x15.3 cm，吐魯番山前坡地出土，存文字 45 行，內容為《千手千眼觀世音菩薩贊》；

2. Ch/U 6573 (T III M 141)，殘片 1 葉，面積 12.5x16.3 cm，木頭溝出土，正面為漢文佛經，背面有回鶻文 17 行，內容為《不空羂索觀音頌》；

3. Ch/U 6821 (T II S 32a-1005)，殘片 1 葉，面積 12.2x10.5 cm，勝金口出土，存文字 17 行，內容為《觀音贊》；

4. Ch/U 7570 (T III M 228)，冊子本，現存殘葉 35 葉，為回鶻文《Insadi 經》譯本，其中第四部分(1014–1074 行)為《觀音頌》；

5. Ch/U 7469 (T II T 1622)，殘片 1 葉，面積 12.5x16.3 cm，吐峪溝出土，存文字 17 行，為《不空羂索觀世音菩薩贊》；

6. U 4921 (T II D 199)，殘片 1 葉，面積 17x28.5 cm，高昌故城出土，存文字 26 行，內容為《觀音頌》；

7. U 5803 + U 5950 + U 6048 + U 6277 (T III [M] 234)，較完整的寫本 4 葉，每葉面積 14.3x15.3 cm，吐魯番出土，存文字 45 行，內容為《觀音贊》；

8. U 5863 (T III M 132-501) ，殘片 1 葉，木頭溝出土，內容為回鶻文《觀音贊》；

9. Ch/U 6393 (T II S 32a)，殘片 1 葉，面積 11x9.3 cm，存文字 17 行，內容為《觀音贊》；

10. U 4707 (T III M 187) ，印本殘片 2 葉，木頭溝出土，存文字 80 行，內容為《觀音頌》。

　　上述這些作品均為押頭韻的詩歌，有的在押頭韻的同時又押尾韻，這一文學形式堪稱回鶻文詩歌有別於其他詩歌的顯著特點，現擷取 U 4707 (T III M 187) 回鶻文《觀音頌》中的二段以為例證來觀察回鶻文詩歌的這一特色。

9. tüzün körgäli ärklig tip 　　　　我頂禮膜拜
　　tüzüdin kükülmiš atly-qa 　　　　能公正看待一切的
　　tuyunmïš-lar iligi ïduq-qa 　　　　被所有人讚頌的
　　tüz töpüm üzä yükünürmn 　　　　明鑒之王陛下。

10. bodistv körklüg qangïm-ay 　　　啊，我莊嚴的菩薩父親，
　　bo ögmiš buyan-ïm küčintä 　　　願因我這讚歌之力，
　　bod köḍum-ä tïnly-lar 　　　　一切行走的眾生
　　burxan qutïn bulzun-lar : sadu 　得到佛福，善哉！[35]

　　該詩的作者不詳，大致於 1330 年左右，元政府派駐雲南的回鶻官員躍裏帖木兒的妻子沙拉奇為保佑丈夫平安而在大都（今北京市）出資使人印製了《觀世音經》。詩中所謂的 iligi ïduq（明鑒之王）從字面看指的是回鶻統治者亦都護，實際上應借指觀世音菩薩。

　　其中，第 9 段以 tü-/tu-起首（在古代回鶻文中，ü/u 通用，不加區分），在第 10 段中，起首的同為 bo-/bu-（在古代回鶻文中，o/u 通用，不加區分），非常押韻，而且音節數目也比較嚴整。全詩語言優美，對觀音菩薩的崇敬與膜拜之情溢於言表，具有極強

35. P. Zieme, *Buddhistische Stabreimdichtungen der Uiguren* (=Berliner Turfantexte XIII), Berlin 1985, nr. 20, S. 123–124；耿世民《古代維吾爾詩歌選》，烏魯木齊：新疆人民出版社，1982 年，第 79–80 頁。

的感染力，給讀者以非常深刻的印象。鑒於其文學特色不關本文宏旨，故此略而不論。

綜上所述，我們可以看出，觀音信仰在古代回鶻人中的傳播是相當普及的，首先表現在有眾多與觀音相關的經典被譯成回鶻文字廣為流傳，同時也表現在觀音形象常常出現在古代的回鶻藝術品中，敦煌、吐魯番等地發現的印經題跋、觀音頌詩更是深刻地反映出古代回鶻佛教徒對觀音菩薩的崇敬之情。從譯經、印經題跋、藝術品和頌詩看，回鶻中流行的觀音，既有顯宗的，也有密宗的，既有漢傳佛教的影響，也有藏傳佛教的影響，同時又不乏自己的民族特色（如頌贊觀音的頭韻詩），體現出回鶻文化的多樣性。

禳瘟儀式與觀音信仰

—以禳痘疹為中心的觀音和泗州大聖信仰

姜 生

中國·山東大學

宗教、科學與社會問題研究所所長

「泰山學者」特聘教授

摘　要

　　觀音和作為觀音化身之一的泗州大聖信仰，出現于唐宋以來大量有關驅除瘟疫的道經和民間經卷之中，至乃「灑楊枝水」這一本屬觀音救世之特有象徵，在民間亦成為泗州大聖之舉止。在許多情形下，觀音信仰表現出佛道融而為一的存在形態。

　　唐宋以後，作為人類最偉大科學發明之一的種痘術產生於中國佛道教文化圈。按諸醫史文獻之說，種痘術之最初起源，蓋如清初朱純嘏《痘疹定論》說，乃源于宋真宗時峨眉山頂女神醫「天姥娘娘」。傳說娘娘生身於江南徐州之地，自幼吃齋念佛。長不婚嫁，亦不披剃，雲遊至四川峨眉山頂，蓋茅菴而居焉。惟時有上橋、中橋、下橋三處女人好善者，俱皆皈依，吃齋念佛。後此現身說法，自出痘症，至一十二日回水結痂。此後將神術傳播民間，而娘娘亦告民人，其乃「慈悲觀世音菩薩轉劫」。另外文獻則稱娘娘為「峨眉山頂明覺禪師」、「天妃無上天姆娘娘」等等。這些名號施於觀音菩薩一身，並非一時一地之事，而是有一個漫長的整合過程。而觀音信仰中這種多身份整合一身的現象，使觀音菩薩產生了對中國民間宗教發生長期深刻賦型性影響的生命力。與此同時，這種整合亦為禳瘟儀式創造了更大的社會心理需求空間。故而，觀音信仰與禳瘟儀式之發展，漸而互為依託，均獲致巨大的社會力量。

　　在瘟疫流行的歷史時代，在與驅瘟、種痘實施過程相伴的宗教儀式中，觀音及其化身形態的泗州大聖、勸善大士、明覺禪師

和主司種痘的天姥娘娘等多種信仰形式，亦作為求神禳瘟之重要內容，在其中佔有重要地位。本文從佛道教典籍、民間宗教典籍、正史、地方誌、筆記史料、中醫史資料、考古資料和從民間徵集的明清以來大量抄本宗教文獻等各種資料中，廣泛搜羅並發現歷史上各種類型的泗州大聖和明覺禪師文本和圖像文本，從中梳理觀音信仰的這些變化形態，具述其內涵與特徵，期以揭示觀音信仰在民間信仰中的影響及其演變。

中國傳統的觀音信仰中，佛、道、民間信仰的融合與互動現象有比較突出的表現。觀音和作為觀音化身之一的泗州大聖信仰，出現於唐宋以來大量有關驅除天花瘟疫的道經和民間經卷之中，至乃「灑楊枝水」這一本屬觀音救世之特有象徵，在民間亦成為泗州大聖之舉止。在許多情形下，觀音信仰表現出佛、道和民間信仰融而為一的存在形態。

一、種痘神醫天姥娘娘—觀音菩薩轉劫

李約瑟曰：「天花預防接種這一科目是世界醫學史科學史上極其重要的一項內容，因為它構成了所有免疫學方法的最原始的形式。」[1] 關於始傳種痘術之歷史人物，已化為從民間到皇家一致崇拜的大神。已知較早的記載見於清初康熙三十年（1691）抄本《痘疹通治》附《廣布天花說及符法》。在《廣布天花說》的前面有傅商霖的序，其文曰：

> 客問：種痘何昉乎？予曰：相傳宋仁宗時，湖廣一太守，子患危痘，諭能治者酬千金。時三道人從峨嵋來云：「洗去前痘，另換種，痘自安。」太守依法調治，果愈。遂拜求其術以救嬰兒。道人藏書香爐下而去。啟視之，知為紫清宮真人。種痘法事聞於上，敕封天妃無極金花聖母上中下三座娘娘。由是廣其傳於三閩江右間。大清三十年來，浙金種痘法皆江西王唐二先生所授也。

從傅商霖的序文，推測他可能就是這部書的作者。

---

1. 李約瑟，〈中國與免疫學的起源〉，見潘吉星編《李約瑟文集》，頁 1033。

　　有關這個種痘術初傳神話的另一重要資料見於清初名醫朱純嘏著《痘疹定論》(1713)，詳述種痘方法，言其種痘術之淵源，乃傳承自峨眉山頂的種痘女神醫「天姥娘娘」。該書卷二〈種痘論〉敍述了這位天姥娘娘之神話文本：

> 宋仁宗時，[2] 丞相王旦初生諸子，俱苦於痘。後老年生一子名素，招集諸幼科而告之曰：「汝等俱明於治痘否乎？」求應之曰：「不敢言明於治痘，但略知治痘之法也。」王旦曰：「能知之即能明之也。每年予各以十金相贈，俟小兒出痘，眾皆請來，共相認症，訂方用藥，俟結痂還元之後，再厚贈酬謝，幸勿各教推諉。」
>
> 時有四川人做京官者，聞其求醫治痘，乃請見而陳說種痘之有神醫，治痘之有妙方，十可十全，百不失一。王旦知之，喜相問曰：「此神醫是何姓名、何處居住也？汝既知之，為我請來。」彼應之曰：「此醫非男子，乃女人也。傳說生身於江南徐州之地，自幼吃齋念佛。長不婚嫁，亦不披剃，雲遊至四川峨眉山頂，蓋茅菴而居焉。惟時有上橋、中橋、下橋三處女人好善者，俱皆皈依，吃齋念佛。後此現身說法，自出痘症，至一十二日回水結痂，乃命上、中、下三橋女人曰：『此痘痂可種也。一歲之兒女，可用此痂三十粒，於淨磁鍾內，以柳木作杵，研此痂為細末，用潔淨棉花些須，又用潔淨之水，春秋溫用，夏則涼用，冬月略帶熱些，摘三五點，入於鍾內。乾則又加幾點，總以研勻，不乾，捏成棗核樣，以紅絲線栓定，約有寸許則剪去其線，納於男左女右之鼻孔內，線露在外，以防吸上。未滿一歲之兒，種六個時辰取出，若

---

2. 這裏的文字有些問題，王旦係「宋真宗」朝有名的「太平宰相」，筆者將另研究。

用水盞咒

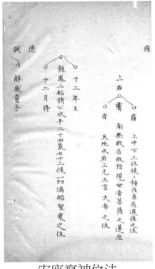

安座寫神位法

奉請觀音菩薩

奉請天母娘

圖1 清初（1691）抄本《廣布天花說》所見天姥娘娘和觀音菩薩崇拜

二三歲之兒，種十個時辰取出，即種十二個時辰足亦可。……
此在人神而明之也。汝等依予之法，將汝自己之兒女種之，
十可十全，百不失一。』遂如法種之，皆得全愈。自是環峨
眉山之東西南北，無不求其種痘，若有神明保護，人皆稱為
神醫，所種之痘，稱為神痘。若丞相必欲與公郎種痘，某當
雇人夫肩輿，即往峨眉山，敦請此神醫，亦不難矣。」
不逾兩月，敬請神醫到汴京。見王素，摩其頂曰：「此子可
種。」即於次日種痘。至七日發熱，後十二日，正痘已結痂
矣。由是王旦喜極而厚謝焉。神醫年近九十，乃辭厚贈，對
王旦曰：「我修行人，要金帛何用？汝為丞相，內則贊助君
德，外乃表率臣工，鎮中國而撫四邊，令天下萬民，共用太
平，此則我受汝之酬謝也，比金帛更多焉。」由是辭回峨眉。
至次年，傳三橋女人，前皈依者，明白指示之曰：「我非凡
胎所生，乃慈悲觀世音菩薩轉劫，指出種痘之法，欲天下之
幼兒少女，咸躋壽域。吾今以此法，傳授汝等，當為我廣其
傳焉。」三橋女人皆俯伏求慈悲普度，俱稱讚神功，命我等
稱何名號，以垂久遠？神醫曰：「吾乃天姥娘娘，凡種痘之
家，焚香禮拜，稱揚天姥娘娘，吾即於虛空之中，大顯神通，
化凶為吉，起死回生。」言畢，坐化而去。[3]

　　朱純嘏接著寫道，「吾種痘俱依天姥垂訓，凡調治俱遵久吾
聶氏《活幼心法》，果然十可十全，百不失一。」可知朱純嘏將
自己所行種痘術歸之於峨眉山頂天姥娘娘所傳，而在調治上則按
明代名醫聶久吾所傳。這裏透露出一點，即：種痘術可能並未經
聶久吾傳承。張琰在《種痘新書》（1741）自序中說：「余祖承聶
久吾先生之教，種痘箕裘，已經數代。」說其父善種人痘，傳自

3. 見《續修四庫全書》子部醫家類，第 1012 冊，第 32–34 頁。

其祖父,其祖則傳自聶久吾。聶久吾(尚恒)生於明隆慶(1567–1572)六年(1572),而現存其著《活幼心法》等醫書中均無種痘內容。可能是張琰為理其傳承關係,附會於這位明代治痘名醫,而種痘術或當另有傳承線索。

諸醫史文獻亦多說種痘術源自仙傳。徐大椿曰:「種痘之法,此仙傳也,有九善焉。」[4]《醫宗金鑒》亦引此說:「夫痘,……為生人所不能免。……種痘一法,起自江右,達於京畿。究其所源,云自宋真宗時,峨眉山有神人,出為丞相王旦之子種痘而愈,遂傳於世。其說雖似渺茫,然以理揆之,實有參贊化育之功,因時制宜之妙。蓋正痘感於得病之後,而種痘則施於未病之先,正痘治於成病之時,而種痘則調於無病之日。」[5]馬伯英研究認為,俞茂鯤《痘科金鏡賦集解》(1727)所謂甯國府太平縣的種痘術「得之異人丹家之傳」的說法,「即峨眉山神人一脈傳來。屬道教醫學家的發明和偉大貢獻……道教文化背景產生了這一偉大發明。」[6]毫無疑問,清初有關始傳種痘術之歷史人物的傳說,有不同的版本在流傳(對此將另研究)。

然而值得注意的是,驅除天花之疫的種痘術傳說同觀音信仰緊密結合在一起,這背後存在著一個基於佛、道、民間信仰等古代宗教生態的複雜結合過程,是三教融合的產物。

---

4. 清·徐大椿,《醫學源流論》卷下「附種痘說」。
5. 乾隆十四年《禦撰醫宗金鑒》卷六十「編輯幼科種痘心法要旨」。
6. 馬伯英,《中國醫學文化史》,頁 811–812。

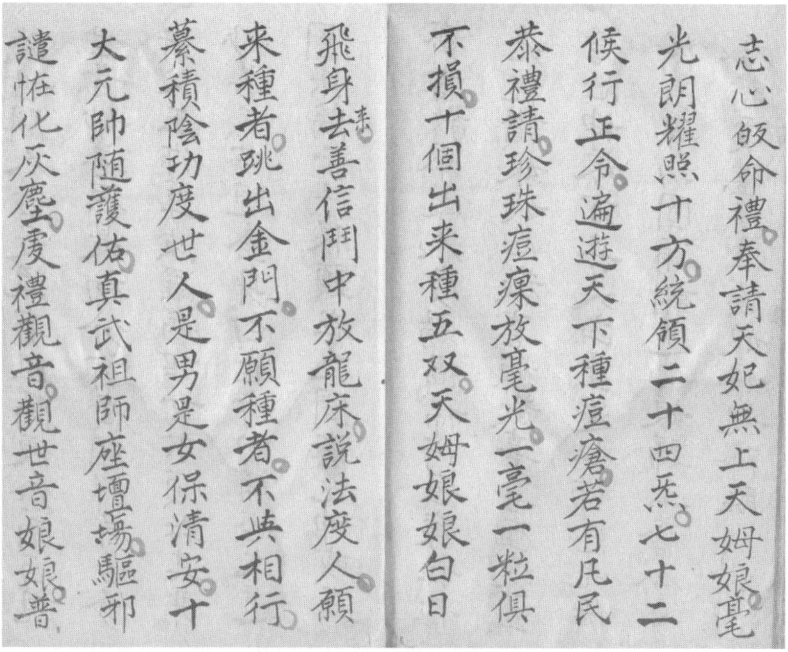
志心皈命禮奉請天妃無上天姆娘毫
光朗耀照十方統領二十四炁七十二
候行正令遍遊天下種痘瘡若有氏民
恭禮請珍珠痘瘰放毫光一毫一粒俱
不損十個出来種五双天姆娘娘白日
飛身去善信門中放龍床說法度人願
来種者跳出金門不願種者不共相行
驀積陰功度世人是男是女保清安十
大元帥隨護佑真武祖師座壇場驅邪
譴怯化灰塵虔禮觀音觀世音娘娘普

圖 2　清抄本《正一道門慶麻痘娘科》有關奉請天姥娘娘和觀音菩薩的內容

事實上，唐宋以後中國思想界出現的「三教合一」趨勢，以及觀音菩薩形象的女性化過程，恰恰相並而行，互為推縱，這使得觀音菩薩不僅為各種信仰所吸收，也使觀音內涵豐富並得到適宜環境，從而成為中國信仰系統發生整合的一個具有核心意義的最重要的神祇。

如民間傳本道書《痘門拜娘娘誥全科》[7] 在開篇「拜請天宮天姥娘」文字之末，卻稱傳播種痘之法的天姥娘娘為「花台會上天姥娘娘菩薩」，與《痘疹定論》所述種痘神娘的神性（「我非凡胎所生，乃慈悲觀世音菩薩轉劫」）相合，峨眉山上傳播種痘術的女神醫遂成為觀音菩薩之化身。

二、禳痘女神—觀世音娘娘

一）科儀文本形態

在祈神禳痘和種痘的儀式文本中，觀音菩薩及其化身，是所祈請諸神中不可缺少的神祇。

嘉慶 20 年（1815）抄本《正一道門慶麻痘娘科》[8] 即其一例。書中讚頌天姆娘娘「統領二十四氖，七十二候行正令，遍遊天下種痘瘡」，祈求天姆娘娘保風調雨順少疫病的同時，要求信眾虔誠禮拜「觀音大士」、「觀世音娘娘」。經中道師「領下民信士」端拜上啟文本曰：

> 天妃無上天姆娘娘，天符宣令，上善平安大帝，四洲大聖，勅封金花天姥，上中下三位郎娘……
> 虔誠拜請……南海得道大慈大悲觀音大士……
> 虔禮觀音，觀世音娘娘，普度世間人，若是流有阻隔，便念

---

7. 清代抄本，內題《痘門拜娘娘誥全科》，封面題《痘科拜誥》，長 24.4 cm，寬 15.2 cm。文中「玄」字缺筆；另，書末正文外有持經者於民國初年所擬詩文草稿。有關本書內容，詳見下文。

8. 清嘉慶二十年抄本，封面題《神娘科》。二經同卷。內文第一部分無題，據內容判斷為《造船科》，第二部分題為《正一道門慶麻痘娘科》，長 23.3 cm，寬 14.5 cm。

南海觀世音，妙善原是初分首，廣開群眉苦修行，父王作孽波羅病，招女不順斬其身，妙善天下現金身，白雀寺內誦經文，道圓果滿千手眼，顯在凡間鎮乾坤，或在雲中空裏現，或在佛堂度眾生，弟子今時虔禮請，大賜雷威常擁護。

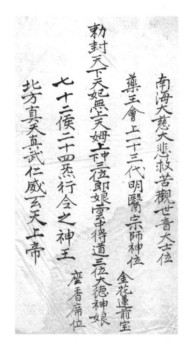

圖3　清抄本《正一道門慶麻痘娘科》
　　　寫神位法

可以看出觀音菩薩在祈神禳痘儀式中已成為一個重要的構成性神靈。經文中祈請的「四洲大聖」（即「泗州大聖」），唐以來在民眾信仰中逐漸成為觀音菩薩的化身，對此下文將予以闡述。不僅直接接納觀音菩薩入道書，該經還明確表達了對儒釋道

三教一體關係的認同和肯定：「三宗在上，儒釋道為尊」。基於這種思想，其虔誠拜請的諸神中，便包括佛教的「南無佛法僧」，「釋加（迦）牟尼佛」，「彌勒尊佛」，「南海得道大慈大悲觀音大士」，道教的「北方鎮天真武玄天上帝」，「三界伏魔關聖帝君」，以及儒家宗法傳統中的「本音門中三代宗親」，「家堂侍敬」，「香火福神」等等。這些拜請對象，基本包羅了古代民眾信仰中最主要的神系。

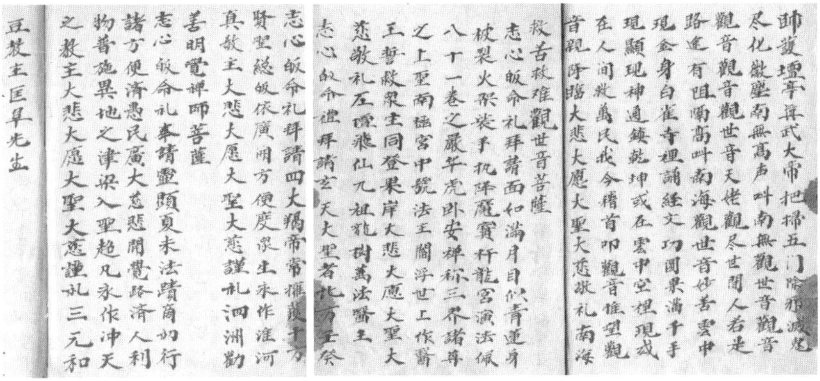

豆教主匡阜先生

師護壇庭真武大帝把掃五門階前疫病減
盡化就坐前無萬聲叶南無觀世音菩薩
觀音觀音觀世音天也觀人看老
現有阻兩高峰南海觀世音菩薩雲中
路逢有阻兩高峰南海觀世音菩薩雲中
現金身自崔音誦經文功圓果滿千手
現觀音自崔音誦經文功圓果滿千手
顯現神通鎮乾坤或在雲中空俱現戒
在人間救萬民我今稽首叩觀音惟望
音親叩禮大悲大願大聖大慈敬禮南海

救苦救難觀世音菩薩
志心皈命禮觀音拜請西方滿月目似青蓮
披裂火焰卷手扒降魔宮演法俶
八十一卷之嚴華中號法王關浮世工作醫
之上聖南極宮中號法王關浮世工作醫
王誓救眾生同登果岸大悲大願大聖大
慈敬禮匡環稚仙九祖乳哺萬法醫王
志心叩禮拜請玄天大聖都北方主管

善明覺禪師菩薩
志心皈命禮許請四大鴉帝常攝護
賢聖總攻依廣州府方便慶泉生永作淮河
真妙主大悲大願大聖大慈護禮泗洲勤
諸方便濟愚民蹈起凡永作冲天
物普施異地之津涎入聖趣凡永作冲天
之教主大悲大聖大聖護訛三元和

圖4　民間道書《痘門拜娘娘誥全科》中禮拜觀音菩薩（右1-2葉）和泗州大聖（左葉）之內容

又如傳本民間道書《痘門拜娘娘誥全科》（已見前文）：

南無高聲叫，南無觀世音，觀音觀音觀音觀音世，天姥觀盡世間人，若是路途有阻隔，高叫南海觀世音，妙善雲中現金身，白雀寺裡誦經文，功圓果滿千手現，顯現神通鎮乾坤，或在雲中空裡現，或在人間救萬民，我今稽首叩觀音，惟望

觀音親降臨，大悲大願大聖大慈，敬禮南海救苦救難觀世音菩薩。

圖 5　重修觀音與送生疹痘廟
　　　引碑（1997 年山東
　　　威海市環翠區出土）

圖 6　白佛山創建白雲閣碑記
　　　（局部，山東
　　　東平縣白佛山）

　　這部民間道經同樣把觀音菩薩納入神系，作為有求必應、救苦救難的大神加以禮拜，以回應民眾對驅除瘟疫苦難的心靈之需。

二）古宗教遺存所見

　　山東威海發現的清嘉慶二十三年（1818）《重修觀音與送生疹痘廟引》碑[9]曰：「茲維橋頭集觀音與送生疹痘廟，創制於順治五年（1648），修於乾隆二十年（1755），其功至詳且備。今村人等仰神像宗廟貌剝落傾圮，皆不忍坐視，因鳩工重修，以紹前人成烈。」從碑文可知橋頭集的痘神廟於清順治五年始建，乾隆二十年再修。嘉慶二十三年，鑒於觀音與送生疹痘神廟破敗，當地信眾再度重修。該痘神廟從清初創建，一直為該村民眾所虔誠崇拜，其突出特點是將觀音菩薩與痘神娘娘同廟而祀。此外，上海城隍廟也供奉觀音菩薩、痘神、疹神、眼光娘娘等神，可見觀音信仰在民眾信仰系統中的重要性。

　　被吸收進入禳瘟系統的諸神，除了觀音菩薩，還有佛教中的其他一些菩薩與痘神同祀的情況。山東東平縣白佛山新發現的清康熙三十七年（1698）《白佛山創建白雲閣碑記》，[10] 因「菩薩形象突現山中，端立北向」，信民遂建白雲閣。閣之正殿所奉為文殊、普賢兩菩薩，東西向者曰送圭、斑疹、子孫、眼光諸神（娘娘）。其中與兩位菩薩同祀的斑疹娘娘，就是民眾為小兒安全度過痘疹難關、或求種痘安全而祈求的痘神娘娘。

　　此外，澳門提督馬路著名禪院蓮峰廟尚存「痘母殿」。該廟建於明代，距今已有近四百年歷史。主廟現供奉觀音、天后，有

---

9. 該碑 1997 年在威海市環翠區橋頭村北被發現，大理石質，高 130 cm，寬 48 cm，厚 12 cm。現存威海市博物館。

10. 該碑甚高大，但已殘裂成三，本文所用為其中一塊拓片之局部。

武帝殿、仁壽殿、醫靈殿、沮誦殿及金花娘娘痘母殿等。痘母殿包柱對聯曰：「寶痘勻圓,喜個個金丹換骨;天花消散,願家家玉樹成林。」表達了人們對安全度過痘疹命關的虔誠心願。這裏崇拜的金花娘娘痘母,就是專司為兒童種痘的職業神痘神娘娘。如前所述,這個痘神娘娘已成為觀音之化身,因而也就有了與觀音同廟而祀的現象。

圖 7　澳門蓮峰廟中的「金花痘母殿」

三、泗州大聖之為觀音菩薩化身

中國佛教和道教史上，有諸多號「明覺」的禪師深受民眾崇拜。但其中唐代泗州普光王寺僧伽「普照明覺大師」最為特殊。圍繞這位名僧，民間出現眾多傳說。在各種傳記和傳說資料中，這位原普光王寺和尚僧伽被稱為泗州大聖，他善行法術，為人治病，很可能行醫治瘟疫，他被崇拜為驅瘟之大聖，而且他的名號也進入了唐宋以後道教驅禳瘟疫的科儀文本，成為驅除瘟疫的大神之一；究竟他是否曾為人種痘，無考；但在祈禳天花之疫的儀式文本中，他一直是非常重要的神祇，成為觀音菩薩化身形態之一。

圖 8 大足石窟的　　　　圖 9 合川淶灘摩崖石刻
　　「泗州大聖」　　　　　「聖者泗州和尚」

一）歷史文本檢視

按《宋高僧傳》卷十八所載唐代泗州普光王寺和尚僧伽（638–710），生前即頗為神異，卒後亦多現形顯靈。代宗大曆十五年（780），現形於皇宮內殿，乞免郵亭之役。後周世宗時，猶托夢於州民。宋《鐵圍山叢談》卷五載，其圓寂四百多年後，徽宗宣和己亥(1119)夏東京大水，「泗州僧伽忽現於大內明堂頂雲龍之上，萬眾咸睹，殆夕而沒。」

圖 10　甘肅天水小隴山仙人崖
　　　喇嘛樓的泗州大聖

圖 11　清抄本《泗洲行相科》

　　《江南通志》卷 175〈人物志·方外二·泗州〉:「唐僧伽,本西域人,唐龍朔(661–663)中,南游江淮,欲於泗州建寺,賀元濟請捨所居為之,僧伽曰:『此舊佛寺也。』掘地得古碑,乃齊香積寺銘,並獲金像一軀。伽曰:『普照王佛也。』視石刻果然。景龍二年(708),中宗遣使召見,賜號國師,賜寺名普光王寺。四年(710)三月坐化於長安大薦福寺,壽八十有三。宋大中祥符六年(1013),加號普照明覺大師。」諸如此類之神異傳說頗多。

　　圍繞泗州僧伽的各種古代宗教藝術之作亦頗多。要如大足石窟「泗州大聖」[11] 造於北宋靖康元年(1126),合川淶灘禪宗摩崖石刻中的「泗州和尚」立像造於南宋。[12] 敦煌莫高窟 72 號龕門外南側繪有一位禪僧,頭戴風帽,身著大圓袈裟,跏趺靜坐,榜題「聖者泗州和尚」。另,天水東南部小隴山仙人崖的西崖山下天然洞穴內現存最早佛窟喇嘛樓裏面,有泗州大聖及其弟子塑像(宋代)。[13]

---

11. 李巳生主編,《中國石窟雕塑全集 第七卷 大足》,圖十九,北山佛灣第一七七窟「泗州大聖」,頁 19。大聖像頭戴披帽,內著交領僧衣,外罩圓領大袍,雙手籠於袖內,拱置於腹前,跏趺坐於高方臺上。龕左壁門內側上部,刻鐫記曰:「丙午伏元俊鐫記」丙午年〔記〕。

12. 劉長久主編,《中國石窟雕塑全集 第八卷 四川·重慶》,圖二一四,合川淶灘西岩第一四號泗州大聖像,頁 211。淶灘禪宗摩崖石刻造像群位於四川省合川市淶灘的崇山峻嶺中,「泗州和尚」立像在弘忍立像右側,高 2.58 米。其兩側還有四尊立像,當為木叉、慧儼、慧岸三位侍者等。

13. 見董玉祥,〈仙人崖石窟〉(上),頁 35。

　　傳說資料中這位普光王寺僧伽被稱為「泗州大聖」，他善行法術，古人向他祈求降雨、止雨或止洪水等。唐人李白、崔幹等曾都留有關於泗州和尚的贊記之辭。[14] 傳說泗州大聖曾鎖水母，制勝洪水，可見民間相信其法力之大。[15] 據載宋代已有一些為泗州大聖所建寺院。如嘉興縣北有寺曰「泗州大聖院」，[16] 蘇州府則有「泗州寺」。[17] 歷代文人亦有關於夢與泗州大聖同行、[18]「泗

14. 按陳思（宋）《寶刻叢編》卷七：前蜀「徐逺《李白泗州和尚贊》，乾德三年立，同上」（成都）。卷八：「《唐泗州和尚記》，唐崔幹撰（《京兆金石錄》）」。

15. 陶宗儀（元）《輟耕錄》卷二十九：「淮渦神：泗州塔下，相傳泗州大聖鎖水母處，謬也。」鄭真（明）《滎陽外史集》卷 98：「泗苦水患，故老相與立神以祀之。以水為陰類，故以母稱。後世附會，有泗州大聖破水母娘娘之說。」

16. 徐碩（元）《至元嘉禾志》卷十一〈寺院·嘉興縣〉：「宋熙寧間，有僧智微在永州兜率寺受業，其僧母張氏年九十四歲，造庵一所，名泗州大聖庵。知州吳司文聞於朝，得曾太后旨，賜老人粟帛，僧智微同母將所賜粟帛並衣鉢貨易，造泗州大聖像及佛殿。紹興三年，智微從弟奉珍以其狀申州，轉聞於朝，准禮部符改今名。」

17. 《江南通志》卷四十四〈輿地志·寺觀·蘇州府〉：「在府杉瀆橋東南，本報恩寺子院，宋景定間，僧惟一感泗州大聖夢移置南城，賜額泗州禪寺。」

18. 宋《分門古今類事》卷八〈夢兆門下·僧伽同行〉：「《泗州大聖僧伽傳》云：和尚何國人也，又云世莫知其所從來，云不知何國人也。近讀《隋史·西域傳》有何國。予在惠州，忽被命責儋耳，太守方子容自攜告身來且弔予曰：此固前定，可無恨。吾妻沈素事僧伽謹甚，一夕夢和尚告別，沈問所往，答云當與蘇子瞻同行，後七十二日當有命。今適七十二日矣，豈非前定乎予？以謂事孰非前定者，不待夢而知。然予何人也，而和尚辱與同行，得非夙世有小緣契乎？（東坡毗陵後集）」

州大聖送東坡過海」、[19] 夢泗州大聖灑楊枝水治病、[20]「全僧修寺」[21] 等等關於泗州大聖在多方面（而不僅僅是在驅禳瘟疫方面）表現神異的記述；而灑楊枝水治病的形象已明顯表現出泗州大聖已被作為觀音菩薩之化身而受到崇拜。

　　從禳瘟和種痘科儀文本的歷史演變過程來看，應可判斷：泗州大聖之被接納為驅禳天花之疫的儀式中所拜請的神靈，原因首先在於他是唐宋以來被認為在多方面和觀音一樣非常靈驗、有求必應的神祇，進而成為禳瘟大神之一，深為民眾所尊崇；其後的種痘科儀對他的祈請，乃繼承改造禳瘟文本而來。

二）宗教典籍文本

　　除史料及其他文獻記載外，某些佛道一體的民間宗教經典也保存著祈求泗州大聖祐護信眾脫離瘟疫之難的道場或醮儀文本。

---

19. 吳曾（宋）《能改齋漫錄》卷十八〈神仙鬼怪〉：「鄒志全言，在嶺外見惠州太守方君謂其家人素奉佛，一旦夢泗州大聖來別云：將送蘇子瞻過海。遂詰之曰：幾時當去？答曰：八日去。果如所言。故參寥以詩誌之曰：臨淮大士本無私，應物長於險處施，親護舟航渡南海，知公盛德未全衰。」

20. 王鞏（宋）《甲申雜記》云：「滕友作監司廣東，患傷寒不省，久之，夢泗州大聖灑楊枝水，且語之曰：宋祚無窮，為臣者惟忠與正，無動汝志，無易汝守，汝亦有無窮之用。聽畢遂愈。」（元陶宗儀《說郛》卷五十上有引）

21. 《分門古今類事》卷十八雜誌門：「泗州大聖，西竺國人，唐高宗時始來中國，出處無常，聽其言者，初若狂，已而皆驗。常憩毗陵，國祥寺殿將毀壞，師潛以衲衣置梁上，仍告人曰：有人王來修此寺。師遂行。後三十年，其寺乃大興，皆僧全氏之力，師言人王之驗也（王元澤文集）。」

　　前引清初抄本《廣布天花說》中的奉請僧伽和尚明覺禪師四川（泗州）大聖菩薩一節，把他作為救眾生之苦難的四川（泗州）大聖菩薩，同（傳播種痘的痘神）娘娘布種濟度眾生，建立起某種關聯：

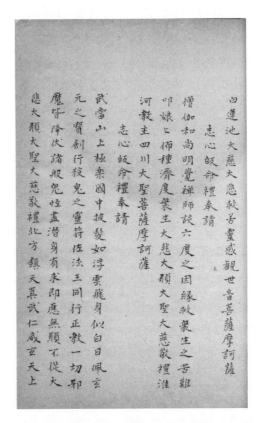

圖12　清初抄本《廣布天花說》奉請僧伽和尚明覺禪師　　　四川（泗州）大聖菩薩

僧伽和尚明覺禪師，設六度之因緣，救眾生之苦難，叩娘娘
布種，濟度眾生，大悲大願，大聖大慈。敬禮淮河教主四川
（泗州）大聖菩薩摩訶薩。

這就是中國傳統民間信仰一再向我們展現出來的強大的吸
收、同化、混融之魔力。在這裏，正是拯救的需求和信仰的意志，
構造出一個無神不化的消化系統，任何神靈之被揀擇即意味著融
解與再造。

前引抄本民間道書《痘門拜娘娘誥全科》拜請禳痘的諸神
中，泗州大聖乃一大神：

拜請四大羯帝常擁護，十方聖賢總皈依，廣開方便度眾生，
永作淮河真教主，大悲大願大聖大慈，謹禮泗洲勸善明覺禪
師菩薩。

此外，民間道書中《餞送船上科文》[22] 和《太上正乙禳瘟玄
科》[23] 所述祈神禳痘之儀式過程中，亦皆須拜請泗洲大聖（分別
稱之曰「泗洲大聖明覺禪師」、「泗洲明覺禪士清明真君」）。

較此更早的道教經典《道法會元》輯錄有宋元時期各派道
法，其中與痘神崇拜相關的科儀文本，內容已相當系統而豐富，
所涉諸神亦增多，為後來的禳痘科儀奠定了基礎。卷 220《神霄
遣瘟送船儀》道士先上表造送瘟船畢，上啟諸神：

---

22. 《餞送船上科文》，清代抄本，長 21.2 cm，寬 14.5 cm。是書為五經
同卷，封面及第一篇經文已失多頁，第二篇為《正一造船科文》，第
三篇為《餞送船上科文》，第四篇為《祭將法事》，第五篇為《餞送點
發兵科文》。文中「玄」字缺筆，書法精美。
23. 抄本，年代不詳，長 21.2 cm，寬 12.5 cm。二經同卷。第一篇為《清
微靈寶蕩穢玄科》，第二篇為《太上正乙禳瘟玄科》。

（奉請）泗州普照明覺禪師，和瘟師主匡阜真人，治病趙侯，
天符都天正元帥，地符押瘟副元帥，主瘟侍郎，六眼判官，
降赴船筵，……

（奉請）……麻痘娘娘，苦飲婆婆，發汗判官，乍寒乍熱神
君，箍頭縛腦神君，行麻種痘神君，……降赴華船，受今辭
餞……[24]

　　此處的「泗州普照明覺禪師」尚未被與恩賜人間種痘免疫之
神相聯結，「行麻種痘神君」也不是《痘疹定論》所說的「天姥
娘娘」，而是指在天上向人間播種痘疹瘟疫、使人類面臨生死考
驗的痘神。不過，從其性別之為女性推量，與世傳種痘女神醫天
姥娘娘有一致性，因而又疑此科儀文本成書之時，道教內部或已
有種痘術秘傳。[25]

　　卷 221《神霄遣瘟治病訣法》同樣保存了與後來的種痘科儀
相似的某些文本模式。其中，《造遣瘟神船法》「送神船出門」儀
式完成後，道士退至門首祭設念曰：

太上立教，利濟為先。凡庶投誠，熏香是首，謹運真香，皈
命啟請：洞淵三昧天尊，天符令帝都天元帥，六臂明王，和
瘟教主，匡阜靜明真人，勸善明覺大師泗州大聖，俵藥主事，
主瘟聖公，監瘟聖母，布炁大神，押瘟太尉，五方行瘟聖者，
十二年王，十二月將，三十六神君，七十二候聖眾，雌雄白
虎神王，船頭大王，船尾小王，……一切神威，伏望來臨香
座……

24. 《道法會元》卷 220《神霄遣瘟送船儀》，《道藏》第 30 冊，頁 370。
25. 有關道教與種痘術關係之研究，詳見姜生《道教與種痘術》，發表於
　　2004 年 11 月 16–19 日在臺北中央研究院舉行的「宗教與醫療」學術
　　研討會暨「亞洲醫學史學會」第二次年會。

伏聞大聖奉天符而行令，本是化人，小民敬露恫以求憐，從
而徼福，[26] 象管繪成新聖像，龍舟飛動現真龍，赫赫有靈，
洋洋來格，手不持於桶勺，腰不掛於葫蘆，放下蘭橈，來吸
泗州之水，收回藥櫃，妙融五氣之春，……叩大慈大悲之聖，
盧醫匡阜，返危脈以向安地，……

又在回向之後，再次祈求「惟願天符聖眾，咸依明覺之法言；
瘟部諸神，亟奉洞淵之敕旨，拾起葫蘆藥杖，收回羽扇湯瓢，大
家洗腳上船，各自小心解纜，……載取瘟災去」。[27] 這裏所稱「明
覺」即泗州大聖。

在卷 221 保存的這個科儀文本中，「泗州大聖」顯然是整個
祈求崇拜活動中的主要神靈。推測這一儀式的文本可能形成於宋
以後，值泗州大聖崇拜盛行之時。其後，在祈禳痘疹的科儀文本
中，泗州大聖作為觀音菩薩的化身出現，已成為不可或缺的大神。

又有民間傳本《泗洲行相科》[28]（書影見圖 11）描繪泗州大
聖菩薩為「泗洲菩薩萬德醫王」：

---

26. 「徼福」即邀求福祐，按「徼」有招致、邀求之意。《左傳・宣十二
年》云：「徼怨於楚。」《後漢書・皇甫規傳》云：「進不得快戰以徼
功。」元・胡炳文《周易本義通釋》卷二釋「渙」卦：「或曰：萃之
時，因民之聚而立廟，以堅其歸向之心；渙之時，憂民之散而立廟，
以收其蕩析之志。皆所以統攝人心而堅凝之也。象言假廟，夫子於大
象曰立廟，象言涉川，夫子於十三卦舟楫之象取此，蓋以本卦自有廟
與涉川之象也，故其占宜祭祀，宜涉川；必曰利貞者，祭祀而非正，
是媚神以徼福，涉川而非正，是行險以徼幸，故深戒之。」

27. 《道法會元》卷 221《神霄遣瘟治病訣法》，《道藏》第 30 冊，頁 372–374。

28. 清光緒二十六年抄本，長 20.8 cm，寬 13 cm，封面題《泗洲行相科》，
扉頁標「榮盛壇誌」，內文首題《泗洲行相道場》，全文末題「大清光
緒二十六年榮盛壇弟子在家抄寫行相科書一本」等字。

屢現真形，殊祥於禍跂之家，對禦於朝王之座，灑甘露於楊柳，驅旱魃以膏霖，度苦海，入扶桑，收瘟龍之惡浪，過水鄉之漂溺，淮泗安恬，……潛藏疫氣於塵中，五瘟使者以皈依，三界魔王皆順服，尋聲救苦，應念與安……

信儀方中，臨淮寶界，護國精藍，普照王氏，民稱慈父，帝號僧伽，現無量身，救諸群品，大悲大願，大聖大慈，泗洲大聖明覺禪師菩薩摩訶薩。

另一民間傳本道教經典《泗洲道場》描述設醮筵祈求泗州大聖消災集福曰：[29]

恭請泗洲大聖，和襀瘟部部高真，祈眾聖以來臨，迎群真而赴會，今則華壇已整，玉軸初開，掌持法侶，精虔祈福，信人恪意，藉斯片善，用保康寧，稽首皈依，一請禮，盡虛空，遍法界，十方道經師寶眾，一心奉請，神通廣大，願力宏深，一年一度現金身，三月三辰開寶塔，無求不應，有願皆從，大悲大願，大聖大慈，泗洲大聖明覺禪師，一心奉請，……泗洲布德，中國利生，和瘟廻疫，霎時間，解厄消災，頃刻內，萬民恩主，百姓醫王，明覺大師，普光王聖，請降：白帝行瘟又值秋，痘麻瘴疫萬民憂，……志心敬禮，方袍圓頂，入定觀空，濟殘生於苦切之中，救厄難於倒懸之下，和瘟驅疫，殄滅災殃，泗洲大聖明覺大師，請降法筵，受今供養。……現師聖之質，除災消厄，和殄瘟癀，泗洲大聖明覺宗師，請降法筵，受今供養。
……遣送瘟癀，泗洲大聖明覺宗師，請降法筵：黑帝遮空北面排，貞官土地引瘟胎，一封令下群民難，四疫風行百姓哀，

---

29. 抄本，年代不詳（推測為清末），長 21.8 cm，寬 15.2 cm，封面及扉頁均題《泗洲道場》，封面標「胡飛雲號」，內文首題「大聖泗洲明覺宗師」。

目內生花災甚逼，耳中虛響病難瘥，皈依道經師三寶，方遣
瘟消轉福來，……泗洲大聖明覺宗師，俯鑒凡情，允今餞送。

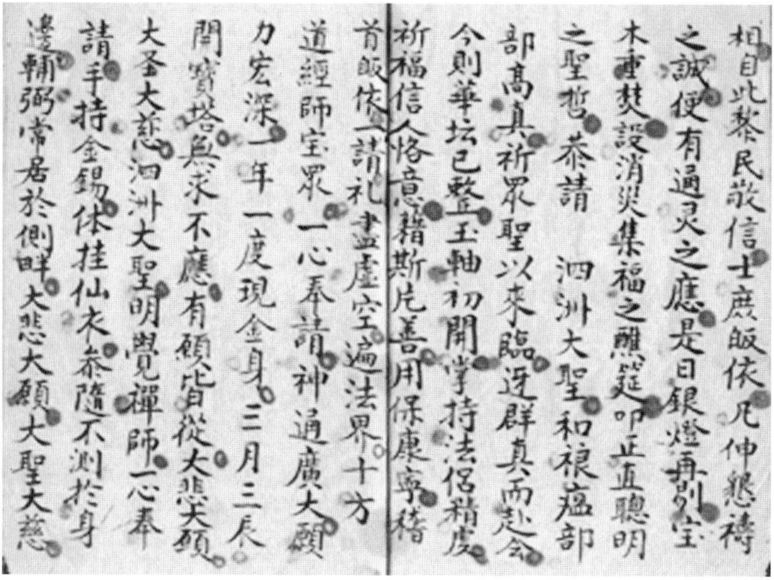

圖 13 抄本《泗洲道場》

　　從這些文字不難看出，《泗洲道場》中的泗州大聖是一個融
佛道於一體的民間神靈，他不僅有觀音菩薩之形象，亦有道教神
祇之形象，而後者從儀式上提供了融合前者的神學結構，從而也
使觀音菩薩信仰以其化身形態通過道教儀式系統進一步得到拓
展。這樣，觀音信仰與禳瘟儀式之發展，互為依託，均獲致巨大
的社會信仰力量。

　　觀音菩薩及其化身之所以如此直接明顯地被納入正一道和民間道教崇拜系統，除了上述「三教合一」的思想發展趨勢外，觀音菩薩的神性特徵，也是一個非常重要的原因。觀音信仰中，觀音作為神靈智慧如海、慈悲無邊、神通廣大、顯化無礙、感應靈異[30] 等特點，使觀音具有類似上帝無所不知、無所不能、無所不在的神通威力。加之觀音信仰中普度天下眾生的悲憫救世胸懷，最能顯示大乘佛教之偉力，征服民眾，與濟世度人的道教思想傳統相合，援觀音入道教具備思想基礎。

　　觀音信仰的修持方式，要求信徒以至誠之心，持誦觀音神咒、稱念觀音聖號，「高叫南海觀世音」，以求其現身拯救，也與某些傳統道教法術相合，且與古代普通大眾的低知識水準、不易誦持雅深經典之能力相符合。

　　在天花瘟疫威脅下的古代民眾生活中，觀音信仰的這種簡而親而靈的特徵，最接近民眾心靈所需，無疑使其具有不可替代的社會價值。

---

30. 參見李利安，〈中國漢傳佛教的觀音信仰體系〉，《宗教哲學》13，1998年。

參考文獻

一、古籍

《太上正乙禳瘟玄科》，抄本。

《分門古今類事》（宋）。文淵閣《四庫全書》本。

《白佛山創建白雲閣碑記》。山東東平白佛山，康熙三十七年
　　　（1698）。

《甲申雜記》，（宋）王鞏。文淵閣《四庫全書》本。

《江南通志》。文淵閣《四庫全書》本。

《至元嘉禾志》，（元）徐碩文淵閣《四庫全書》本。

《宋高僧傳》。文淵閣《四庫全書》本。

《周易本義通釋》，（元）胡炳文。文淵閣《四庫全書》本。

《泗洲行相科》，清光緒二十六年（1900）抄本。

《泗洲道場》，抄本。

《活幼心法》，（明）聶久吾。

《能改齋漫錄》，（宋）吳曾。文淵閣《四庫全書》本。

《神娘科》（《正一道門慶麻痘娘科》），清嘉慶二十年（1815）抄
　　　本。

《重修觀音與送生疹痘廟引》，碑。山東威海：威海博物館藏，嘉
　　　慶二十三年（1818）。

《隋書》。文淵閣《四庫全書》本。

《痘門拜娘娘誥全科》，清代抄本。

《痘疹定論》，朱純嘏（1713）。見《續修四庫全書》子部醫家類，
　　　第 1012 冊（據中國醫科大學圖書館藏清康熙五十二年刻
　　　本影印）。

《痘疹通治》附《廣布天花說及符法》，作者佚名，清康熙三十年
　　　（1691）辛未抄本。

《痘科金鏡賦集解》，俞茂鯤（1727）。

《道法會元》。《道藏》第 30 冊。

《說郛》，（元）陶宗儀。文淵閣《四庫全書》本。

《滎陽外史集》，（明）鄭真。文淵閣《四庫全書》本。

《種痘新書》，張琰（1741）。

《禦撰醫宗金鑒》。文淵閣《四庫全書》子部·醫家類。乾隆十四
　　　年（1675）

《輟耕録》，（元）陶宗儀。文淵閣《四庫全書》本。

《餞送船上科文》，清代抄本。

《醫學源流論》，（清）徐大椿。文淵閣《四庫全書》子部·醫家類。

《寶刻叢編》，（宋）陳思。文淵閣《四庫全書》本。

《鐵圍山叢談》（宋）。文淵閣《四庫全書》本。

二、現代專書和專文

李巳生主編

　2000　《中國石窟雕塑全集　第七卷　大足》。重慶：重慶出版社。

李利安

　1998　《中國漢傳佛教的觀音信仰體系》。《宗教哲學》（13）第
　　　　四卷第一期。

馬伯英

　1994　《中國醫學文化史》。上海：上海人民出版社。

姜生

　2004　《道教與種痘術》，發表於 2004 年 11 月 16–19 日在臺北
　　　　中央研究院舉行的「宗教與醫療」學術研討會暨「亞洲
　　　　醫學史學會」第二次年會。

董玉祥

　2003　《仙人崖石窟》（上），《敦煌研究》82。頁 32–37。

劉長久主編

1999 《中國石窟雕塑全集 第八卷 四川·重慶》。重慶：重慶出版社。

潘吉星編

1986 《李約瑟文集》。瀋陽：遼寧科學技術出版社。

漢、藏文版
《聖觀自在大悲心惣持功能依經錄》
之比較研究

沈衛榮

中國・人民大學國學院

教授

摘　要

於黑水城出土的漢文佛教文獻中，有許多西夏時代新譯的漢文佛經。這些漢譯佛經從未被收錄入現有的各種版本的漢文《大藏經》中，故不但至今未被人重視和研究過，而且還曾被人疑為偽經。於晚近出版的《俄藏黑水城文獻》中，至少有下列六部佛經屬西夏新譯而未被漢文《大藏經》收錄者，它們是：

1.《佛說聖大乘三歸依經》 （TK121）

2.《佛說聖佛母般若波羅蜜多心經》 （TK128）

3.《持誦聖佛母般若多心經要門》 （TK128）

4.《聖觀自在大悲心惣持功能依經錄》 （TK164, 165）

5.《勝相頂尊惣持功能依經錄》 （TK164, 165）

6.《聖大乘聖意菩薩經》 （TK145）

這幾部佛經都為西夏仁宗時代（1139–1193）於蘭山寺翻譯、刊刻，且都有同時代的西夏文譯本傳世。雖然它們被指稱為直接譯自梵文，參與譯事的有「天竺大般彌怛五明顯密國師在家功德司正囔乃將沙門拶也阿難捺」，但與其對應的梵本全本已不易找見，只有與其對應的藏文譯本的存在可以證明它們確實是西夏新譯的真經。[1] 於上列六種佛經中，只有與《持誦聖佛母般若多心

---

1. 參見孟列夫著，王克孝譯，《黑城出土漢文遺書敍錄》，銀川：寧夏人民出版社，1994 年，頁 152–158；沈衛榮，〈序說有關西夏、元朝所傳藏傳密法之漢文文獻—以黑水城所見漢譯藏傳佛教儀軌文書為中心〉，《歐亞學刊》第七輯，北京，2006 年。

經要門》對應的藏文譯本尚無法確定，其他五種佛經的藏文本都不難找見，可確證其非偽經。毫無疑問，這幾部西夏新譯佛經不但可補漢文佛教經典之不足，理應被增收到漢文《大藏經》之中，而且亦應該受到佛教學者的重視和研究，令其於西夏佛教研究，乃至對整個佛學研究之價值得到充分的認識。

　　筆者有意對這幾部佛經逐一作漢、藏譯之比較研究，本文擬先對其中的《聖觀自在大悲心惣持功能依經錄》之漢、藏兩種譯本作對勘、比較。希望通過對這部陀囉尼經的研究增進我們對西夏時代佛教於黨項、回鶻、西藏和漢民族間的流傳的了解。

一、漢譯《聖觀自在大悲心惣持功能依經錄》

漢譯《聖觀自在大悲心惣持功能依經錄》與《勝相頂尊惣持功能依經錄》及《御製後序發願文》合爲一卷宗，西夏刻本。於俄藏黑水城文獻中現存有同一刻本的兩個印本，分別為 TK164 和 TK165 號。蝴蝶裝，白口，版心題「大悲」、「尊勝」、「後序」，下有頁碼。TK164 文前冠佛畫三幅，分別為佛陀坐蓮臺説法像、四面八手觀自在菩薩坐像和千面千手觀自在菩薩坐像。《聖觀自在大悲心惣持功能依經錄》長十頁，TK164 和 TK165 都有不同程度的殘闕，若將二者相合，則可幸得其完璧。[2] 茲先照錄其原文如左：

梵言：摩訶引葛浪禰葛捺沒阿
阿斡浪雞帝說吟捺吟禰阿寧六
薩兮怛須引嘚囉引二合三仡哩兮怛[3]
此云聖觀自在大悲心惣持功能依經錄
詮教法師番漢三學院兼偏袒提點孃臥耶沙門鮮卑
寶源奉　敕譯

天竺般彌怛五明顯密國師在家功德司正孃乃將沙門捘
也阿難搭　傳
敬禮聖大悲心觀自在

2. 參見孟列夫上揭書，頁 152–154；原版影印見《俄藏黑水城文獻》，卷 4，上海：上海古籍出版社，1997 年，頁 41–51。

3. 即：*abhākārunika-nāma-āryāvalokiteśvaradhāraṇi-anuśaṃsāhitasūtrat saṃgṛhīta.*

大悲　一

如是我聞，一時佛在波怛嚩山聖觀自
在官，與無量無數大菩薩俱。
爾時聖觀自在菩薩於大眾中起，合掌恭敬。
白世尊言：我有大悲心惣持，
為諸有情令滅重罪、不善、魔、障，一切
怖畏，
令滿一切所求，故願許聽說。
佛言：
善男子！汝以大悲欲說呪者，今正
是時，宜應速說。
我與諸佛，皆作隨
喜。聖觀自在菩薩白世尊言：
若有
苾丘苾丘尼優婆塞優婆夷童男童女
受持讀誦者，
於諸有情，應起悲心。先須
如是發誓願言：

敬禮大悲觀自在	願我速達一切法
敬禮大悲觀自在	願我速得智慧眼
敬禮大悲觀自在	願我速能度有情
敬禮大悲觀自在	願我速得善方便
敬禮大悲觀自在	願我速乘智慧船
敬禮大悲觀自在	願我速得越苦海

大悲　二

敬禮大悲觀自在	願我速得戒足道
敬禮大悲觀自在	願我早登涅盤山
敬禮大悲觀自在	願我速入無為宮
敬禮大悲觀自在	願我速同法性身

我若向刀山　　刀山自摧折
我若遇沸湯　　沸湯自清涼
我若向地獄　　地獄自枯竭
我若向餓鬼　　餓鬼自飽滿
我若向非天　　惡心自消滅
我若向傍生　　自得大智慧

如是發誓願已，志心稱念我之名字，
亦應專念我導師無量光如來。
然後應誦惣持一遍或七遍者，即能超滅百
千億劫生死重罪。
若有誦持大悲呪
者，臨命終時十方諸佛皆來授手，
隨願往生諸淨土中。又白佛言，若有眾
生，誦大悲呪，
墮惡趣者，我誓不取
正覺。若誦此呪，不能剋獲無量等。

大悲　三
持及辯才者，我誓不取正覺。若誦
此呪，一切所求不成就者，
不得名為
大悲心呪。唯除不善、心不專者。若
有女人厭女求男，
誦大悲呪不成男
子者，我誓不取正覺。若少疑惑，願
必不果。
說是語已，於大眾中端坐合
掌，於諸眾生起大悲心，慻怡歡悅，說
此廣大圓滿無礙大悲心微妙惣持章
句曰：

其心呪曰：

唵麻禰鉢嘧二合銘吽

其惣持曰：

唵 捺麼囉嘚捺嘚囉二合夜引耶捺

麼啊引吟夜二合啞引斡邏雞帝說囉

也磨㗱薩呬引也摩訶薩咄也麻訶

引葛囉禰葛引也怛寧達引唵薩

嚩末嗦捺齊嘧捺葛囉引也薩嚩

巴引鉢薩麼能囉二合嗚趣折捺葛囉

大悲　四

引也薩嚩月引㗱不囉二合舍麻捺葛

囉引也　薩嚩呋帝　嗚巴能囉二合斡

覓捺折捺葛囉引也　薩嚩　末英商

嘚囉引二合捺引也　怛星　捺麻　廝屹吟

二合膽嗑嗦口合啞引吟夜二合啊斡邏鷄

矴說囉怛斡禰嘛干嘚緊捺麻紇哩

二合捺剡　啞斡吟二合怛英折引銘薩嚩

啊冷二合　達薩嗦捺　熟末　精怛　捺薩

嚩薩咄喃引巴引鉢麻吟二合遏覓帶

捺葛怛寧達引　啊斡邏雞　邏葛麻帝

邏葛遏帝　嗑形兮摩訶引磨㗱薩

咄形磨㗱薩咄　形摩訶引磨㗱薩咄

形不吟二合也磨㗱薩咄形葛嚕你葛廝

麻二合囉呓哩二合嗦剡嗑形兮啊冷夜二合

啊斡邏雞帝說囉引鉢囉麻昧引嘚哩

二合即怛　葛嚕你葛　光唧光唧葛吟

二合鷂薩引嗦也薩引嗦也　覓涅　口合　寧兮

寧兮　銘　啊囉　上顎　吃鷂　吃麻　覓吭

大悲　五

吃麻　西嗪　養雞說囉　甇護甇護委
吟二合閻矼　麻訶　委吟二合閻矼　嗪囉嗪
囉　嗪囉你說囉嘬粹嘬粹　覓麻粹
啊麻粹　麼吟二合帝　啊吟夜二合　啊幹邏
雞帝說囉　屹哩二合實捺　啊嘴捺嘮怛
引麻孤怛　啊蘭屹吟二合怛　舍哩引囉
攬末　不囉二合攬末　覓攬末　麻訶引
西嚹　須嗪引嗪囉　末粹末粹　麻訶
末粹　麻粹麻粹　麻訶麻粹　嘬粹
嘬粹　麻訶嘬粹　屹吟二合實捺二合鉢屹
折　屹吟二合實捺幹吟二合能屹吟二合
實捺二合鉢舍你吟二合過引怛捺形鉢
嘧麻二合訶廝怛二合嘮也葛囉你舍引捯
吟說囉　屹吟二合實能二合薩吟二合鉢　屹
吟二合怛也　吃濃鉢委引怛　嗌形嗌形
幹囉引訶　麼渴㖊吟二合波囉捺訶你

說囉　捺引囉引也能　末粹嚕鉢委
舍嗪引吟兮　你粹干達兮麻訶引訶

大悲　六

粹引訶嗙引　永舍你吟二合嘴怛　邏
葛星　囉吃永舍捺引舍捺㪍切身
舍永舍捺引　舍捺　麼訶永舍捺
舍捺　你吟二合　麼屹折捺　和羅和羅
麼捯麼捯麼和羅麼和羅　訶引粹
訶引嗙麻訶引鉢能嘧麻二合捺引沒緊
薩囉薩囉　西吟西吟　桑哴桑哴
目涅目涅　目嗪也目嗪也　目嗪也引彌
怛幹你粹干達　唉形唉形你粹干達

哝形哝形幹引麻廝定二合怛纖訶麼
渴訶薩訶薩 麼捹麼捹 麻訶啊怛
嘚訶引廝 你吟二合捹寧你 哝形哝形
磨磨 麻訶星皥 養宜說囉 末嗉
末捹 幹引捹哈薩引捹也 薩引嗉也
永涅哈 廝麻二合囉廝麻二合囉 端哈分
末過剜邏葛引 啊幹邏雞 廝端哈
怛達引過怛 嗉嗉形彌 嗉吟舍喃不
囉二合薩嗉也彌莎訶 星嗉引也 莎訶麻

大悲 七

訶星嗉引也 莎訶 星嗉養宜說囉引
也 莎訶 你粹干達也莎訶 幹囉訶
麼渴也 莎訶 纖訶麼渴也 莎訶麻
訶引捹吟纖訶 麼渴也莎訶 西嗉
永涅引嗉囉引也 莎訶 鉢皥麻二合訶
廝怛引也 莎訶 引麻訶引鉢皥麻訶廝

怛也莎訶末唰囉二合訶廝怛引也 莎訶
麻訶引末則囉二合訶廝怛引也 莎訶 屹
吟二合實捹二合薩吟二合鉢屹吟二合怛也屹
濃二合鉢委怛也 莎訶 麻訶引葛粹
麻光嘚捹囉引也 莎訶 捹屹囉二合養
皥皥囉引也 莎訶 蟾渴奢沒
能二合你吟二合捹引嗉捹葛囉引也 莎
訶目嗉捹葛囉引也 莎訶 幹引麻
廝干嗉泥舍廝定二合怛 屹吟二合實
捹二合啊嘴捹引也 莎訶 幹引麻訶
廝怛月引吃吟二合捹吟二合麻你幹薩
捹也 莎訶 囉雞說囉引也 莎訶 麻

大悲　八

訶囉雞說囉引也　莎訶　薩嚩西
殄說囉引也　莎訶　囉屹折囉屹折
焰　莎訶　孤嚕囉屹折麼吟引二合帝喃
莎訶　捺麼　末遏幹帝　啊吟也二合啊
幹囉雞帝　說囉引也　磨殄薩咄也
麻訶薩咄也　麻訶葛嚕你葛也星涅
口合當名滿嘚囉二合鉢嗦引你莎訶

爾時，聖觀自在菩薩說惣持已，為受
持者令除災害及諸魔故，說清淨偈曰：

若行山谷曠野中　　或逢虎狼諸惡獸
蚖虵蝮蝎鬼魅等　　聞此惣持不敢害
若人乘舡入海中　　暴風毒龍摩竭獸
施礙羅叉魚鼈等　　聞此惣持皆馳散
若逢軍陣冤敵遶　　諸惡群賊欲劫財
一心若誦大悲呪　　彼等咸捨惱害心
若人王法所收錄　　囚禁杻械及枷鏁
一心誦此大悲呪　　王起慈心得解脫

大悲　九

若入鬼神行毒家　　授以毒食欲相害
一心稱誦大悲呪　　變其毒食成甘露
女人臨難產厄時　　諸魔所惱苦難忍
一心稱誦大悲呪　　魔鬼散去得安逸
或中暴惡毒龍氣　　熱病侵身受極苦
一心稱誦大悲呪　　得除惹患壽延長
龍鬼熱惱而流腫　　惡瘡癰癎澍膿血
一心稱誦大悲呪　　三唾塗之尋自滅
有情不善濁所動　　冤呪鬼神所逼惱
一心稱誦大悲呪　　行災鬼神自歸伏

五濁重罪法滅時　　癡心顛倒欲火燒
夫婦相背貪外染　　晝夜三時無暫停
一心稱誦大悲呪　　婬欲火滅除倒心
我若廣說惣持力　　於一劫中無窮盡

若有誦持大悲呪者，若入流水或大海
中而沐浴者，於其水中，
所有眾生身，
霑浴水諸所呵責一切重罪皆得消
滅。往生淨土，
蓮華化生，再不受濕
卵胎身，況受持者哉！
受持讀誦此
惣持者，若行路中，大風觸身毛髮
及衣，
若餘有情，過於風下，吹其
身者，所有一切重業罪障，
消盡無餘。
更不復受三惡趣報，常生佛前。
當
知受持大悲呪者，所獲福報，不可思議。

聖觀自在大悲心惣持功能依經錄

　　《聖觀自在大悲心惣持功能依經錄》不見於現存各種版本的
漢文《大藏經》中，若將上錄文與見於漢文《大藏經》中的多部
觀世音菩薩陀囉尼經對照，則不難發現，此經與唐西天竺沙門伽
梵達摩(Bhagavadharma)譯《千手千眼觀世音菩薩廣大圓滿無礙大
悲心陀囉尼經》之內容有諸多類同之處，但比後者簡短，遣詞造
句亦多有不同之處。二者之間最大的區別則在於所列陀囉尼完全

不同，見於《聖觀自在大悲心惣持功能依經錄》中的陀囉尼反而與大唐贈開府儀同三司諡大弘教三藏沙門金剛智所譯《千手千眼觀自在菩薩廣大圓滿無礙大悲心陀羅尼呪本》一致。

譯、傳《聖觀自在大悲心惣持功能依經錄》的「詮教法師番漢三學院兼偏袒提點嚷臥耶沙門鮮卑寶源」和「天竺般彌怛五明顯密國師在家功德司正嚷乃將沙門捼也阿難搭「乃西夏佛教史上的名人，後者是一位有名的天竺迦濕彌羅上師。上個世紀八十年代於北京房山云居寺發現的藏、漢合璧的西夏仁宗仁孝（1140–1193）年間所譯、明正統十二年（1147）重刊本《聖聖慧到彼岸功德寶集偈》亦是由他們譯、傳的。[4] 二者屬於同一時期、同一種類的作品。事實上，除了這兩部佛經以外，文首提到的《佛說聖大乘三歸依經》、《佛說聖佛母般若波羅蜜多心經》、《持誦聖佛母般若多心經要門》、《聖大乘聖意菩薩經》等幾部佛經儘管譯者各不相同，但都是由「奉天顯道、燿武宣文、神謀睿智、制義去邪、惇睦懿恭皇帝」「詳定」、「重勘」的，即是說，它們都是在西夏仁宗皇帝的支持、贊助下譯傳、刊刻的。西夏仁宗皇帝時代顯然是西夏佛教史上的黃金時代。而那位天竺國師捼也阿難搭，即 Jayānanda，往西夏之前曾在西藏活動，約於十二世紀中期，他曾於前藏桑浦乃烏陀寺(gSang phu ne'u thog)與時任該寺住持的西藏最著名應成中觀說的反對者之一喬巴溯思結桑哥(Phya pa Chos kyi seng ge, 1109–1169) 進行公開辯論，結果敗北，遂離

---

4. 羅炤〈藏漢合璧《聖勝慧到彼岸功德寶集偈》攷略〉，《世界宗教研究》，第 4 期，1983 年，頁 4–36。

開西藏而轉往五臺山。[5] 於《西藏文大藏經》中存有他的兩部著作，即說因明和中觀思想的短偈《思擇槌頌》(*Tarkamudgarakārikā-nāma, rTog ge tho ba'i tshig le'ur byas pa zhes bya ba*) 和他對月稱 (Candrakīrti) 所造《入中觀疏》(*Madhyamakāvatārabhāṣya-nāma*) 的釋論《入中觀註疏》(*Madhyamakāvatāraṭīkā- nāma, dBu ma la 'jug pa'i 'grel bshad ces bya ba*)。[6]

---

5. Leonard W. J. van der Kuijp, "Jayānanda. A Twelfth Century Guoshi from Kashmir Among Tangut," *CAJ* 37/3–4 (1993), pp. 188–197.

6. 《西藏文大藏經》，德格板，第 3869，3870 號。北京版《入中觀註疏》跋云，拶也阿難搭的這部釋論寫成於西夏(mi nyag)黃河之濱、五臺山之側之一座名為「殊勝堡像」(Khyad par mkhar sku)的大寺院中。這兒所提到的五臺山指的不是山西的五臺山，而是寧夏的賀蘭山，或稱蘭山。賀蘭山中有五臺寺，今人疑即為最近出土了許多西夏文、漢文藏傳佛教經典的拜寺溝。參見寧夏文物考古研究所，《拜寺溝西夏方塔》，北京：文物出版社，2005 年，頁 342-344。可為此說提供佐證的是，北京版《入中觀註疏》跋後還有一段難以解讀的話，云：「'phags pa 'bum gsal ba...?rdzogs pa zhes bya ba'i gtsug lag khang chen po'i 'dabs su/ gnas brtan chen po..?su ra..?ma pa hyen gyon..?da/di..?shi'i phyag dpe la bris nas/ śākya'i dge slong..?smon..?lam rgyal bas spyan drangs pa'o.」見 van der Kuijp 上揭文，頁 192；此段話或可譯作：「於稱爲『'Phags pa 'bum gsal ba rdzogs pa』的大寺院之側，大德沙門 hyen gyon 帝師手抄，釋僧願勝(sMon lam rgyal ba)迎請。」van der Kuijp 先生學風謹嚴，未對其中出現的寺名、人名加以推測。筆者於此不妨大膽推測，以求勝解。此云「Phags pa 'bum gsal rdzogs pa」大寺，譯言：「聖十萬明滿大寺」，即是拜寺溝寺的原名，「拜寺」或為藏文「'bum gsal」的音譯；而此處所謂「Hyen gyon」，或即指著名的「賢覺帝師」聖光菩薩。而賢覺帝師與拶也阿難搭為同時代人則早已在他們共同參與《聖勝慧到彼岸功德寶集偈》之流傳一事中得到證實。

二、藏文版《聖觀自在大悲心惣持功能依經錄》

　　儘管《聖觀自在大悲心惣持功能依經錄》的內容與《千手千眼觀世音菩薩廣大圓滿無礙大悲心陀囉尼經》大同小異,但顯然不是同一來源,前者當為西夏時新譯之佛經。從其題首專列梵文標題之音譯,又有天竺大般彌怛拶也阿難搭的介入,此經或有可能直接譯自梵文原典。然此梵典之全本今已不存,可以用來證明此經既非偽作,亦非根據其它同類經典改寫而成者,唯有與之對應的藏文文本。[7]所幸此新譯佛經之藏文本很容易找到,它即是見於《西藏文大藏經》續部德格版第 723 號,北京版第 380 號的 *'Phags pa spyan ras gzigs dbang phyug thugs rje chen po'i gzungs phan yon mdor bsdus pa zhes bya ba,* 日譯:《聖觀自在大悲尊陀羅尼なる利益經よりの攝》。此經的藏譯者是大名鼎鼎的卓彌大

---

7. 於拙文行將提交付印之前,筆者於臺灣國立博物院「數位博物館——佛經圖繪詳說」網站中,不無驚訝地發現,拙文討論的這部《聖觀自在大悲心陀囉尼惣持功能依經錄》竟然亦見於該院收藏的於明永樂九、十年(1412–1413)結集的四卷本《大乘經咒》中。據稱,這部《大乘經咒》乃「集漢地民間流傳經咒,以及元代藏傳梵本所傳譯的咒語而成。「其中」卷二為流行於漢地民間的咒語,如:無量壽佛真言、大悲觀自在菩薩總持經咒、佛頂尊勝總持經咒等。」見 www.npm.gov.tw/dm/ buddhist/b/b.htm. 而事實上,其中的《大悲觀自在菩薩總持經咒》和《佛頂尊勝總持經咒》就是見於《俄藏黑水城文獻》TK164、165 號中的《《聖觀自在大悲心陀囉尼惣持功能依經錄》和《勝相頂尊惣持功能依經錄》。可見這兩部西夏時代的翻譯的漢譯陀囉尼經至少直到明朝初年依然流傳於漢地,以至被後人誤認爲是「流行於漢地民間的咒語。」對於《大乘經咒》中所見的西夏、元代藏傳佛教傳譯密咒,以及它們與俄藏黑水城出土文書的關係,筆者日後將著另文詳作討論。

譯師釋智('Brog mi Śākya ye shes, 992/993-1043?-1072?)，他是許多
著名密宗經典，包括最近出土的西夏文譯本《吉祥遍至口和本續》
之藏文原典《吉祥真實相應本續》(*dPal yang dag par sbyor pa'i
rgyud chen po*)，亦即《三菩提本續》（或譯《三莫怛本續》，
Saṃpuṭodbhavatantra)的譯者。從其藏文標題來看，所謂「依經
錄」，實意為「於經中所集」或曰「集自諸經」(mdor bsdus)，是
故其內容與漢文《大藏經》中的《千手千眼觀世音菩薩廣大圓滿
無礙大悲心陀囉尼經》和《千手千眼觀自在菩薩廣大圓滿無礙大
悲心陀羅尼呪本》類同本當不足爲奇。於現存梵語文獻中有一部
觀音菩薩陀囉尼經，其陀囉尼呪部分與《聖觀自在大悲心惣持功
能依經錄》中相應的部分完全一致，但全文則有很大的差異。[8]

　　茲謹將北京版《西藏文大藏經》中所見之《聖觀自在大悲心
惣持功能依經錄》照錄於下，以作對照：[9]

39b7　rGya　gar　skad　du/　mahākārunika-nāma-
āryāvalokiteśvaradhāraṇi-anuśaṃsāhitasūtrat　saṃgṛhīta/　bod
skad du/ 'phags pa spyan ras gzigs dbang phyug thugs rje chen
po'i gzungs phan yon mdor bsdus pa zhes bya ba/[10] 'phags　pa
spyan ras gzigs dbang phyug thugs rje chen po la phyag 'tshal

8.　參見塚本啓祥、松長有慶、磯田熙文編著，《梵語佛典の研究》IV,《密
　　教經典篇》，京都：平樂寺書店，1989 年，頁 133–144。作者錯將藏
　　文本《聖觀自在大悲心惣持功能依經錄》與唐金剛智漢譯《千手千眼
　　觀自在菩薩廣大圓滿無礙大悲心陀囉尼呪本》同定。

9.　《影印北京版西藏大藏經》，東京–京都：鈴木學術財團，1951–1961
　　年，第 380 號，tsa 39b7–43a6。

10. phan yon 當為 phan yod 和 yon tan 的縮寫，意為「利益」和「功德」，
　　漢文本以「功能」與之對應。

lo// 'di skad bdag gis thos pa dus gcig na/bcom ldan 40a 'das ri
bo po ta la spyan ras gzigs dbang phyug gi gnas na[11] byang
chub sems dpa' grangs med dpag tu med pa'i 'khor gyis bskor
nas/ de'i tshe 'phags pa spyan ras gzigs dbang phyug stan las
langs nas thal mo sbyar zhing bcom ldan 'das la 'di skad ces
gsol to// nga la 'di lta bu'i gzungs yod ming ni thugs rje chen po
zhes zer sems can kun gyi mi dge ba'i sdig pa shin tu lci ba'i
sgrib pa bdud dang sgrib pa 'jigs pa thams cad zhi bar byed
pa[12] 'dod pa thams cad rab tu tshim par byed pa'i phyir ngas
bshad do// bcom ldan 'das la bshad pa'i gnang pa zhus nas de
nas bcom ldan 'das kyis rigs kyi bu khyod kyis thugs rje chen
po'i sgo nas bzungs[13] bshad bar 'dod pa'i dus la bab po// myur
bar bshad du gsol// nga dang sangs rgyas thams cad kyis kyang
rjes su yi rang ngo// byang chub sems dpa' 'phags pa spyan ras
gzigs dbang phyug gis bcom ldan 'das la 'di skad ces gsol to//
gal te dge slong ngam/ dge slong ma 'am/ dge bsnyen nam/
dge bsnyen ma 'am/ khye'u 'am bu mo 'don pa dang/ 'chang
bar 'don bas sems can thams cad kyi ched du thugs rje chen
po'i sgo nas thog mar 'di lta bu yi sems bskyed par bya'o[14] //
spyan ras gzigs dbang phyug thugs rje che la phyag 'tshal lo//
bdag gis chos rnams thams cad myur tu rtogs par shog/ spyan

---

11. 與此句對應的漢文作:「一時佛在波怛㟪山聖觀自在官」,可知最後一字「官」實當為「宮」,與藏文 gnas 對應。

12. 與此句對應的漢文作:「為諸有情令滅重罪、不善、魔、障、一切畏怖」,而藏文的原意作:「能為諸有情消除不善之重罪魔障、一切障、畏怖。」

13. 德格版作 gzungs,與漢文「陀囉尼」相應。

14. 此句或可譯作:「以大悲心先發如是之心。」漢譯作:「應起悲心,先須如是發誓願言。」

ras gzigs dbang thugs rje che la phyag 'tshal lo/[15] bdag gis ye
shes mig ni myur du thob par shog/ spyan ras gzigs dbang
thugs rje che la phyag 'tshal lo/ bdag gis sems can thams cad
myur du sgrol bar shog/ spyan ras gzigs dbang thugs rje che la
phyag 'tshal lo/ bdag gis thabs mkhas pa dag myur du thob par
shog/ spyan ras gzigs dbang thugs rje che la phyag 'tshal lo/
bdag ni myur du shes rab gru yis sgrol bar 40b shog/ spyan ras
gzigs dbang thugs rje che la phyag 'tshal lo/ bdag ni myur du
sdug bsngal mtsho las 'da' bar shog/ spyan ras gzigs dbang
thugs rje che la phyag 'tshal lo/ bdag ni myur du tshul khrims
rkang gi lam thob shog/ spyan ras gzigs dbang thugs rje che la
phyag 'tshal lo/ bdag ni myur du myang na 'da' ba'i ri 'dzog
shog/ spyan ras gzigs dbang thugs rje che la phyag 'tshal lo/
bdag ni myur du 'dus ma byas kyi khyim phyin shog/ spyan ras
gzigs dbang thugs rje che la phyag 'tshal lo/ bdag ni myur du
chos nyid sku dang mtshungs par shog/ bdag ni ral gri'i 'dzog
na/ ral gri'i ri na ring snyil shog/ bdag ni chu tshan 'phrad gyur
na/ chu tshan me mur rang zhir shog/ sems can dmyal bar bdag
song na/ sems can dmyal ba rang skams shog/ bdag ni yi dags
gnas song na/ bkres skom dag ni 'grangs par shog/ bdag ni lha
min gnas song na/ ngan sems rang nyid dul bar shog/ bdag ni
dud 'gro gnas song na/ rang nyid shes rab che thob shog/ de
skad du smon lam btab nas/ sems rtse gcig du bdag gi ming
nas 'don cing rjes su dran bar bgyi'o// gzhan yang bdag gi ston
pa de bzhin gshegs pa 'od dpag med kyi mtshan 'don cing/ de
nas gzungs lan cig gam lan bdun gyi bar du bton na// bskal

---

15. 或許是文求對仗的緣故，以下 spyan ras gzigs dbang phyug 均簡寫作
spyan ras gzig dbang。

ba 'bum phrag brgya stong ji snyed 'khor bar 'gyur ba'i kha na
ma tho ba'i lci ba rnams bsal cing 'byung bar 'gyur lags so// gal
te thugs rje chen po 'di 'don cing 'chang na/ 'chi ba'i dus kyi
tshe/ phyogs bcu'i de bzhin gshegs pa rnams der gshegs nas
phyag rkyong bar 'gyur bas bsams pa bzhin du sangs rgyas kyi
zhing gang dang gang du skye bar 'gyur lags so// bcom
ldan 'das la 'di skyad ces gsol to// bcom ldan 'das sems can
gang 41a la la zhig thugs rje chen po'i rig sngags 'di 'don cing
yongs su 'dzin pa dag gal te ngan song gsum po dag tu ltung
bar gyur na bdag nam yang mngon par rdzogs par sangs rgya
bar mi bgyi'o// thugs rje chen po'i rig sngags 'di 'don cing
yongs su 'dzin pa dag gal te ting nge 'dzin dang spobs ba tshad
med pa de snyed thob par ma gyur na bdag nam yang mngon
bar rdzogs par 'tshang rgya bar mi bgyi'o/ thugs rje chen po'i
rig sngags 'di 'don cing yongs su 'dzin pa dag gal te tshe 'di
nyid la smon pa thams cad ci ltar smon pa bzhin du grub par
ma gyur na[16] thugs rje chen po'i sems kyi gzungs zhes mi bgyi
lags te/ mi dge ba rnams dang sems rtse gcig du ma bgyis pa ni
ma gtogs lags so// bud med gang la la zhig bud med kyi lus las
yongs su skyo nas skyes pa'i lus thob par 'tshal ba gang lags pa
des thugs rje chen po'i sems kyi gzungs kyi tshig 'di 'don cing
yongs su bzung bas gal te bud med kyi lus las yongs su gyur te
skyes pa'i lus thob par gyur na/[17] bdag nam yang mngon par
rdzogs par 'tshang rgya bar mi bgyi'o// the tsom gyi bsam pa
cung zad cig bskyed par gyur na gdon mi za bar gang smon

---

16. 此句意為：「若此生一切所願不能如願成就」，漢譯闕「此生」兩字。
17. 此句意為：「若全成女子身，得男子身」與漢譯「不成男子者」意義
相反。

ba'i 'bras bu de mngon par 'grub par mi 'gyur lags so//[18] de
skad ces smras nas 'khor 'dus pa'i mdun du thal mo sbyor te/
drang por 'dug nas sems can rnams la thugs rje chen po'i sems
bskyed de 'dzum pa'i mdangs kyis thogs pa mi mnga' ba'i thugs
rje chen po'i sems rgya cher yongs su rdzogs pa zhes bya ba'i
gzungs gya nom pa 'di dag[19] smras so// snying bo ni/ Om ma
ṇi pad me hum/ gzungs ni/ na mo rad na tra yā ya/ nama ārya
avalokiteśvarā ya/ bodhisatvā ya/ 41b ma hā sa tvā ya/ ma hā
kā ru ni kā ya/ tanyatā/ om sarba ban dhana/ cche da na ka rā
yā/ sarba pā pa sa mu tra utstsho śa ṇa ka rā ya/ sarba bya dhī
pra śa ma na ka rā ya/ sarba I tyu apatra va bin śa naka rā ya/
sarba bha ye śā tra tā ya/ ta syu na ma skṛ tva i dam ārya a va lo
ki te śva ra ta va nī la ka ṇa tha nā ma hṛ da om a va ra ta i śya
mi sarba artha sādha na śu bha ci tte na/ sarba tva nām bā bam
rga vi śu dva kaṃ ta dya thā oṃ ā lo ke ā lo ka ma ti lo kā ti
kraṃ te e hye hi ma hā bo dhi sa trā he bo dhi satvā he ma hā
bo dhi sa trā/ he pri ya bo dhi sa tvā/ he kā ru ṇI kā smrara hri
day a/ e hye he āryāvalokiteśvara pa ra ma me tri dzi tti kā ru
ṇa ka/ ku ru ku ru/ karma sādha ya swu dha ya/ bi doṃ de hi
de hi me/ ardga moṃ gam/ bi hoṃ gam hā sid dha yo gi shā
ra/ du hu duh u/ bi ra yan te/ ma hā bi ra yan te/ dha ra dha ra/
dha ra ṇI shwa ra/ dzwa la dzwa la/ bi ma la a ma la/ mu rti
ārya avalokite shwa ra kri shna a dzi na/ dza ṭa ma ku ṭa/ a loṃ
kraṃ ta sha rwa re/ a loṃ dha pra loṃ dha li loṃ ba/ ma hā sid
dha shu dha dha ra/ pa la ba la/ mahā ba la/ ma la ma la/ ma

---

18. 與此句對應的漢譯作:「若少疑惑,願必不果。」此易引起誤解,原意
　　當作:「若稍生疑惑之心,則必不成所願之果。」
19. 與 gyo nom pa 'di dag 對應的漢譯作:「微妙章句」。

hā ma la/ dzwa la dzwa la/ mahā dzwa la/ kri shna ksha va rna
Krishna shwa sha/ ṇI thā tan/ he pad ma ha sta/ dza ya ka ra ni
shā tsa ri shā ra/ kri shna sa rba kri ta ya dznyo ba vī ta/ o hu
he bi ra ha mu ba tri pu ra/ da ha nī shwa ra na rā ya/ ṇa ba la
du pa be sha dha ri/ ha nī la ka na tha/ hem hā ha lā ha la/ bi
sha ni ra dzi te lo ka sya/ rā ga bi sha nā sha na/ dwe sha bi sha
nā sha na/ mo hā bi sha nā sha na/ ni ra mo ksha ṇa/ hu lu hu
lu/ mu nya tsa mu nya tsa/ mu hu lu/ mu hu lu/ hā la hā la/ ma
hā pad ma na bwa/ sa ra sa ra/ si ri si ri/ su ru su ru/ bud dhya
bud dhya bo dha ya bo dha ya/ bo dha ya/ mi ta ba nwi la kaṇ
tha e hye hi/ nwi la kaṇ tha e hye hi/ pa ma sthi ta/ sing ha mu
kha/ ha sa ha sa/ mu nya tsa mu nya tsa/ ma hā a ttwa tta ha sa
ni ra nā di ni/ e hye hi/ bho bho 42a ma hā sid dha yo gi shwa
ra/ ban dha ban dha wa tsom/ sā dha ya sā dha ya/ bi dyom
sma ra sma ra twoṃ he bha ga van/ lo ka bi lo ka sdwoṃ/ ta
thā ga tā dā dā hi me dar shnoṃ/ pra sā dha ya mi swā hā// sid
dhā ya mi swā hā/ ma hā sid dwā ya swā ya swā hā/ sid dhā yo
gi shwa rā ya swā hā/ nī la kaṇ tha ya swā ha/ ba ra ha mu khā
ya swā hā/ sing ha mu khā ya swā hā/ tsa kra a yu dha dha rā
ya swā ha/ shaṃ kha sha ba da ni ra nā da ni ka rā ya swā hā//
bo dha na ka rā ya swā hā/ bā ma ska ṇa shā sshri ta kri te sṇa
a dzā nā ya swā hā// bā ma ha sta byā gha tsa ra na ni va sa na
ya swā hā/ ma hā kā la mu ku ta dha rā ya swā hā/ tsa kra a yu
dha dha rā ya swā hā/ shoṃ kha sha ba da ni ra nā da ni ka rā
ya swā hā// bo dha na ka rā ya swā hā/ bā ma ska na shā de
sha sshri ta kri shna a dzā nā ya swā hā/ bā ma ha sta byā gha
tsa ra ma ni va sa nā ya swā hā/ lo ki shwa rā ya swā hā/ ma hā
lo ki shwa rā ya swā hā/ sarba sid dhi shwa rā swā hā/ raksha
raksha moṃ swā hā/ ku ru raksha mu ra ti noṃ swā hā/ na mo

bha ga va te/ ārya ava lo ki te swa ra ya/ bodhi satvā ya/ ma hā

satvā ya/ ma hā kā ru ṇī kā ya/ sid dhyan du me man tra ba dā

ni swā hā/[20] de nas byang chub sems dpa' spyan ras gzigs

---

20. 於大唐贈開府儀同三司諡大弘教三藏沙門金剛智所譯《千手千眼觀自
在菩薩廣大圓滿無礙大悲心陀羅尼呪本》中，此陀囉尼作：

113a02] [1]na mo rā nta tra yā ya na maḥ ā ryā va lo ki te śva rā ya bo dhi
sa tvā ya ma hā sa tvā ya ma hā kā ru ṇi kā ya sa rva va nva na cche da
na ka rā ya sa rva bha va sa mu draṃ su kṣa ṇa ka rā ya sa rva vya dhi
pra śa ma na ka rā ya sa rve ti tyu bha ndra va vi nā śa na ka rā ya sa rva
bha ye ṣyo tra ṇa ka rā ya ta smai na ma skṛ tvā i na mā ryā va lo ki te
śva ra bha ṣi taṃ ni ra kaṃ ṭa bhe nā ma hṛ da ya ma vra ta i cchya mi sa
rvā tha sa dha kaṃ śu vaṃ a ji yaṃ sa rva bhū ta naṃ bha va ma rga vi
śu dva kaṃ ta dya thā oṃ ā lo ke ā lo ka ma ti lo kā ti kraṃ te he ha re ā
ryā va lo ki te śva ra ma hā bo dhi sa tva he bo dhi sa tva he ma hā vo
dhi sa tva he vi rya bo dhi sa tva he ma hā kā ru ṇi kā smī ra hṛ da yaṃ
hi hi ha re ā ryā va lo ki te śva ra ma he śva ra pa ra ma tra ci tta ma hā
kā ru ṇi kā ku ru ku ru ka rmaṃ sa dha ya sa dha ya vi dvyaṃ ṇi he ṇi
he ta va raṃ ka maṃ ga ma vi ga ma si dva yu ge śva ra dhu ru dhu ru vi
ya ni ma hā vi ya ni dha ra dha ra dha re i ndre śva ra ca la ca la vi ma la
ma ra ā ryā va lo ki te śva ra ji na kṛ ṣṇi ja ṭā ma ku ṭa va raṃ ma pra raṃ
ma vi raṃ ma ma hā si dva vi dya dha ra va ra va ra ma hā va ta va la va
la ma hā va la ca ra ca ra ma hā ca ra kṛ ṣṇi vṛ ṇa dī rgha kṛ ṣṇi pa kṣa dī
rgha ta na he pa dma ha sti ca ra ca ra di śa ca le śva ra kṛ ṣṇi sa ra pa kṛ
ta ya jye pa vi ta e hye he ma hā va ra ha mu kha tri pū ra da ha ne śva ra
na ra ya ṇa va ru pa va ra ma rga a ri he ni ra kaṃ ṭa he ma hā kā ra ha ra
ha ra vi ṣa ni rji ta lo ka sya rā ga vi ṣa vi nā śa na dvi ṣa vi ṣa vi nā śa na
mu ha vi ṣa vi nā śa na hu lu hu lu ma ra hu lu ha le ma hā pa dma nā
bha sa ra sa ra si ri si ri su ru su ru mu ru mu ru vu dvya vu dvya vo dva
ya vo dva ya mai te ni ra kaṃ ṭa e hye he ma ma sthi ta syiṃ ha mu kha
ha sa ha sa muṃ ca muṃ ca ma hā ṭā ṭa ha saṃ e hye he paṃ ma hā si
dva yu ge śva ra sa ṇa sa ṇa vā ce sa dha ya sa dha ya vi dvyaṃ smī ra
smi ra śaṃ bha ga vaṃ taṃ lo ki ta vi lo ki taṃ lo ke śva raṃ ta thā ga

dbang phyug gis gzungs 'di bstan zin nas/ gzungs 'di 'don cing
yongs su 'dzin pa dag gi ched du/ gnod pa dang/ bgegs yongs
su bsal ba'i phyir/ shin tu dang ba'i tshigs su bcad pa 'di dag
smras so/ gang zhig ri dang 'phrug dgon song ba las// stag dang
spyang ki gcan zan gtum po dang/ rtsangs pa sbrul dang 'dre
srin phrad gyur kyang// gzungs 'di 'don pa thos nas gnod mi
nus/ gang zhig chu bo rgya mtshor zhugs pa las// gdug pa'i klu
dang chu srin ma rungs dang// gnod sbyin srin po nya dang ru
sbal dag gzungs 'di 'don cing thos nas so sor 'byer par 'gyur//
gang zhig g.yul sprad dgra yis bskor ba'am/ chom rkun ma
rungs nor ni 'phrog pa'i tshe// rtse gcig thugs rje chen po'i
gzungs bzlas na/ de dag 42b brtse sems skyes nas ldog
par 'gyur// gang zhig rgyal po'i gyod la thogs pa dang/ lcags
sgrog khong sgril btson rar chud pa'i tshe// rtse gcig thugs rje
chen po'i gzungs bzlas na// rgyal po brtse sems kyis ni gtong
bar 'gyur// gang zhig byad stem dug mi'i khyim zhugs te/ zas
skom dug can kyis ni gsod pa'i tshe// rtse gcig thugs rje chen
po'i gzungs bzlas na// dug ni zil dngar zas skom nyid du 'gyur//
bud med sbrum ma bu ni btsa' ba'i tshe// bdud kyis bgegs byas
sdug bsngal mi bzod tshe// rtse gcig thugs rje chen po'i gzungs

---

taṃ da dā he me da rśa na ka ma sya da rśa naṃ pra kra da ya ma na svā
hā si dvā ya svā hā ma hā si dvā ya svā hā si dvā yo ge śva ra ya svā hā
ni ra kaṃ ṭa ya svā hā va rā ha mu khā ya svā hā ma hā da ra syiṃ ha mu
kha ya svā hā si dva vi dvya dha ra ya svā hā pa dma ha sta ya svā hā hā
kṛ ṣṇi sa rpa kṛ dhya ya jye pa vi ta ya svā hā ma hā la kṛ ṭa dha rā ya svā
hā ca kra yu dha ya svā hā śa ṅkha śa vda ni vo dva nā ya svā hā ma ma
ska ndra vi ṣa sthi ta kṛ ṣṇi ji nā ya svā hā vyā ghra ca ma ni va sa nā ya
svā hā lo ke śva rā ya svā hā sa rva si dve śva ra ya svā hā na mo bha ga
va te ā ryā va lo ki te śva rā ya bo dhi sa tvā ya ma hā sa tvā ya ma hā kā
ro ṇi kā ya si dvya ntu me va ntra pa dā ya svā hā

bzlas na// 'dre gdon byer nas bde bar btsa' bar 'gyur// klu gdon
gtum pos gdug pa'i dbugs btang bas// tsha ba'i nad kyis nyen
nas 'chir nye tshe// rtse gcig thugs rje chen po'i gzungs bzlas
na// rims nad bsal nas tshe ni ring bar gyur// klu gdon rgyu bas
gtses te skrangs pa dang// shu 'bras mi bzad rnag khrag 'dzag
pa'i tshe// rtse gcig thugs rje chen po'i gzungs bzlas na/ mchil
ma lan gsum byugs pas skrangs pa zhi// sems can rnyog pa mi
dge skyod pas na// byad stem sngags dang dgras ni gtses pa'i
tshe// rtse gcig thugs rje chen po'i gzungs bzlas na// byad stem
gdon de gtong ba'i mi la 'dud/ sdig 'phel snyigs ma dam
chos 'jig pa'i tshe// 'dod pa'i me mched sems ni rmongs log
pas// khyo shug so sor gzhan la 'dod zhen nas// nyin mtshan
log bsam rgyun ni mi 'chad tshe// gang zhig thugs rje chen po'i
gzungs bzlas na// 'dod pa'i me zhi log pa'i sems bsal 'gyur//
bdag gi gzungs 'di mthu stobs rgyas brjod na// skal par brjod
kyang mthar thug yid mi 'gyur// gal te thugs rje chen po'i
gzungs 'di 'don cing yongs su 'dzin pa de dag chu klung dam
rgya mtshor zhugs te khrus byas pa las// de na gnas pa'i sems
can de dang de dag gi lus dkrus pa'i chus lus la reg par gyur na
sdig pa'i las dang/ kha na ma tho ba'i lci ba thams cad yongs su
byang nas zhing yongs su dag pa gzhan dag du pad ma la rdzus
te skye bar 'gyur bas mngal dang/ dro dag sher dang/ sgo nga
las skyes pa'i lus len par mi 'gyur na/ kha ton du 'don pa
dang 'chad ba la lta smos kyang ci dgos/ gzungs 'di 'don cing
yongs su 'dzin pa de dag lam du zhugs nas 'gro ba'i tshe rlung
chen po langs te gang zag de'i lus dang/ spu dang skra dang
gos la bus pa'i rlung gang yin pa de'i phyogs su song ba'i sems
can gzhan gyi lus la reg par gyur na/ de dag gi sgrib pa dang/
sdig pa'i las lci ba thams cad ma lus par yongs su 'byang

bar 'gyur pas yang ngan 'gro gsum po dag gi rnam par smin pa
myong bar mi 'gyur zhing rtag par sangs rgyas kyi spyan sngar
skye bar 'gyur pas na 'don pa dang/ yongs su 'dzin pa de dag
gis thob pa'i phan yon ni bsam gyis mi khyab par rig par
bya'o// 'phags pa spyan ras gzigs dbang phyug thugs rje chen
po'i gzungs phan yon dang bcas pa zhes bya ba'i mdo las btus
pa rdzogs sho////dge slong śākya ye shes kyis bsgyur ba'o//

三、黑水城藏文文書 XT-67 與《聖觀自在大悲心 惣持功能依經錄》

　　黑水城出土文書包括有漢、西夏、西藏、蒙古、回鶻和亦思替非等多種文字的文獻，然由於迄今為止只有其中的漢、西夏兩種文字的部分文書被影印出版，而其他類文字的文書則難得一見。有關俄藏黑水城文書中的藏文文書的概況至今只有通過 Margarita I. Vorobyova-Desyatovskaya 發表於 1995 年的一篇文章中略知一二。[21] 與此同時，日本神戶外國語大學的武內紹人先生對黑水城藏文文書中的一張借麥契約作了研究，並表示將要與 Vorobyova-Desyatovskaya 一起整理黑水城藏文文書的目錄。[22] 然而，這份目錄至今尚未問世。據悉這項工作現正由武內先生的弟子、日本大谷大學博士生井內真帆小姐從事。井內小姐不但正在

---

21. "Tibetan manuscripts of the 8–11th centuries A. D. in the manuscript collection of the St. Petersburg Branch of the Institute of Oriental Studies," *Manuscripta Orientalia* 1.1, pp. 46–48.

22. Tsuguhito Takeuchi, "Kh. Tib. 4 (XT–4): Contracts for the borrowing of barley," *Manuscripta Orientalia* 1.1, 1995, pp. 49–52.

整理俄藏黑水城藏文文書，而且亦已將整理英藏斯坦因所集黑水城藏文文書列入計劃，現已完成了大部分文書的輸入工作，我們衷心期待她所編黑水城藏文文書的目錄的早日問世。

儘管迄今爲止有幸接觸過黑水城出土藏文文書的學者寥寥可數，但其中有一件文書顯然已經引起了不少人的注目。這件文書的編號爲 XT-67，最早的介紹見於 Michail Piotrovsky 主編的《絲路上消失的王國—西夏黑水城的佛教藝術》中。[23] 該文書被正確地確定爲十二世紀的刻本，蝴蝶裝，綫訂，23 頁，長、寬各爲 13 和 17.5 釐米，首尾、中間皆有闕頁。採用特殊的雙面橫寫連讀方式，兩面之間有版心，中有漢字頁碼。因爲缺葉太多，Savitsky 沒有能夠確定這份文書的具體內容，而只是籠統地說明這大概是兩部佛經的概要，其中的一部與頂髻尊勝佛母崇拜有關，大概是該文書的所有者個人日常所用的的經書。[24] 其後日本學者白井聰子對該文書作了詳細的研究，認爲這件文書實際上包括了三部佛經，而其中的第一部，起自第二頁的右半，終於第二十七頁的左半，當是聖觀自在菩薩青頸陀囉尼（Nīlakaṇṭha)的一種，與《西藏文大藏經》中的 *'Phags pa spyan ras gzigs dbang phyug thugs rje chen po'i gzungs phan yon mdor bsdus pa zhes bya ba* 對應，亦與

---

23. *Lost Empire of the Silk Road—Buddhist Art from Khara Khoto (X–XIIth Century)*, Milan: Elcta, 1993. 該書的中文版由許洋主翻譯，臺北國立歷史博物館 1996 年出版。其中 Lev Savitsky 撰寫的《俄羅斯科學院東方研究所所收藏的黑水城出土的十一、十二世紀古藏文文獻》(Ancient Tibetan documents of the 11th–12th centuries from Khara Khoto in the collection of the Institute of Oriental Studies of the Russian Academy of science, St. Petersburg)一章中，對這份文書作了詳細地介紹。

24. 見 Piotrovsky 上揭書，頁 278。

漢文《大藏經》中的《千手千眼觀世音菩薩廣大圓滿無礙大悲心
陀羅尼經》的簡本(an abbreviated version)對應。[25] 今年夏天筆者
有幸於北京參訪著名西夏學研究者、中國社會科學院民族研究所
研究員史金波先生,蒙其以俄藏黑水城藏文文書的全套複印件見
示,大開了眼界。史先生復賜以未刊新作《最早的藏文木刻本攷
略》,讀後方知此文亦以俄藏黑水城藏文文書 XT-67 號文書為主
題。史先生認為這份文書不但是迄今所見最早的藏文木刻本,而
且還創造了蝴蝶裝的橫寫方式。他在文中指出:「XT-67 號首尾皆
殘,据內容看可能包含多種藏傳佛教儀軌。其中的第 19 頁有經
名《頂髻尊勝佛母陀囉尼功德依經攝略》。」蒙史先生好意,筆者
得到了這份珍貴文書的複印件。稍作瀏覽,筆者便驚奇地發現,
這份藏文文書實際上就是俄藏黑水城漢文文書 TK164、TK165 號
的藏文版。白井聰子所說此文書包括三部佛經有誤,儘管它確由
三個部分組成,但實際上它包括的即是《聖觀自在大悲心惣持功
能依經錄》、《勝相頂尊惣持功能依經錄》兩部佛經和篇後的《御
製後序發願文》。所以,與被白井聰子稱為 XT-67a 相應的漢文佛
經不應該是《千手千眼觀世音菩薩廣大圓滿無礙大悲心陀羅尼
經》的簡本,而是俄藏黑水城文書 TK164 和 165 號中的《聖觀自
在大悲心惣持功能依經錄》。

為了開展對俄藏黑水城藏文文書的研究,了解此類文書的性
質和特點,茲亦不妨將 XT-67 號文書中與漢文文書 TK164、165

---

25. 白井聰子〈ロシア所藏チベット語袖珍本について〉,《京都大學言語
學研究》,卷 23,2004 年,頁 167–190。

號中的《聖觀自在大悲心惣持功能依經錄》相應的部分照錄於下，
以作對照：

2:1 [　　]- spyan ras gzigs dbang phyug gi
2:2 [　　]- grangs myed dpag tu myed pa'i
2:3 [　　]- tshe 'phags pa spyan ras gzigs
2:4 [　　]- nas thal mo sbyar zhing bcom
2:5 [　　]- gsol to// nga la 'di lta bu
2:6 [　　]- chen po zhes zer/ sems
3:1 can kun kyis²⁶ mi dge ba'i sdig pa shin tu lci ba'i sgrib pa bdud
3:2 dang sgrib pa 'jigs pa thams cad zhi bar byed pa 'dod pa thams cad
3:3 ²⁷ tshim par byed pa'i phyir ngas bshad do// bcom
3:4 ldan 'das la bshad pa'i gnang pa zhus nas de

3:5 nas bcom ldan 'das kyis rigs kyi bu khyod kyis thugs
3:6 rje chen po'i sgo nas gzungs bshad bar 'dod pa'i dus la
4:1 bab po// myur bar bshad du gsol// nga dang sangs rgyas
4:2 thams cad kyis kyang rjes su yid rang ngo²⁸ // byang chub sems dpa'
4:3 'phags pa spyan ras gzigs kyi²⁹ dbang phyug³⁰ bcom ldan
4:4 'das la 'di skad ces gsol to// gal te dge slong 'am/ dge

---

26. 北京版此作 gyi。
27. 北京版此前多 rab tu。
28. 北京版此作 yi rang ngo，此之 yid 當為 yi 之誤，「喜」於藏文中作 yi rang ba，或者 yi rangs pa。
29. 北京版此闕 kyi。
30. 北京版此多 gis。

4:5 slong ma 'am/ dge bsnyen 'am/ dge bsnyen ma 'am/ khye'u 'am bu mo

4:6 gdon pa[31] dang/ 'chang bar 'don bas sems can thams cad kyi ched

5:1 du thugs rje chen po'i sgo nas thog mar 'di lta bu yi sems bskyed

5:2 par bya'o// //spyan ras gzigs dbang thugs rje che la phyag 'tshal

5:3 lo// bdag gis chos rnams thams cad myur tu rtogs par shog

5:4 spyan ras gzigs dbang thugs rje che la phyag 'tshal lo

5:5 bdag gis ye shes myig ni myur du thob par shog/ spyan ras

5:6 gzigs dbang thugs rje che la phyag 'tshal lo/ bdag gis

6:1 sems can thams cad myur du-[   ]

6:2 gzigs dbang thugs rje che la-[   ]

6:3 thabs mkhas pa dag myur du thob-[   ]

6:4 dbang phyug thugs rje che la phyag-[   ][32]

6:5 shes rab gru yis sgrol bar-[   ]

6:6 dbang thugs rje che la phyag 'tshal-[   ]

9:1 [   ]- ngan sems rang nyid dul bar

9:2 [   ]- phyin nas[33] / rang nyid shes rab che

9:3 [   ]- btab nas/ sems rtse gcig du

9:4 [   ]- rjes su dran bar bgyi'o//

9:5 [   ]- de bzhin gshegs pa 'od dpag

9:6 [   ]- gzungs lan cig gam lan

10:1 bdun gyi bar du bton na// bskal ba 'bum phrag brgya

---

31. 北京版此作 'don pa。

32. 北京版此闕 phyug。

33. 北京版此作 song na。

stong snyed du[34]

10:2 'khor bar 'gyur ba'i kha na ma tho ba'i[35] lci ba rnams bsal cing

10:3 'byung bar 'gyur[36] lags so// gal te thugs rje chen po 'di

10:4 'don cing 'chang na/ 'chi ba'i dus kyi tshe/ phyogs bcu'i de

10:5 bzhin gshegs pa rnams der gshegs nas phyag rkyong bar

10:6 'gyur bas/ bsams pa bzhin du sangs rgyas kyi zhing

11:1 gang dang gang du skye bar 'gyur lags so// bcom ldan 'das la yang[37]

11: 2 'di skad ces gsol to/ bcom ldan 'das sems can gang la

11: 3 la zhig thugs rje chen po'i rigs sngags[38] 'di 'don cing yongs su

11:4 'dzin pa dag/ gal te ngan 'gro[39] gsum po dag tu ltung bar gyur

11:5 na/ bdag nam yang mngon par rdzogs par sangs rgya bar myi

11:6 bgyi'o// thugs rje chen po'i rigs sngags[40] 'di 'don cing

---

34. 北京版此作 ji snyed。

35. 白井聰子文中錯錄作 kha na mtho ba'i，kha na ma tho ba 意為「罪」、「罪過」。

36. 北京版此作'byung bar 'gyur，對照漢文相應處作「超越〔生死重罪〕」，則知此當作'byang bar 'gyur，意為「除淨」。

37. 北京版此闕 yang。

38. 北京版此作 rig sngags，與 thugs rje chen po'i rig sngags 對應的漢文作「大悲呪」，故此應當作 rig sngags，意為「明呪」。

39. 北京版此作 ngan song。

40. 同前注 23。

12:1 yongs su 'dzin pa dag gal te ting nge 'dzin dang[41] spobs pa tshad

12:2 myed pa de snyed thob par ma gyur na bdag nam yang mngon bar rdzogs

12:3 par 'tshang rgya bar myi bgyi'o/--/ thugs rje chen po'i rigs sngags[42]

12:4 'di 'don cing yongs su 'dzin pa dag/ gal te tshe 'di nyid la

12:5 smon pa thams cad ji[43] ltar smon pa bzhin du grub par ma gyur na

12:6 thugs rje chen po'i sems kyi gzungs zhes mi bgyid[44] lags

13:1 ste/ mi dge ba rnams dang/ sems-[   ]

13:2 gtogs lags so// bud myed gang- [   ]

13:3 su skyo nas skyes pa'i lus thob- [   ]

13:4 thugs rje chen po'i sems kyis[45] - [   ]

13:5 yongs su bzung bas gal te[[   ]

13:6 gyur te skyes pa'i lus thob par- [   ]

23:1 [   ]- gzungs 'di 'don cing[46] yongs su

23:2 [   ]- pa dang/ bgregs[47] yongs su bsal

23:3 [   ]- su bcad pa 'di dag smras so//

---

41. 北京版此作 dang，漢文本此作「等持及辯才」，故知此之 dag 當改正為 dang。

42. 同前注 23。

43. 北京版此作 ci。

44. 北京版此作 bgyi。

45. 北京版此作 kyi。

46. 北京版此作 zhing。

47. 北京版此作 bgegs。與此句相應的漢文作「令除災害及諸魔故」，故此處當作 bgegs，意為「魔鬼」。

23:4 [　　]- ba las// stag dang spyang ki

23:5 [　　]- pa sbrul dang 'dre srin 'phrad[48]

23:6 [　　]- pa thos nas gnod myi nus//

24:1 gang zhig chu bo rgya mtsho[49] zhugs pa las// gdug pa'i klu dang chu srin

24:2 ma rungs dang// gnod sbyin srin po nya dang ru sbal dag// gzungs

24:3 'di[50] thos nas so sor 'byer par 'gyur// gang zhig g.yul sprad

24:4 dgra yis bskor ba'am/ chom rkun ma rungs nor ni 'phrog pa'i

24:5 tshe// rtse gcig thugs rje chen po'i[51] gzungs bzlas na/ de dag rtse

24:6 sems[52] skyes nas ldog par 'gyur// gang zhig rgyal po'i gyod la thogs

25:1 pa dang/ lcags sgrog khong sgril btson rar chud pa'i tshe// rtse gcig

25:2 thugs rje chen po'i gzungs bzlas na// rgyal po brtse sems kyis ni

25:3 gtong bar 'gyur// gang zhig byad stem dug mi[53] khyim zhugs te/

---

48. 北京版此作 phrad，與此相應的漢文詞作「逢」，故應當為'phrad。

49. 北京版此作 rgya mtshor。

50. 北京版此後多'don cing，與此相對應的漢文句子僅作「聞此惣持皆馳散」，故'don cing 實屬多餘。

51. 北京版此作 chen po。

52. 北京版此作 brtse sems，與「悲心」相應。此之 rtse sems 當為 brtse sems 之誤。

53. 北京版此作 mi'i。

25:4 zas skom dug can gis[54] ni gsod pa'i tshe// rtse gcig thugs
rje

25:5 chen po[55] gzungs bzlas na// dug ni zas skom zil dngar
nyid du[56]

25:6 'gyur// bud myed sbrum ma bu ni btsa' ba'i tshe// bdud
kyis bgegs[57]

26:1 byas sdug bsngal myi bzod tshe// rtse gcig thugs rje chen
po'i gzungs

26:2 bzlas na// 'dre gdon byer nas bde bar btsa' bar 'gyur// klu

26:3 gdon gtum pos gdug pa'i dbugs btang bas// tsha ba'i nad
kyis nyen

26:4 nas 'chir nye tshe// rtse gcig thugs rje chen po'i gzungs
bzlas

26:5 na// rims nad bsal nas tshe ni ring bar 'gyur// klu gdon
rgyu

26:6 bas gtses te skrangs pa dang// shu 'bras myi bzad rnag
khrag 'dzag

27:1 pa'i tshe// rtse gcig thugs rje- [   ]

27:2 ma lan gsum byugs pas skrangs- [   ]

27:3 bskyod pas[58] na// byad stem sngags- [   ]

27:4 gcig thugs rje chen po gzungs- [   ]

---

54. 北京版此作 kyis。

55. 北京版此作 chen po'i。

56. 此句北京版作 dug ni zil dngar zas skom nyid du，而與此句對應的漢文
作「變其毒食成甘露」，可見北京版錄文有誤，當依此為准。

57. bgregs 當改正為 bgegs。

58. 北京版此作 skyod。

27:5 gdon de myi la 'dud/ sdig- [　　]
27:6 pa'i tshe/ 'dod pa'i mye mched sems- [　　]

從以上的對照可以看出，見於俄藏黑水城藏文文書 XT-67 號中《聖觀自在大悲心惣持功能依經錄》與見於《西藏文大藏經》中的同名佛經只有很少幾處細微的差別，可以肯定它們是同一譯本的不同刻本。值得注意的是，俄藏黑水城藏文文書 XT-67 號第51 頁左半，我們可讀到下列文字：

51:1 rig pa'i gnas lnga la mkhas- [　　]
51:2 bghe ne ga dzi dzha ya anan ta- [　　]
51: 3 // //sgyur byed kyi lo tsa ba- [　　]
51: 4 gse blbu/ 'gang- [　　]
51: 5 spya nga lung gis bsgyur- [　　]

雖然由於殘缺不全我們無法對這段話作出肯定的解讀，但它極有可能就是見於 TK164 和 165 號漢文文書中的題記，即「詮教法師番漢三學院兼偏袒提點囊臥耶沙門鮮卑寶源奉敕譯，天竺般彌怛五明顯密國師在家功德司正囊乃將沙門拶也阿難搭傳」，的藏文翻譯。而事實上，這部《聖觀自在大悲心惣持功能依經錄》的藏譯者不可能是拶也阿難搭和寶源，而是卓彌譯師釋智。實際上同樣的情形亦見於藏、漢合璧本《聖勝慧到彼岸功德寶集偈》，該經的題記中明確說明其漢譯本是鮮卑寶源譯、拶也阿難搭執梵本證義、賢覺帝師和仁宗皇帝詳勘，而其藏譯文卻與見於《西藏文大藏經》中的由天竺堪布慧明獅子和吐蕃著名譯師吉祥積所譯文幾乎完全一致。[59]

---

59. 羅炤上揭文，頁 9。

　　儘管《聖觀自在大悲心惣持功能依經錄》實際上與漢文《千手千眼觀世音菩薩廣大圓滿無礙大悲心陀囉尼經》在內容上有許多相同之處，所謂「依經錄」即是「集自諸經」之意。但卓彌譯師釋智所譯的這部《聖觀自在大悲心惣持功能依經錄》與法成法師從漢文《千手千眼觀世音菩薩廣大圓滿無礙大悲心陀囉尼經》轉譯成西藏文的 *'Phags pa byang chub sems dpa' spyan ras gzigs dbang phyug phyag stong spyan stong dang ldan pa thogs pa mi mnga' ba'i thugs rje chen po'i sems rgya cher yongs su rdzogs pa zhes bya ba'i gzungs* 在文字上有明顯的不同，從中可以看出卓彌譯師釋智所譯《聖觀自在大悲心惣持功能依經錄》根據的是與《千手千眼觀世音菩薩廣大圓滿無礙大悲心陀囉尼經》不同的梵文原本。與此相應，見於黑水城出土文獻的這部漢譯《聖觀自在大悲心惣持功能依經錄》亦是獨立於《千手千眼觀世音菩薩廣大圓滿無礙大悲心陀囉尼經》的一部新譯佛經。茲不妨對兩部佛經中內容相同部分列出一段，以說明其譯文之相異。[60]

　　《聖觀自在大悲心惣持功能依經錄》：

敬禮大悲觀自在	願我速達一切法
敬禮大悲觀自在	願我速得智慧眼
敬禮大悲觀自在	願我速能度有情
敬禮大悲觀自在	願我速得善方便
敬禮大悲觀自在	願我速乘智慧船
敬禮大悲觀自在	願我速得越苦海

---

60. 法成譯本見於《西藏文大藏經》德格版第 691 號，北京版第 369 號。參見 Helmut Eimer, "Tibetische Parallen zu zwei Uigurischen Fragmenten," *ZAS*, 1977, pp. 473–489.

敬禮大悲觀自在　　願我速得戒足道
敬禮大悲觀自在　　願我早登涅盤山
敬禮大悲觀自在　　願我速入無為宮
敬禮大悲觀自在　　願我速同法性身

spyan ras gzigs dbang phyug thugs rje che la phyag 'tshal lo
bdag gis chos rnams thams cad myur tu rtogs par shog
spyan ras gzigs dbang thugs rje che la phyag 'tshal lo
bdag gis ye shes mig ni myur du thob par shog
spyan ras gzigs dbang thugs rje che la phyag 'tshal lo
bdag gis sems can thams cad myur du sgrol bar shog
spyan ras gzigs dbang thugs rje che la phyag 'tshal lo
bdag gis thabs mkhas pa dag myur du thob par shog
spyan ras gzigs dbang thugs rje che la phyag 'tshal lo
bdag ni myur du shes rab gru yis sgrol bar shog
spyan ras gzigs dbang thugs rje che la phyag 'tshal lo
bdag ni myur du sdug bsngal mtsho las 'da' bar shog
spyan ras gzigs dbang thugs rje che la phyag 'tshal lo
bdag ni myur du tshul khrims rkang gi lam thob shog
spyan ras gzigs dbang thugs rje che la phyag 'tshal lo
bdag ni myur du myang na 'da' ba'i ri 'dzog shog
spyan ras gzigs dbang thugs rje che la phyag 'tshal lo
bdag ni myur du 'dus ma byas kyi khyim phyin shog
spyan ras gzigs dbang thugs rje che la phyag 'tshal lo
bdag ni myur du chos nyid sku dang mtshungs par shog/

《千手千眼觀世音菩薩廣大圓滿無礙大悲心陀囉尼經》

南無大悲觀世音　　願我速知一切法
南無大悲觀世音　　願我早得智慧眼
南無大悲觀世音　　願我速度一切眾

南無大悲觀世音　　願我早得善方便
南無大悲觀世音　　願我速乘般若船
南無大悲觀世音　　願我早得越苦海
南無大悲觀世音　　願我速得戒定道
南無大悲觀世音　　願我早登涅槃山
南無大悲觀世音　　願我速會無為舍
南無大悲觀世音　　願我早同法性身[61]

thugs rje chen po spyan ras gzigs la phyag 'tshal lo
bdag gis chos nyid kun tu myur du chud gyur cig
thugs rje chen po spyan ras gzigs la phyag 'tshal lo
bdag gis shes rab spyan ni myur du thob gyur cig
thugs rje chen po spyan ras gzigs la phyag 'tshal lo
bdag gis sems can thams cad myur du sgrol bar gyur cig
thugs rje chen po spyan ras gzigs la phyag 'tshal lo
bdag gis thabs mkhas pa myur du thob par gyur cig
thugs rje chen po spyan ras gzigs la phyag 'tshal lo
bdag ni shes rab grur ni myur du zhugs gyur cig
thugs rje chen po spyan ras gzigs la phyag 'tshal lo
bdag gis sdug bsngal mtsho las myur du rgal gyur cig
thugs rje chen po spyan ras gzigs la phyag 'tshal lo
bdag gis tshul khrims lam la myur du rdzogs gyur cig
thugs rje chen po spyan ras gzigs la phyag 'tshal lo
bdag gis myang na 'das kyi ri la myur du 'dzog gyur cig
thugs rje chen po spyan ras gzigs la phyag 'tshal lo
bdag gis 'dus ma byas kyi khang bar myur du 'dus 'gyur cig

---

61. 《大正新脩大藏經》第 20 冊，No. 1061–1064。

thugs rje chen po spyan ras gzigs la phyag 'tshal lo
bdag gis myur du chos nyid sku dang 'thun gyur cig[62]

四、於西夏、回鶻流行的觀世音菩薩崇拜

　　《聖觀自在大悲心惣持功能依經錄》顯然是西夏時代比較流行的一部陀囉尼經。如前所示，俄藏黑水城文獻中同時出現了《聖觀自在大悲心惣持功能依經錄》漢文本的全本和藏文本的殘本。不僅如此，《聖觀自在大悲心惣持功能依經錄》亦有西夏文版傳世，題爲《聖觀自在大悲心惣持功德經韻集》，亦見於俄藏黑水城西夏文文獻中，列爲 369 號。[63] 於西夏文本中，《聖觀自在大悲心惣持功能依經錄》單獨成書，似並沒有與《勝相頂尊惣持功能依經錄》一起刻印，後者指西夏文標題為《頂尊相勝惣持功德

62. 影印北京版《西藏文大藏經》，續部，Ma, 265a–b。顯而易見的是，法成的藏譯文非常忠實於漢譯原文，如將「大悲觀世音」譯作 thugs rje chen po spyan ras gzigs，而釋智的譯文作 spyan ras gzigs dbang phyug thugs rje che 顯然更合乎藏文的習慣。還有他將「願我速會無爲舍」一句譯作 bdag gis 'dus ma byas kyi khang bar myur du 'dus 'gyur cig，而釋智的譯文作 bdag ni myur du 'dus ma byas kyi khyim phyin shog，相應的漢譯文作「願我速入無爲宮。」事實上，漢文中的「會」字此處或當意謂「到達」、「相會」，而不是如法成所譯的'dus pa，即「聚集」、「聚會」之意。

63. Evgenij Ivanovich Kychanov, *Catalogue of Tangut Buddhist Texts*, Kyoto University, 1999, pp. 480–481, 720.

韻集》，有多種刻印本存世。[64] 而且，這兩部佛經的西夏文本亦發現於今內蒙古額濟納旂的綠城。[65]

　　事實上，觀音菩薩崇拜於西夏的流行大概與其受與其緊鄰的回鶻佛教的影響有關。如前所述，白井聰子將見於黑水城藏文文書 XT-67 號中的《聖觀自在大悲心惣持功能依經錄》與漢譯《千手千眼觀世音菩薩廣大圓滿無礙大悲心陀囉尼經》同定，其原因即是因爲後者的回鶻文譯本出現於吐魯番出土的回鶻文獻中是學者們早已熟知的事實。於漢文《大藏經》中，有多部觀音菩薩陀囉尼經，其中即以唐代伽梵達摩譯《千手千眼觀世音菩薩廣大圓滿無礙大悲心陀囉尼經》最爲著名。而它不僅被法成譯爲西藏語，而且亦被著名的回鶻譯師勝〔聖！〕光譯成回鶻文於高昌回鶻王國內流傳。回鶻文《千手千眼觀世音菩薩廣大圓滿無礙大悲心陀囉尼經》的殘卷早已在吐魯番回鶻文獻中發現，並引起了各國學者的高度重視。[66] 就是法成由漢譯藏的《千手千眼觀世音菩薩廣大圓滿無礙大悲心陀囉尼經》的藏文刻本的殘本亦見於吐魯番回鶻文文獻中。[67] 此外，漢文《大藏經》中的其他多種觀音陀

64. 參見 Kychanov 上揭書，頁 580–581。

65. 史金波、翁善珍〈額濟納旂綠城新聞西夏文物攷〉，《文物》1996 年第 10 期。

66. Klaus Röhrborn, "Fragmente der uigurischen Version des "Dhāraṇī-Sūtra der Grossen Barmherzigkeit," *Zeitschrift der Deutschen Morgenländischen Gesellschaft*, Band 126, Heft 1, 1976, pp. 87–100; 庄垣内正弘《ロシア所藏ウイグル語文獻の研究—ウイグル文字表記漢文とウイグル語佛典テキスト—》，頁 180–200。

67. György Kara, "An old Tibetan fragment on healing from the Sutra of the Thousand-Eyed and Thousand-Handed Great Compassionate

囉尼經諸如《千眼千手觀世音菩薩陀羅尼神呪經》、《觀世音菩薩
秘密藏如意輪陀羅尼神呪經》等亦早已被翻譯成回鶻文。[68] 可
見，觀音菩薩崇拜於回鶻王國曾經十分地流行。而回鶻僧人於佛
教在西夏的傳播起了極大的作用，回鶻文《千手千眼觀世音菩薩
廣大圓滿無礙大悲心陀囉尼經》的譯者勝光法師極有可能就是西
夏著名的帝師賢覺聖光菩薩。而後者曾在西夏傳《聖觀自在大悲
心依燒施法事》、《聖觀自在大悲心依淨瓶攝受順》等與觀音崇拜
有關的佛教儀軌。[69] 而於黑水城出土的西夏文文獻中，與觀音崇
拜有關的經典還有《聖觀自在大仁心求順》、《聖觀自在之二十七
種要論爲事》、《聖觀自在之因大供養淨會爲順》、《聖觀自主意隨
輪要論手彎定次》、《番言聖觀自在主千眼千手供順》、《佛頂心世
音觀菩薩經》、《佛頂心世音觀菩薩病治生法經》、《佛頂心世音觀
菩薩大陀羅尼經》等等。[70] 足見觀音菩薩崇拜亦曾廣泛流行於西
夏王國內。迄今爲人忽略的是，回鶻文本《聖觀自在大悲心惣持
功能依經錄》實際上亦出現於敦煌吐魯番回鶻文佛教文獻中，其
殘片收藏於柏林吐魯番文獻中心，編號爲 U5880 (TIIIM219.505),
U5461 (TID609)。惜此二殘片尚未得到學術整理，故鮮爲人知。
這兩件殘片的發現和同定不但更明確地說明西夏和回鶻之觀音

Bodhisattva Avalokiteśvara in the Berlin Turfan Collection," *Turfan
revisited: the first century of research into the arts and cultures of the
Silk Road*, edited by Desmond Durkin-Meisterernst et al. Berlin: Dietrich
Reimer, 2004, pp. 141–146.
68. 參見庄垣内正弘上揭書，頁 180–189，196–199。
69. 史金波〈西夏的藏傳佛教〉，《中國藏學》，2002 年第 1 期，頁 40。
70. Kychanov 上揭書，頁 720–726。

崇拜間的淵源關係，而且亦可對敦煌吐魯番回鶻佛教文獻的斷代提供新的綫索，至少它們不是元朝的譯本，而應該是西夏時代的作品。[71]

　　黑水城出土的這部《聖觀自在大悲心惣持功能依經錄》儘管從其內容來看不過是《千手千眼觀世音菩薩廣大圓滿無礙大悲心陀囉尼經》的一個簡縮本，但它不見於漢文《大藏經》，乃西夏時代新譯的一部觀音菩薩陀羅尼經。它的原本有可能是梵本，亦有可能是藏文本。它在西夏廣泛流傳這一事實，或可說明西藏佛教曾對西夏佛教有過巨大的影響。從對黑水城出土的與藏傳佛教有關的漢文文獻的分析中可以看出，於西夏以及其後的蒙元時代所傳藏傳密教文獻主要集中於秘密呪、本尊瑜伽和《那若六法》等三大種類。其中秘密呪類包括各種密呪和陀羅尼經，最著名的就是《聖觀音自在大悲心惣持功能依經錄》、《勝相頂尊惣持功能依經錄》、《佛說金輪佛頂大威德熾盛光如來陀羅尼經》、《佛說大傘蓋總持陀盧尼經》、《聖一切如來頂髻中出白傘蓋佛母餘無能亂總持》、《大黑根本命咒》，以及《佛說大乘聖無量壽決定光明王如來陀羅尼經》和《聖妙吉祥真實名經》等，其中大部分是西夏或蒙古時代從藏文翻譯過來的。當然，西夏流行的觀世音菩薩崇拜並不只限於觀音菩薩陀羅尼經的流傳。眾所周知，觀音菩薩於藏傳佛教中常常被作爲密修本尊禪定中的主尊而成爲行者觀

---

71. 牛汝極《回鶻佛教文獻—佛典總論及巴黎所藏敦煌回鶻文佛教文獻》（烏魯木齊：新疆大學出版社，2000 年），頁 112–113。於此牛汝極先生將此經的標題譯作《大乘大悲南無聖觀音陀囉尼聚頌經》，亦參見 Johan Elverskog, *Uygur Buddhist Literature*, Brepols, Turnhout, 1997, pp. 113–114.

想、認同的對象。[72] 而這種本尊禪定顯然亦受到了西夏佛教徒的喜愛，於《俄藏黑水城文獻》中筆者發現了一部題爲《親集耳傳觀音供養讚嘆》的漢譯藏傳佛教密宗儀軌文書。此書譯成於西夏皇建元年（1210），首尾完整，乃引導行者如何禮贊、召請、供養、觀想觀音本尊，並依修持此法所得加持力作勾召亡魂、施財安位、通念五夫、攝授眾生等功德的一部完整的修法儀軌（sādhana）。總而言之，與觀音菩薩倍受漢地信眾喜愛一樣，觀音菩薩崇拜不但同樣亦在西夏等漢地周邊諸民族中間流行，而且對其崇拜的方式，乃至所用的經典都有漢地不具備的新內容。

---

72. 關於觀音菩薩本尊禪定修法之法意與實踐參見 Janet Gyatso, "An Avalokiteśvara Sādhana," *Religions of Tibet in Practice*, Edited by Donald S. Lopez, Jr. Princeton, New Jersey: Princeton University Press, 1997, pp. 266–270.

寺院巡禮與觀音信仰

—當代日本佛教考察報告之一

藍吉富

台灣‧中華佛學研究所

研究員

摘　要

　　本文由兩部份組成：其一是對日本「觀音靈場巡禮」的實地考察報告。其二是以觀音靈場巡禮為切入點，考察日本觀音信仰的文化特質。

　　基本上，本文是站在漢傳佛教角度所作的觀察。希望為漢傳佛教界介紹、分析日本觀音信仰的現況及文化特質。全文除了較詳細地陳述觀音靈場的巡禮活動之外，並且提出：「觀音崇拜的多樣化、宗派性格及觀音淨土」三種現象，來彰顯日本觀音信仰的文化特色。

　　日本佛教的觀音信仰，與漢傳佛教同源。但是發展到今天却有如許顯著的歧異。箇中緣由為何，是值得探究的。本文的提出，希望是進一步探究這一問題的開始。

一、前言

西元 2001 年，筆者曾得法鼓山人文社會獎助基金會的補助，到日本做過四次佛教寺院的實地考察，當時考察的是當代日本佛教的全面生態。觀音寺院巡禮也是其中一部分。之後，在 2003 到 2005 年間，筆者又得到淨土宗文教基金會的補助，到日本再作數次寺院實況考察。本文就是在這些基礎之下，所做的綜合報告。

日本佛教綿延一千多年，迄今仍盛。當代日本佛教寺院多達七萬八千寺；重要宗派團體有二百餘；佛教界興辦的大學有二十餘所。這樣驚人的數據，舉世之中，恐怕沒有一個具有佛教信仰的國家能出其右。

然而，遺憾的是，漢傳佛教界及海峽兩岸學術界，對日本佛教是相當陌生的。對日本佛教的重要性及文化特質，也大多茫然無知。作為一個佛教研究者，對這一現象似乎有省思的必要。

拙文的提出，多少有促使海峽兩岸學術界注意日本佛教的意圖。因此，雖然只是一篇初步的調查報告，仍然斗膽提出來就教於方家。

二、日本的寺院巡禮

「佛教聖地巡禮」原本是古今印度、中、日等國佛教徒的常見活動，不足為奇。但是，日本的寺院巡禮卻與其他各國有若干差異。它的主要特點有下列幾項：

1. 巡禮的地方都是寺院，這些寺院是經過古今日本的佛教界人士或社會人士選擇過的。他們把這些值得巡禮的寺院叫做「靈場」或「札所」。

2. 巡禮的寺院是多數的，並不是單一寺院。而且，被視為「靈場」的寺院是被組織過的。並不是漫無規準地巡禮。例如：「四國八十八所遍路」是巡禮四國地區之與弘法大師（空海）有關的寺院。「西國三十三所觀音巡禮」是巡禮京都、大阪、奈良、滋賀、和歌山等地的三十三所觀音寺院。依《現代佛教を知る大事典》所載，從北海道到鹿兒島之間，總共有 112 個「寺院巡禮」模式。每一模式，多則包含百座寺院（如：「大東京百觀音」巡禮），少的也有六處（如：「最初建立江戶六地藏」參禮）。這 112 模式之巡禮寺院的總數，大約有三千座。[1]

3. 巡禮的目標是禮拜寺院內的某一佛菩薩或古代高僧。以上述 112 個巡禮模式所包含的近三千座寺院為例，其中被巡禮的對象有：阿彌陀佛、觀音菩薩、地藏菩薩、弘法大師及法然、親鸞等。除了《現代佛教を知る大事典》所載者外，另外還有藥師佛、不動（明王）尊、愛染（明王）尊等相關寺院的巡禮。

4. 巡禮時往往成群結隊前往。而且，有一定的裝扮、規矩與儀式。

5. 在上引 112 巡禮模式的近三千座寺院中，以觀音菩薩為參禮對象的寺院為數最多，共有 2449 座。其次是弘法大師的相關

---

1. 《現代佛教を知る大事典》，東京：金花舍版，昭和 55 年，237–242頁。

寺院，共有 549 座。此外，供奉地藏菩薩的寺院有 278 座，位列第三。

由上述數據可知，在巡禮活動中，觀音菩薩是最被重視的信仰對象。供奉觀音菩薩的寺院，在所有巡禮寺院中所佔的比例是八成以上。這樣的數據，應該可以凸顯觀音信仰在日本佛教界所佔的比重。

三、觀音靈場巡禮

一）引言

在上引 112 個巡禮模式中，有 61 個是「三十三所觀音靈場巡禮」，有 3 個是「百觀音靈場巡禮」。設定「33」所寺院為巡禮目標的原因，係源自《法華經》〈普門品〉所載之觀音 33 種應化身的觀念。「百觀音」靈場的設計，當係「100」有圓滿、至高無上的意義所致。

在這 64 種觀音巡禮行程中，最著名的是下列三種：

1. 西國三十三所觀音巡禮：相傳是在 718 年，由奈良長谷寺的德道上人所創始。在十世紀時由花山法皇（968–1008）所光大。但也有學者認為是在 1161 年由三井寺覺忠大僧正所創始的。[2] 這一巡禮行程的第一號寺院是和歌山縣的「那智山、青岸渡寺」。第 33 號寺院是岐阜縣的「谷汲山、華嚴寺」。

---

2. 見清水谷孝尚〈坂東札所案內〉文中第一節〈觀音札所之創始〉，收在《坂東三十三所觀音巡禮》。日本大阪：朱鷺書房，1999 年，頁 7–9，第一版第 20 刷。

2. 坂東三十三所觀音巡禮：這是在西國巡禮風行之後，關東地區所興起的巡禮行程。第一號寺院是鎌倉市的杉本寺，第 33 號是千葉縣館山市的那古寺。

3. 秩父三十四所觀音巡禮：15 世紀下半葉興起的巡禮活動。巡禮的寺院都在琦玉縣秩父市內。最初只有 33 所。在 1536 年，新增「真福寺」而成為 34 個巡禮靈場。增加成為 34 寺的原因，是為了要與西國 33 所、坂東 33 所合計成「百觀音」之故。

二）巡禮服飾及隨身用具

巡禮者的衣著打扮，最顯著的就是穿白衣，戴斗笠，與手持木杖。他們主要的隨身物品與衣著，如下所列：[3]

1. 金剛杖：是一個直徑 2 公分、長 1.2 公尺的杉木杖。巡禮者須將此杖視為觀世音菩薩的分身。在巡禮途中的住宿處，必須像是為觀世音菩薩洗腳那樣，洗淨此杖。並將它直立地放置在「壁龕」（日式房間之陳列裝飾品處）上。

2. 菅笠：斗笠，與早期台灣農村中所常見之斗笠相同。巡禮者須在斗笠上面寫上「同行二人」及「迷故三界城，悟故十方空。本來無東西，何處有南北」字樣。此處所謂的「同行二人」是指「巡禮者與觀音菩薩同行」之意。

3. 納札：木片或紙片，上面寫上自己的姓名、年齡與住址。巡禮時繳一枚給寺院人員。

---

3. 此下所載，參閱(一)平幡良雄《西國觀音巡禮》。日本：千葉縣滿院寺，頁 16–17，1993 年。(二)後藤博《奧州三十三觀音の旅》。日本仙台：河北新報社版，2001 年，頁 158–159。

4. 其他物品：念珠、佛經課誦本、納經帖（帳）、及日常用品等。其中，「納經帖」是到每一寺院時須請寺方蓋寺印及寫上毛筆字的巡禮手冊。

5. 衣著：穿白衣。背後印有「南無大慈大悲觀世音菩薩」字樣。自兩肩披向前胸的紫色帶子是「輪袈裟」。比較講究的還另有一些白色的隨身衣物（手套、布製鞋套等）。

三）巡禮須知及參拜方法

1. 應以修行之心前往巡禮寺院參拜，並一心奉持觀世音名號。

2. 禁殺生，不飲酒，不調戲異性，不與人口角爭吵。

3. 進入巡禮之靈場時，需先在「水屋」淨手、漱口。

4. 在鐘樓敲鐘（但在參拜之後不可敲鐘）。

5. 先在「本堂」（大殿）禮拜，然後在所定場所獻上「納札」並奉上寫經。

6. 點燈，燒香，投「賽錢」入賽錢箱。

7. 念本尊（觀音）名號，並合掌讀經（《心經》、《觀音經》、《十句觀音經》及觀音名號、回向文等）。

8. 在「納經所」繳付納經費用，並請寺方在納經帖上蓋朱印，寫上相關書法，並請領納經軸等物。

四）巡禮組織及巡禮時間

由於對佛教各「靈場」的巡禮，已經在日本佛教界形成風氣，因此，也隨之形成了不少籌辦此類活動的各種組織。這些組織依

巡禮對象而有不同。包含有觀音、弘法大師、藥師佛、不動尊、地藏等相關靈場的巡禮籌辦單位。其中，與巡禮觀音靈場有關的組織有：西國札所會、坂東札所靈場會、美濃西國三十三觀音靈場會、巡禮之會、秩父札所連合會、無畏參拜團……等佛教組織。此外，也有社會上的旅行社所附設的巡禮部門，如：「朝日旅行會」、「讀賣旅行」、「每日新聞旅行」……等旅遊公司。

由世俗旅遊公司的介入，可以看出這種活動已經逐漸具有一般旅遊活動的性格了。

透過各巡禮組織的安排，巡禮活動有一定的巡禮順序與時間。巡禮順序的安排有依照巡禮寺院番號（由①號到㉝號）的，也有依交通路線作安排的。

巡禮時間依各行程而有不同。最著名的三種觀音巡禮，其所須時間，如下所列：

1. 西國觀音巡禮：一般行程是 9 日，也有安排 6 日或 7 日的，交通工具是電車或巴士等。

2. 坂東觀音巡禮：搭自用小汽車約須 9 日，搭公車或電車約須 12 日，徒步旅行約須 40 日。但是也有搭車巡禮，而在 2 日或 3 日巡禮一周的。

3. 秩父三十四觀音巡禮：由於這 34 所寺院都在秩父市區或近郊，因此耗時較少。一般都安排在 2 至 4 日間巡拜全程。

五）靈場巡禮的文化特質

要理解日本之佛教聖地巡禮的文化特質，最好的方法之一，當是透過比較方式來彰顯。因此，筆者先列出幾種古今各國的巡

禮方式，然後再取來與日本的靈場巡禮相比較。希望藉此能凸顯出日本式巡禮的文化性格。

1. 一般巡禮

這是古今中外對佛教聖地或靈山道場的一般性參訪與巡禮。任何佛教徒，或是單獨一人，或是三五成群地前往他們心目中的聖地或道場去朝禮，都屬於這一類型。譬如：印度八大聖地的朝禮；[4] 藏傳佛教徒從青海、甘肅等地三步一拜，前往拉薩朝禮佛教聖地；漢傳佛教界對四大名山（普陀、五台、九華、峨眉等四山）的朝禮等等都是。

這種巡禮活動是個人（或少數人）的自發性宗教行為。巡禮對象與個人的信仰或體驗有關。不是由某一組織所規劃，也較缺乏定型的儀式。

2. 印度密教二十四聖地的「外座巡禮」

這是印度密教勝樂系怛特羅所設的特殊修行法。有「內座」、「外座」之分。「內座」指體內的二十四脈。「外座」則指印度境內的二十四個巡禮地。修行者依秘密教法所示，到巡禮地尋覓與自己相應的瑜珈女，然後在屍林或女神廟等一般人所不常去之

---

4. 亦即與世尊有關的八大聖地：佛誕生處（迦毘羅衛城）、佛成道處（菩提伽耶）、初轉法輪處（鹿野苑）、現大神通處（舍衛國祇陀園）、三道寶階處（曲女城）、聲聞為佛化度處（王舍處）、宣告即將捨壽處（廣嚴城）、入涅槃處（拘尸那城），參見《八大靈塔名號經》（《大正藏》第 32 冊，第 1685 經）。

處，進行雙身瑜珈（性瑜珈）。在「外座」修行完成之後，則再進行「內座」的修持。[5]

這種怪異的修持法，是否可信，固非吾人所能置喙。然而，這種修持法的提出。當可以推測為是印度密教聖地說與印度教性力派男女雙修理論結合之後所衍生的理論。這也是在「聖地巡禮」的基礎上，所建構形成的密教實踐體系。從「巡禮」的角度來看，它的意義是：「巡禮」已經被賦予特定的修持功能。在修持勝樂系怛特羅的這一法門時，「巡禮」並不是初入門信徒之激勵信心、可有可無的活動，而是一種特定修法的儀軌內容了。

3. 台灣佛教界的「朝山」活動

台灣佛教界的「朝山」活動，是近三十年來常見的寺院朝禮活動。其大略內容如下所列：

（1）信重在清晨聚集在寺院附近的山腳下。

（2）舉行簡單的朝山儀式，儀式內容有：誦觀音（或彌陀等佛菩薩）名號、大悲咒等。

（3）開始三步一拜，慢慢地向山上朝禮前進。在禮拜的同時，也口念觀音名號（或「懺悔偈」等）。

（4）大約三、四小時後抵達寺院之朝禮處。在該處舉行三歸依儀式，並作迴向。

---

5. 參閱津田真一〈サンヴァラ系密教における pitha 說の研究〉（一）（二）。收在《豐山學報》第 16 期（1971 年 3 月）、17、18 期合刊（1973 年 3 月）。拙文此處所述，係依據平川彰之轉述，見平川彰《印度佛教史》，莊昆木中譯本，台北：商周出版社，2002 年，頁 505–506。

像這樣的活動，在各大寺院分別、零散地舉行。每次都僅半日即告結束，不像日本寺院巡禮那樣陸續朝禮三十三所靈場。不過，由於須三步一拜地逐漸上山，所以，在氣氛上較為莊嚴。

4. 日本靈場巡禮與上述三類巡禮的比較

顯然的，與上述三類相比較，日本的巡禮方式是有若干獨特之處：

（1）將 33（或 34）所寺院串連組織起來，成為一個巡禮活動的連鎖體。

（2）巡禮時有一定的服裝與用具（如：白衣、錫杖、斗笠……等）。

（3）有獨特的儀式及過程。（如：在水屋淨手、漱口。鐘樓敲鐘。備置納經帖，蓋朱印。在殿前唱念寺院專屬的「詠歌」及經句……等）

（4）具有集體旅遊的氣氛。

可見日本的靈場巡禮活動，較具組織性、人間性、儀式性。當然也加入不少日本獨特的文化氣質。

四、從靈場巡禮看日本的觀音信仰

一）引言

日本的觀音靈場巡禮是組織重要觀音寺院之後，所從事的巡禮活動。由於那些寺院是經過某些信徒抉擇的，因此，其歷史地位、宗教影響力、或景觀等條件當必有其特殊之處。加上長年以來的不斷被人巡禮，乃使這些寺院在日本全境的觀音信仰圈中，

逐漸具有代表性。所以，將這些寺院作為觀音信仰的抽樣，再輔以其他史料來考察日本觀音信仰的特質，在研究方法上應該是可行的。本文所以從事的，就是這一方向。

二）觀音崇拜的多樣化

以一個漢傳佛教徒來看，日本觀音信仰的第一項顯著特質是：觀音的種類甚多。日本各寺院所分別供奉的十一面、馬頭、如意輪、不空羂索等觀音，確實易使漢傳佛教徒在初接觸時不能立刻適應過來。

依筆者所搜集到的巡禮札所資料來考察，日本佛寺所供奉的主尊，有下列多種觀音：

1. 西國 33 札所

（1）千手千眼觀音：15 寺（包含供奉十一面千手千眼觀音之6寺）。

（2）十一面觀音：6 寺。

（3）如意輪觀音：6 寺。

（4）聖觀音：3 寺。

（5）准胝觀音：1 寺

（6）馬頭觀音：1 寺。

（7）不空羂索觀音：1 寺。

2. 坂東 33 札所

（1）十一面觀音：14 寺。

（2）千手觀音：12 寺（含十一面千手觀音 1 寺）。

（3）聖觀音：6寺。

（4）延命觀音：1寺。

3. 秩父（琦玉縣西部）等十模式的觀音崇拜（僅列最受尊崇的前三尊）

（1）秩父34所巡禮：21寺供奉聖觀音，6寺供奉十一面觀音，供奉如意輪與千手觀音者，各為2寺。

（2）武藏野（關東平原西部）33札所：12寺供奉聖觀音，7寺供奉千手觀音，6寺供奉十一面觀音。

（3）奧州（岩手、宮城、福島三縣）33觀音：11寺供奉聖觀音，9寺供奉千手觀音，8寺供奉十一面觀音。

（4）仙台33觀音：20寺供奉聖觀音，5寺供奉千手觀音，4寺供奉十一面觀音。

（5）三陸（宮城、岩手二縣）：12寺供奉聖觀音，7寺供奉十一面觀音，供奉千手與如意輪觀音者，各有3寺。

（6）秋田33觀音：16寺供奉聖觀音，9寺供奉十一面觀音，4寺供奉千手觀音。

（7）最上（山形縣）33觀音：19寺供奉聖觀音，8寺供奉十一面觀音。4寺供奉千手觀音。

（8）庄內（山形縣）33觀音：16寺供奉聖觀音，11寺供奉十一面觀音，6寺供奉千手觀音。

（9）置賜（山形縣）33觀音：17寺供奉聖觀音，9寺供奉十一面觀音，4寺供奉千手觀音。

（10）會津（福島縣）33觀音：14寺供奉十一面觀音，11寺供奉聖觀音，6寺供奉千手觀音。

4. 對上列數據的解讀

（1）「西國 33 札所」與「坂東 33 札所」所包含的寺院，大多係古今名剎。因此，其中所顯示的信仰趨勢，可以被視為日本觀音信仰史的主流。這 66 寺院中所包含的觀音信仰，有下列幾項特點：

其一，所供奉的觀音共有 8 種。其中，聖觀音（觀音信仰的主體）與千手觀音是當代漢傳佛教界所常見的。此外，准胝觀音雖然也是明代以來中國佛教界的熱門信仰之一，但是漢傳佛教界大多不視之為「觀音」，而逕稱之為「佛母」。到底「佛母」是菩薩？或是佛？這在漢傳佛教界是沒有明確劃分的。

其二，八種觀音之中的如意輪、馬頭、不空羂索等三種是源自印度的密教觀音類本尊。在當代漢傳佛教界是不流行的，罕見有人供奉。此外延命觀音相傳是 586 年（用明天皇時）中國人傳來的觀音信仰。可以視為觀音信仰的民俗化。

其三，「西國」加上「坂東」的兩個巡禮場域，總共 66 寺。其中，被最多寺院供奉的是千手千眼觀音，總共 27 寺。其次是十一面觀音，總共 20 寺。居第三位的是聖觀音，共 9 寺。第四位是如意輪觀音，共 6 寺。

（2）秩父等十個巡禮模式的觀音靈場，是東京以北到秋田之間，大約是日本東北地區的信仰場域。與「西國」、「坂東」兩個主要信仰場域比較，屬於日本的支系，是地方性的。

這十個巡禮模式所包含的觀音寺院共計 330 寺。其所供奉的觀音數量，較重要的有下列幾尊：

供奉聖觀音的寺院：共計 157 寺。

供奉十一面觀音的寺院：共計 78 寺。

供奉千手觀音的寺院：共計 50 寺。

供奉如意輪觀音的寺院：共計 22 寺。

供奉馬頭觀音的寺院：共計 8 寺。

供奉其他各種觀音的寺院，數量甚少。

由上列數據可知，這一地區的觀音寺院，供奉聖觀音的最多，其次是十一面觀音，第三位是千手觀音，第四位是如意輪觀音。

三）各宗派的觀音崇拜

日本佛教的特質之一，是宗派意識相當強烈，以及不同宗派之間的壁壘分明。這與漢傳佛教之並無強烈的宗派觀念，確有相當程度的不同。

有關日本佛教宗派與觀音崇拜的關係，我們可以從下列各宗派所供觀音的數據窺見端倪。

1. 西國 33 觀音札所

（1）屬於真言宗（含：豐山派、醍醐派、高野山真言宗等 8 派）的寺院：16 寺。

（2）屬於天台宗的寺院：9 寺。

（3）因觀音信仰而成宗的宗派：救世觀音宗、粉河觀音宗、與善峰觀音宗等 3 宗。

2. 坂東 33 觀音札所

（1）屬於真言宗（含：豐山派、智山派等 5 派）的寺院：15
寺。

（2）屬於天台宗的寺院：11 寺。

（3）因觀音信仰而成宗的宗派有：聖觀音宗。

3. 東京以北的五個巡禮靈場

（1）武藏野 33 札所：真言宗（智山派與豐山派）18 寺。曹
洞宗 11 寺。

（2）奧州 33 札所：曹洞宗 12 寺，天台宗 7 寺，真言宗（智
山派與豐山派）6 寺。

（3）三陸 33 札所：曹洞宗 13 寺，臨濟宗（妙心寺派）8 寺，
真言宗（智山派）6 寺。

（4）秋田 33 札所：曹洞宗 24 寺。其餘諸宗所屬各寺皆甚少。

（5）庄內 33 札所：曹洞宗 16 寺。真言宗（智山派、豐山派
與醍醐派）13 寺。

從上面這些數據，我們可以得到下列初步的認識：

在傳統宗派中，真言宗、天台宗、曹洞宗、臨濟宗等四宗，
是與觀音信仰的關係較為密切的宗派。這四宗之與觀音信仰的關
係也可以從它們的修持內容與法會中看出端倪。

真言宗的修法體系內，有佛部、佛頂部、經部、觀音部、菩
薩部、明王部、天部等類。[6] 以觀音為主尊的修法，從「菩薩部」

---

6. 見《白寶口抄》目次，收在《大正藏》〈圖像部〉第 6、7 冊。

中被單獨提出為一類，[7] 可見觀音被重視的程度要比其他菩薩為
高。在真言宗的修法典籍《白寶口抄》所載修法內容中，觀音部
修持法，包含有：聖觀音、千手、馬頭、十一面、准胝、如意輪、
不空羂索、白衣、葉衣等9種觀音法。這些觀音，除了葉衣觀音
外，其餘諸尊都曾在上引巡禮靈場中被奉為主尊。可見真言宗與
觀音巡禮信仰之間具有相當密切的關係。

此外，由於巡禮靈場所供的各種觀音，幾乎與前引真言宗之
諸尊完全相同。因此，我們也可以有一個合乎情理的推測，此即：
普及全日本、而且已經民俗化的觀音信仰，可能是從「密教的觀
音部修法主尊」這一基礎上逐漸發展出來的。日本觀音信仰之不
同於漢傳佛教的原因之一，也可能是日本以密教的觀音信仰為基
礎，而漢傳佛教界則以顯教為基礎的緣故。當然，日本的密教，
除了主流是真言宗之外，也應包含天台密教與修驗道。這三類宗
派都有以觀音為主尊的修法，因此，它們的發展，當然會共同促
成觀音信仰的流傳。

其次，有關日本天台宗的觀音信仰，可以從該宗所包含的顯
密二種成分去觀察。在顯教方面，日本天台宗的思想淵源是《法
華經》與中國天台宗著作。《法華經》中有〈觀世音菩薩普門品〉
（俗稱《觀音經》），中國天台宗內曾流傳若干與該經有關的作品，
如《觀音玄義》、《觀音義疏》等。日本天台宗承繼此一尊重觀音
的傳統，在一般信徒的課誦儀式中，也課誦〈普門品〉偈（另有
〈十句觀音經〉）。

---

7. 也有將文殊類單獨歸為「文殊部」的，見《覺禪鈔》目次，收在《大
正藏》〈圖像部〉第5冊。

由於日本天台宗在發展過程中逐漸密教化（台密），因此，也逐漸與中國天台宗的顯教方向不同。在台密的修持內容中，包含有以觀音為主尊的多種密法，如：聖觀音、千手、不空羂索、如意輪、葉衣、青頸、白衣等觀音修持法。

由此可知，由於天台宗之顯密雙軌都在弘揚、修持觀音法門，因此，其所屬寺院之多有供奉觀音為主尊的殿堂，也就不足為奇了。

此外，關於日本曹洞、臨濟二宗之崇拜觀音，也是有跡可尋的。曹洞宗的課誦內容中，包含〈普門品〉偈、《心經》、〈大悲咒〉與〈十句觀音經〉這幾種內容都與觀音有關。[8] 此外，曹洞宗的開山宗祖道元，與中興祖師瑩山紹瑾也都崇拜觀音，並推崇〈普門品〉。由於這些基本條件，乃使後世各地之曹洞宗寺院，供奉觀音者為數頗多。

至於臨濟宗方面，由於該宗與曹洞宗一樣，都源自中國禪宗叢林。因此，對觀音的信仰也大致與曹洞相同。在課誦內容方面，與觀音有關的〈普門品〉偈、《心經》、〈大悲咒〉都是日常法事的主要素材。在每年的法會活動中，也有與觀音有關的項目，如：觀音懺法會（六月十七、十八日）、觀音講（八月十日）等。[9]

有一點似乎值得附此一提。此即：有些日本宗派並不重視觀音信仰。譬如日蓮宗。該宗的基本宗典是《法華經》，該經中的〈普門品〉又稱《觀音經》，正是觀音信仰的思想源頭。而且，在

---

8. 見中野東禪《曹洞宗のお經》目次，東京：雙葉社，2000 年。
9. 見藤井正雄《うちのお寺は臨濟宗》，東京：雙葉社，1997 年，頁 198 和頁 226。

日蓮宗的課誦內容中,〈普門品〉也是其中之一。但是,在巡禮寺院中,供奉觀音的寺院卻出奇的少。在上列八個巡禮模式(西國、坂東、奧州、三陸、秋田、庄內、武藏野、秩父)的 265 寺院之中,只有三陸靈場中的三個寺院屬於日蓮宗。可見日蓮宗對觀音靈場巡禮或觀音崇拜,並未特別提倡。

此外,淨土真宗內的觀音崇拜氣氛也並不熱烈。在前引 265 巡禮寺院中,沒有一個寺院屬於淨土真宗。在真宗的二大派:本願寺派與大谷派的日常課誦內容中,也沒有與觀音有關的經典。從該宗的活動中,也可以看出該宗對彌陀、親鸞的重視程度,遠超過觀音。

在日本宗派之間,另外還有一個特殊現象,這就是他們也有奉觀音為主尊的宗派。這些宗派是:[10]

(1)聖觀音宗:總本山在東京、淺草寺(坂東巡禮第 13 番),淺草寺原屬天台宗,1951 年獨立,並成立聖觀音宗,所供主尊是聖觀音。

(2)觀音宗:總本山在大阪大聖觀音寺(本寺不是巡禮靈場),主尊為聖觀音。該寺原屬真言宗山階派。1946 年獨立,成立觀音宗。

(3)救世觀音宗:總本山在和歌山市紀三井寺(西國巡禮第 2 番),主尊是十一面觀音。該寺原屬真言宗山階派,1948 年獨立成宗。

---

10. 下列這五個宗派的資料,取自齋藤昭俊、成瀨良德合編的《日本佛教宗派事典》,東京:新人物往來社,頁 82–87 和頁 188,昭和 63 年。

　　（4）粉河觀音宗：總本山是在和歌山縣那賀郡的粉河寺（西國巡禮第 3 番），該寺原屬天台宗，1951 年獨立，成立粉河觀音宗，主尊是千手千眼觀音。

　　（5）鞍馬弘教：總本山在京都·鞍馬寺（西國 33 靈場第 19 番），該寺原屬天台宗。1947 年「鞍馬弘教」立教開宗，1949 年以鞍馬寺為總本山，該寺並即脫離天台宗而獨立。主尊是融合千手觀音、毘沙門天、魔王尊等三尊於一體的「尊天」。

　　這五個宗派的前四個，都是以某一寺院為主，在二十世紀中葉脫離所屬傳統宗派而成立的新教團，它們原來所屬的宗派是天台宗與真言宗（山階派）。由這兩個宗派的所屬寺院發展成為專門弘揚觀音信仰的宗派，這也印證了前面所曾提到的：天台、真言二宗與觀音信仰的密切關係。

　　這四個宗派的另一共同特色是：民俗信仰的氣味較濃；沒有複雜、深入的教義體系；與日本古代歷史人物的關係甚深，所凸顯的是與日本文化交互影響之後所形成的民俗觀音信仰。

　　第五個教團「鞍馬弘教」的文化特色，大致與前四者相同。所差異的是該宗所供奉的主尊不是單純的觀世音菩薩，而是千手觀音與其他二尊的合體。這一怪異的主尊，也彰顯了該宗的民俗信仰特質。

　　除了上列五宗之外，在近代形成的新興宗教中，也有兩個教團與觀音有關。其一是桐山靖雄在 1976 年所創的「觀音慈惠會」（後改為「阿含宗」），這一新教團所奉的主尊是準胝觀音。此外，妹尾公運在 1968 年所創的「未生蓮華會」也奉十一面觀音為主尊，這一教團在 1984 年還改名為「觀音聖教」。

　　從這兩個新興教團的興起，更可以窺見觀音信仰不只在古代日本廣為流傳，即使在現代，仍然是日本人創立新教團的思想泉源之一。

四）觀音淨土

　　新譯《華嚴經》（卷六十八），曾敘述善財童子參訪觀世音菩薩說法處—補怛洛迦山的經過。經中形容該山云：[11]

> 海上有山多聖賢，眾寶所成極清靜。
> 華果樹林皆遍滿，泉流池沼悉具足。
> 勇猛丈夫觀自在，為利眾生住此山。

當善財進入此山之時，所見的景象是：

> 西面巖谷之中，泉流縈映，樹林蓊鬱，香草柔軟，右旋布地。觀自在菩薩於金剛寶石上，結跏趺坐。無量菩薩，皆坐寶石，恭敬圍繞。

　　經中敘述善財向觀音菩薩請教如何修菩薩行，菩薩則教以「大悲行門」。

　　《華嚴經》這段記載，影響所及，乃形成了「中國的普陀山、西藏拉薩的布達拉宮等地是觀世音菩薩示現的淨土」的傳說。在日本，呼應這一觀音淨土信仰的場所，就是和歌山縣那智勝浦町一代的濱海地區。西國 33 觀音巡禮的第一號靈場「青岸渡寺」就是在這一區域內，附近濱海的「補陀洛山寺」就是古代日本人前往觀音淨土（補陀落山）的起點。依鎌倉時代（十二世紀末至

---

11. 《大正藏》第 10 冊，頁 366 下。

1333 年間）歷史書《吾妻鏡》的描述，一位名叫智定房的出家人
前往補陀落山的過程是這樣的：[12]

> 他先在附近的熊野山讀誦《法華經》〈普門品〉。然後到那智
> 浦渡海出航。行前所備妥的船就像房子一樣。他進入船中之
> 後，便叫人從外面將船上住屋的出口全部封閉，以便讓自己
> 不能出來，並且遮住陽光或月光，只在船屋中點燈渡日。船
> 上準備的糧食大約 30 日左右的份量。然後，讓船航行。他
> 一心祈求能到觀音淨土—補陀落山。

這樣的信仰行為，日本人稱之為「補陀落渡海」，也稱為「入
水往生」。從 868 年到 1722 年間，據說有 20 人左右從事這一有去
無回的「入水往生」行為。

有些人，生前信仰觀音，但又不敢在生前渡海去尋找觀音淨
土，因此，在他死後，親友就將他的屍體用上述方式出航，形成
另一種方式的水葬。

用這種方式去追尋觀音淨土，可以說是觀音信仰的極致。與
經典上所記載的「焚身供佛」的情況相同，都是宗教狂熱的一種
類型。

五、結語

從上面的考察報告與分析，我們多少可以看出日本的觀音信
仰文化確與漢傳佛教有明顯的不同。日本佛教的淵源，絕大部分
是漢傳佛教，所用的經論也是漢譯本。但是發展到後代，却與漢

---

12. 拙文此處所載，轉引自田村宗爾〈補陀落信仰〉一文。收在《日本佛
教總覽》，東京：新人物往來社，頁 94 頁，1995 年。

傳佛教有如此鉅大的歧異。這樣的歷史發展現象，確實值得研究者注意與深思。

一項單純的「聖地（或名剎）朝禮」宗教行為，在日本會發展成這種具有組織性、儀式性、人間性的「集體移動式」宗教活動。同樣是淵源自漢譯經典的觀音信仰，在當代漢傳佛教界只剩下顯教觀音、與千手觀音被信仰，但在日本卻仍有八九種觀音在教界流傳。

在漢傳佛教界，觀音是所有佛教徒不分宗派地崇奉的對象，也是「大悲」的象徵；但是，日本佛教界主要卻是真言、天台、曹洞、臨濟四宗在信仰與弘揚，最具有日本特色的兩個宗派—日蓮宗與淨土真宗，則並不熱中。

此外，對觀音淨土的嚮往，居然會發展成「補陀落渡海」的自殺式狂熱信仰，這也是其他地區的佛教徒所無法想像的。

上述這些獨特現象，都反應出日本佛教文化的某些特質。不論是站在比較文化的立場、或文化類型學的立場來看，上述這些文化特質都是值得研究者重視的素材。筆者希望，這些素材的展示，可以引起國內學術界對日本的佛教文化，作較深入的思考與探討。

索 引

國家圖書館出版品預行編目資料

觀世音菩薩與現代社會：中華國際佛學會議中文
　論文集　第五屆／黃繹勳，William Magee主
　編.－－初版.－－臺北市：法鼓文化，2007〔
　民96〕
　　面；　　公分
　含索引
　ISBN　978-957-598-387-1（平裝）
　1.佛教‐論文，講詞等　2.觀音菩薩‐論文
，講詞等
220.7　　　　　　　　　　　96003183

佛學會議論文彙編 5

觀世音菩薩與現代社會
——第五屆中華國際佛學會議中文論文集

著　　者／釋聖嚴等
主　　編／黃繹勳、William Magee
封面設計／林世鵬
出 版 者／法鼓文化事業股份有限公司
總 編 輯／釋果毅
地　　址／台北市11244北投區公館路186號5樓
電　　話／(02) 2893-4646　傳眞／(02) 2896-0731
網　　址／http://www.ddc.com.tw
E-mail／market@ddc.com.tw
讀者服務專線／(02)2896-1600
初版一刷／2007年4月
建議售價／新台幣400元
郵撥帳號／50013371
戶名／財團法人法鼓山文教基金會-法鼓文化
北美經銷處／紐約東初禪寺
Chan Meditation Center (New York, U.S.A.)
TEL／(718) 592-6593　　FAX／(718) 592-0717
農禪寺／電話 (02)2893-3161